講座

同朋運動

西本願寺教団と部落差別問題

第五巻

一般財団法人 同和教育振興会 編

明石書店

講座　同朋運動――西本願寺教団と部落差別問題――　第五巻【目　次】

発刊の辞……10

【第一章】事件報告……13

【1】S布教使ハンセン病差別法話問題について　13
【2】S布教使ハンセン病差別法話問題対応報告　16
【3】差別問題にかかる経緯と対応　19
【4】新潟教区組長会差別発言事件総括書　23
【5】第五ブロック布教使研修会における「差別発言」事件　34
【6】「浄土真宗本願寺派滋賀教区A組住職差別発言事件」総括書　47
【7】長野教区差別戒名墓石報告　60

【8】「ハンセン病問題学習会」開催時における参加者差別発言について 61
【9】帰敬式奨励冊子についての総括について～報告～ 65
【10】長野教区A組「若婦人の集い」における差別発言事件　概要と課題 72
【11】部落差別　現実からの出発―大阪教区差別はがき投書事件から学ぶ― 76
【第二章】糾弾会……85
【1】緊急報告　点検糾弾会 85
【2】おおよその情況―教区点検糾弾会― 88
【3】教区点検糾弾会　一覧 91
【4】録音でみる点検糾弾会 105
【5】連続した差別事件に関する糾弾会の経過 116
【6】糾弾要綱【部落解放同盟：糾弾要綱】 120

【7】浄土真宗本願寺派連続差別事件　糾弾総括書　124

【第三章】差別法名・過去帳調査……157

【1】差別法名・過去帳調査の手引き　157
【2】差別法名・過去帳再調査について　175
【3】差別法名・過去帳調査　教区事前学習会を終えて　177
【4】各教区　法名・過去帳調査　事前学習会協議内容一覧　179
【5】「差別法名・過去帳調査」の成果と課題　210
【6】「差別法名・過去帳調査」まとめと課題　212

【第四章】基幹運動計画書……235

【1】一九九一（平成三）年度　基幹運動計画　235
【第五章】僧研ノート……237
【1】基幹運動推進僧侶研修会の開催にあたって　237
【2】信心の社会性　240
【第六章】答申・提言……247
【1】「戦後問題」検討委員会答申　247
【2】提言書～教団の男女共同参画をすすめるために～　255
【第七章】記念式典……281
【1】「差別・被差別からの解放を―私の立っているところから―」　281

【2】『同和教育センター』竣工記念事業にかかる趣意書　283
【3】同朋運動四〇周年　趣意書・親教　285
【4】御同朋の社会をめざす法要　289
【5】同朋運動五〇周年　趣意書　292
【6】財団法人同和教育振興会設立四〇周年を迎えるにあたって　295
【7】同朋運動六〇周年　宣言　296
【8】（財）同和教育振興会設立五〇周年事業　趣意書　297
【第八章】同朋運動をすすめる七者協議会……301
【1】近畿同朋運動推進協議会創立五〇周年記念大会宣言　301
【2】財団法人同和教育振興会設立趣意書　303

【3】九州・沖縄同朋運動推進協議会結成宣言（呼びかけ趣意書） 304
【4】同朋運動を続ける会設立宣言 305
【5】「東日本同朋運動推進協議会」（東同推）発足にあたって 306
【6】北陸同朋運動推進協議会結成の呼びかけ 309
【7】中四国同朋運動推進協議会呼びかけ文 310
解題 313
年表 333
あとがき 337
索引 340
【刊行委員会】 341
【執筆者一覧】 342

発刊の辞

二〇一一（平成二三）年に迎えた財団法人同和教育振興会設立五〇周年記念事業の一環として、『講座 同朋運動—西本願寺教団と部落差別問題—』全五巻の発刊に取り組んでまいりましたが、このたび、第五巻を発刊することができました。

既に、第一巻 総論編、第二巻 各論編、第三巻 歴史編を刊行し、現在発刊作業中の第四巻 教学編に先立って、資料編である第五巻をお届けする次第です。

第五巻は、一九八六年から二〇一一年に教団が取り組んだ基幹運動の歴史と、同時期に各現場で同朋運動に取り組んだ念仏者の連帯について、資料を通して確認していただく構成となっています。宗祖親鸞聖人の教えを拠りどころとする同朋教団を標榜しながら、差別を繰り返してきた教団と僧侶の歴史を問い続け、差別の現実から出発した同朋運動は、運動の教団化を進める中で、「全員聞法・全員伝道」を掲げる門信徒会運動と共に「基幹運動」として展開されてきました。本巻には、次々に起こる差別事件を通して私たちの差別体質が浮き彫りになる過程と、指摘された課題にどう向きあい取り組んできたかが明らかにされています。

第二五代専如門主は、伝灯奉告法要のご親教で「念仏者の生き方」を示されました。その旨をいただき「御同朋の社会をめざす運動」（実践運動）を推進していこうと願う人びとに、本書に掲載されている資料が重要な示唆を与えてくれることは間違いないことであります。

読者諸氏におかれましては、既刊の第一～三巻、今後発刊予定の第四巻と併せて本書をご活用いただき、当会の取り組みのさらなる推進にご尽力いただきますようお願い申しあげ、発刊の辞といたします。

一般財団法人同和教育振興会　理事長　石上　智康

《凡　例》　第五巻

一、本巻は『講座　同朋運動―西本願寺教団と部落差別問題―』第五巻である。

一、本巻は、教団において一九八六年から二〇一一年まで約二五年にわたって取り組まれた基幹運動の期間を基準とする資料を編纂したもので、二〇一一年以降のものでも必要と判断したものは収録している。

一、収録資料は、教団の広報紙・誌等によって公開されたものから採用している。なお、原資料に差別事件当事者および関係者の氏名・施設名・地名等の記載がある場合は、伏字、あるいはアルファベットに置き換えて表記した。

一、年号表記については、原則、縦書きの漢数字になおし、西暦年号表記と同じように月日においても十を使わずに表記した。

【例】一九八六年一一月一三日

一、原資料に、明らかな表記上の間違いがある場合は（ママ）とせず、読者の利用の便を考慮して、適宜校正した。

一、本巻では、差別語あるいは不適切とされる用語についても必要と考えられる限りそのまま使用した。読者には、差別・被差別からの解放をめざす本講座の趣旨を尊重し、本巻を利用されることを切に願うものである。

【第一章】事件報告

【1】S布教使ハンセン病差別法話問題について

昨年五月二六日に問題提起されました本派布教使のハンセン病差別法話問題について、その対応を開始してより一年余を経過しておりますので、その対応経過の事実を報告致します。

一、問題提起

この問題は、昭和五九年五月に本派寺院の永代経法要における布教内容について、長島愛生園真宗同朋会員から「ハンセン病に対する偏見と差別を助長する法話である」と問題の指摘があり、その指摘をうけて、昭和六二年五月二六日付で財団法人同和教育振興会・同和教育センター運営委員数名より「申入書」として基幹運動本部長及び布教団連合総団長へ提起された差別問題です。さらに、昨年六月一〇日〜一一日開催の第五回全国布教使大会の第三分科会においても問題提起されました。

この問題提起をうけて、当該人はもとより布教団連合、教団の問題として積極的かつ強力に取りくむため、伝道部に「S布教使ハンセン病差別法話対応委員会」を設置し、本問題解決にむけて対応を開始しました。委員は、布教団連合総団長を委員長として一五名です。

二、対応の経過

六月二七日に第一回対応委員会を開催してより今日まで九回の対応委員会を開催し、またS布教使への適切な学習指導を行うために小委員会を六回開催しました。また、長島愛生園を訪問し、真宗同朋会役員とも話しあい、さらに布教会所寺院住職とも話しあい、本問題解決にむけて対応してきました。

この対応委員会との連携のもとに、S布教使の所属する教区基幹運動推進委員会においても、S布教使への学習指導を行っております。

三、問題の所在

法話の内容が、ハンセン病・ハンセン病患者及び真宗同朋会員に対する差別的内容なのであります。例えば療養所を収容所と述べ、そこに強制収容されているとか、完全消毒しなければ療養所に入れないとか、その症状について強烈な表現をするなど、事実誤認に基づいて、ハンセン病に対する差別と偏見を助長する法話です。また、職業を差別する発言や、障害者の人権を無視する発言、民族を差別する発言、その上、長島愛生園訪問等について虚構を装い、その誠意の無さを物語っています。

対応委員会においては、法話の差別的内容はもとより、本問題に対する曖昧さが指摘されてきました。

さらに、本願念仏に出遇えたよろこびを布教するために、障害者などの法悦を引用して安易に語ることが、真実信心のよろこびを人と人を比較してよろこぶという差別的なよろこびに変質させるものであり、それは基幹運動に逆行するものであると、浄土真宗の布教のあり方そのものが厳しく問われています。

布教団連合及び基幹運動本部としては、布教使をはじめ宗門人の体質の問題として、未だ基幹運動が徹底していなかったためであると厳しく受けとめております。

四、S布教使及び関係機関の責任

①S布教使は、本問題の対応委員会に数回出席し学習を重ねております。また基幹運動を阻害した責任を感じて布教使としての進退伺いを提出し、只今総局で預かっております。さらに布教活動を自粛し、自己の出版物についても、差別的内容がないかどうか自らその内容を点検中であります。

②基幹運動本部・布教団連合では、従来からの基幹運動研修、特に差別問題に対する学習が不徹底であったことを厳しく反省し、教区・ブロック・中央における各種研修会において、本問題をはじめ差別問題を積極的に学習し、自己の差別体質を問い、基幹運動推進に資する布教であるよう本問題への学習はもとより布教のあり方についても研修を重ねます。

また、ハンセン病に対する理解を得るために啓発資料等を作成・配布します。

五、今後の対応

本問題の解決には、S布教使が変革し、差別解消にたちあがり積極的に基幹運動を推進することであります。と同時に基幹運動本部・布教団連合としては、宗門人の体質の問題として全布教使・全宗門人に基幹運動を徹底することであります。そのために、教区基幹運動推進委員会との連携をより緊密にして、今後も継続して対応致します。

昭和六三年七月一五日

S布教使ハンセン病　差別法話対応委員会

『本願寺新報』一九八八（昭和六三）年七月二〇日号

【2】S布教使ハンセン病差別法話問題対応報告

昭和六二年五月に問題提起されました本派布教使のハンセン病差別法話問題については、『本願寺新報』（昭和六三年七月二〇日号）において、その問題の所在、対応経過、今後の対応等について報告致しましたが、本年三月末をもって対応委員会の対応を終了致しましたので、前回報告以後の経過について報告致します。

一、S布教使への対応

S布教使は、本山の対応委員会及び当該教区の第二専門部会における学習を通して、ハンセン病に対する認識は深まりましたが、差別法話を行った自己の差別体質について自覚を深めるべく学習を繰り返し、『本願寺新報』（昭和六三年九月二〇日号）に「偏見と差別に慚愧と決意を」と題して投稿し、自らの法話であると名乗られました。

また、長島愛生園を自主的に数回訪問し、我身をもって差別の現実を学び、その結果、問題提起されてより一年一〇カ月後の平成元年三月に最終の「自己批判書」を提出し、対応委員会はこれを受理しました。あわせて平成元年三月三一日に「誓約書」が提出され、総局よりS布教使へ「布教使進退伺」を返却しました。

S布教使はその後も学習を継続して学習レポートを五回提出し、対応委員が指導にあたりました。また長島愛生園を自主的に訪問学習し、差別法話を行った会所寺院へも出向してあやまりを訂正する布教を行いました。こうした学習に対して、長島愛生園真宗同朋会員から厳しく差別の現実を学ぶようにとの指摘もされました。さらに、対応委員会は、S布教使の自己変革を一層すすめるため、①中央・教区の研修会で学習すること、②あやまりを訂正した布教内容の問題点を再度学習すること、③長島愛生園を訪問し学習することなどを指導し、当該人から総局へその旨厳守することを再度「誓約書」として提出されました。

Ｓ布教使への今後の対応は、本山伝道局と当該教区が一体となって協力して指導にあたります。

二、関係機関への対応

この差別法話を指摘された長島愛生園真宗同朋会に対しては、対応委員会から出向して真宗同朋会役員の方々と話し合うとともに、真宗同朋会員の本山納骨参拝（春秋年二回）の折にも話し合い、対応の経過を報告してきました。

本願寺と長島愛生園真宗同朋会及び邑久光明園真宗法話会とは従来より深いつながりがあり、布教使派遣等を行ってきましたが、本差別法話問題を機縁に更に深いつながりを持ち、対応委員会終了後も本山伝道局が中心となって対応します。

差別法話の布教会所寺院に対しては、経過を報告し、あやまりを訂正する法座開催等を通して話し合い、今後も差別解放にむけての取り組みを確認しました。

Ｓ布教使の所属する教区・組においては、本人の自己変革にむけて数回にわたり学習会が開催され、対応委員会からも出向して経過を説明し、学習を重ねてきました。また当該教区基幹運動推進委員会では、長島愛生園を訪問し学習しております。

三、対応委員会の終了

昭和六二年六月一七日に対応委員会が設置されて以来、当該人への学習指導をより強力に行うために設置された対応小委員会の開催を含めて、二五回の対応委員会を開催しました。対応委員会としては、二年一〇カ月にわたって当該人を中心に、長島愛生園真宗同朋会、布教会所寺院への対応、また後述の布教団連合、基幹運動本部の取り組みなど本問題全般にわたる対応をすすめてきました。

しかし、当該人の自己変革については未だ不十分な点もあるため、「一、Ｓ布教使への対応」の項目に記載の「誓約書」の提出を求め、当該人への今後の学習指導については、本山伝道局と教区が一体となって協力して指導にあたることとし、対応委員会としての差別法話に対する対応は終了したことを確認しました。

四、今後の課題

本差別問題解決のためには、S布教使が変革し、差別解消にたちあがり積極的に基幹運動を推進することであり、同時に基幹運動本部・布教団連合としては、宗門人の体質の問題として全布教使・全宗門人に基幹運動を徹底することであります。

そのために、布教団連合では昭和六三年度よりブロック布教使研修会などで本問題を取り上げ、ハンセン病差別をはじめとする差別問題を学習し、また『布教団通信』に差別法話の問題点を二回にわたって掲載し、全布教使に徹底しております。今後は基幹運動本部と連携して、布教使の体質を改めるべく更に研修会等で学習するとともに、教区関係者と連携してハンセン病療養所への布教使派遣等を通じて積極的にかかわりをもっていきます。

基幹運動本部では、『本願寺新報』にハンセン病差別に関する記事を掲載し、またパンフレット『共にあゆむ』において特集するなど意識啓発につとめてきましたが、本問題を教材化するなどの徹底した意識啓発によって、私と教団の体質を改めるため僧侶・門信徒の研修をより充実するとともに、このような問題提起や事件発生に対し、早急に対応しうる基幹運動推進の組織体制の整備・拡充に全力をあげて取り組みます。

また、S布教使の所属する教区及び布教会所寺院の所属する教区においては、教区基幹運動推進委員会・教区布教団が中心となって、ハンセン病差別をはじめあらゆる差別問題解決にむけて研修会を行い体質を改めるべく取り組みます。

以上、対応委員会を終了するにあたり、S布教使ハンセン病差別法話問題への対応報告と致します。

平成二年五月二三日

S布教使ハンセン病差別法話対応委員会

「本願寺新報」一九九〇（平成二）年六月一日号

【3】差別問題にかかる経緯と対応

教育局（組織教化）

今般、組織教化関係行事において、基幹運動を推進する上から、差別を容認する二件の問題が提起されました。

このことは、教育局組織教化全体の問題であり、この経緯を振り返りながら、基幹運動推進の上から、今日までのあり方を厳しく再点検し、鋭意取り組みを進めていく所存であります。

以下、経緯と取り組みを記します。

（一）「全国真宗青年の集い」基調講演に於ける講師の講演に、障害者に対する差別発言、及び表現があったことについて

1　行事名　「'91全国真宗青年の集い」基調講演

2　日　時　平成三年八月一日（木）

午後三時一〇分～四時一〇分

3　場　所　本願寺会館大ホール

4　行為者　A

5　関係者　参加者・組織教化職員　約二七〇名

6　講演内容　別紙添付（＊省略）

7　問題箇所

a　聴衆者に対して「自分は人間だと思って、この歳まで生きてきた人、手を挙げて」と聞き、「今、手を挙げた人を〝きちがい〟というんだと思います。」と。

b　障害者二人を題材に、一つは歩き方が〝とかげ〟のようだとしたこと。二つには言語障害者の実態や表現を真似たこと。

c　〝畜生人間〟〝どめくら人間〟という発言があったこと。

こうした表現は、明らかに障害者の人権を侵害するものであり、障害者に対する差別を助長するものであります。

8　今後の対応

a　講師自身に問題の所在を伝え、意識変革への働きかけを行う。

b　組織教化職員の学習を実施する。

c　仏青連盟において、あらゆる行事・研修の場で差別問題に取り組み、学習する。

d　基幹運動本部事務局の指導をいただき、職員が運動推進に努める。

〈付記〉

※講師選定の経緯

この度の「集い」のテーマ「遇えてよかったね」を念頭に置き、講師依頼を開始する。予算や講師のスケジュール等により難航したが、岐阜教区「成人の集い」に於ける記念講演が好評であったとして、該教区選出の仏青連盟中央委員より同講師を紹介される。

早速電話にて今回の「集い」の主旨を説明し、出講を依頼。快諾を受ける。

(二)　**第三五回全国児童生徒作品展に於ける作文**（金賞）**に、障害者差別を助長し、容認するものがあったことについて。**

1　行事名　第三五回全国児童生徒作品展

2　期　日　平成三年一月八日（火）～一六日（水）

3　場　所　本願寺接待所

4　行為者　B

5　関係者　審査員（＊氏名省略）及び組織教化職員

6　作文内容　別紙添付（＊省略）

7　問題箇所

養護学校生徒の身体障害を次のように、差別的に表現している。

a「体の不自由な人と比べれば私たちはとても幸せ」

「普通の子供に生まれてきた子は、本当に幸せだし、運のいい子だね」

b「体の不自由な人をみると、自分がどんなに幸せかがわかります。」

「普通の子に生まれてきたこと、今健康で生きているのが、本当の幸せです。」

8　入賞したことの問題点

a子どもの表現とはいえ、審査の段階で差別性を見抜けず金賞にしたことは、きわめて不適切であった。

b審査員・職員に差別問題に対する、認識・適正さが欠けていたこと。

以上のように、障害者の人権を侵害し、人間冒瀆・人間蔑視といえる作品を入賞として展示したことは、重大な差別問題として受け止めました。

そこで、八月一九日午後一時より二時まで、本山会議室において、審査員を招き、総務、局長、次長、賛事、主事、録事同席のもと、審査状況並びに審査員の意見を聞く。

その結果、両審査員及び職員とも、大変な作文を選んでいたことに責任を感じ、反省している。

今回のことについては、審査に慣れをきたし、慎重さに欠けていた。もっと注意して読むべきだった。

今後、学習の場にすすんで出席し、勉強したいことを表明。

9　今後の対応

a審査した審査員の差別問題に対する意識変革への働きかけを行い、学習をすすめる。

b障害者に対する偏見と差別意識に基づいた内容の作品であることは、明白である。こうした作品が問題を指摘されることなく「金賞」に入賞したことは、組織教化部門全体の問題として重大な事態と受け止め、組織教化職員その他関係者の学習を実施したい。

c作文を書いた本人及びその家族・学校へ意識変革の働きかけを行う。

d基幹運動本部事務局の指導をいただき、審査員・職員が運動推進に努める。

(三)組織教化における反省と対応

以上二件の問題を見過ごしていたことに対して、職員として慚愧に堪えません。本件にかかる反省と今後の対応について記します。

〈反省〉

1　差別問題を惹起しながら、放置していたこと。その場で気づかず見逃していたこと。

2　講演講師選択に配慮を欠いていた。事前に講師の話をテープで聞いておけばよかった。講師選定を仏青連盟委員にまかせていたこと。また、講演終了後、講師に差別発言を指摘しなかったこと。

3　作文審査において、審査員および職員が障害者差別について気づかず、金賞にしてそのまま展示したこと。

4　ご指摘を受けるまで、職員全員がこの問題を放置し、対応を怠ったこと。

5　基幹運動推進といいながら、職員が運動推進に目覚めず、気のゆるみがあったこと。

〈対応〉

1　二件の差別問題を率直に受け止め、基幹運動本部事務局の指導のもと、差別問題の学習をはじめる。

2　講演会・審査会においても、職員がその場で対応し、慎重を期したい。

3　講師・審査員にことの重大性を認識していただくようにし、意識の変革をはかる。

4　人間平等の精神から、特に人権・差別問題に対する認識を深めていくよう、職員の姿勢を正したい。

5　特に印刷物の発刊に十分気をつけ、このようなことが起こらないようにする。

以上

一九九一（平成三）年八月一九日

【4】新潟教区組長会差別発言事件総括書

Ⅰ　はじめに

一九九三（平成五）年五月の「東海教区住職差別発言事件」、一九九四（平成六）年一月の「関係学園理事長差別発言問題」、同年七月の「札幌別院差別落書き事件」、一九九五（平成七）年七月の「宗務総合庁舎内差別落書き事件」と、私たちの宗門は連続して差別事件を起こしました。

その宗門への部落解放同盟中央本部による糾弾の一環として、三一教区で「点検糾弾会」がもたれ、私たち新潟教区は、一九九六（平成八）年二月二四日、部落解放同盟新潟県連合会より点検糾弾会を受けました。その点検糾弾会の場で、部落差別の現実に目を向けず、差別事件を「一部の不心得者」の問題として捉え、自らの課題としない教区の姿が厳しく糾されました。

一九九四（平成六）年三月二九日の新潟教区組長会における組長差別発言事件は、まさに部落差別を他人事として傍観し、宗門の同朋運動が始まり四七年、また同和対策審議会答申三二年を経過する今日まで、国民的課題という部落問題を軽視しつづけてきた、新潟教区の差別体質が露呈したものです。

一九二二（大正一一）年三月三日、全国水平社が創立され、その翌日水平社の代表が東西両本願寺を訪れ、「今日水平社の運動を起こさねばならぬ事になったのを恐ろしく思うて居る。若し本願寺が親鸞の心を以て差別撤廃に尽して居たならば、かかる必要はないのである。」と発言しています。

一五〇ヶ所を越える新潟県内の被差別部落の実態に目を向けることなく、差別・被差別の現実を離れて、「平等のご法義」を説いてきた私たち僧侶の姿は「親鸞の心」に反した姿であったことを直視しなければなりません。そのことなくしては、私たち新潟教区が真に親鸞聖人の同朋精神の充満する教区、門信徒との信頼関係に結ばれ、門信徒と共に歩む同朋教団への回帰はあり得ません。
　宗門の基幹運動計画に

　基幹運動（門信徒会運動・同朋運動）はこのような社会と教団のあり方に目をそむけることなく、教団の中のさまざまな活動を一つひとつ点検して、自らと教団の差別の現実を改め、積極的に社会の問題に取り組み、御同朋の社会の実現に努める運動です。そのためには、私の生死出づべき道を問い聞いていくことと、虚仮なる世間を糺していくことは無関係であるとしてきた誤った教学を、一人ひとりがいま一度見直して、現実を直視できる信心の社会性を明らかにしていかなくてはなりません。

と示される、基幹運動の理念を、今こそ教区において具体化してゆかねばなりません。そして、その取り組みこそ親鸞聖人の同朋教団へ回帰する唯一の道です。

Ⅱ　差別発言の事実

①発生の日時　一九九四（平成六）年三月二九日（一五時三〇分頃）
②発生の場所　（＊省略）
③発生の会合　一九九三（平成五）年度　新潟教区組長会（一五：〇〇～一七：三〇）
④会合出席者
　教務所長
　組　　長　七名
　布 教 使　二名
　職　　員　二名
⑤発言当事者　A組々長（A組B寺住職）
⑥発言の内容
　『まあ、「エタのような………」というような発言は、ちょっと新潟だったら出ないでしょうし、出ても問題にならないんでしょうけど………。』
　『また相手がCさんだったからですね、問題になったので、Cさんじゃなかったら………。まあ、問題も大きくならなかったんで……。』

⑦ 発言の状況

一九九四（平成六）年三月二九日、一九九三（平成五）年度最後の組長会が開催されました。組長会の司会は各組順番の持ち回りという慣習によって、その組長会ではA組々長が司会を担当しました。

開会式に続いて、「第二三七回臨時宗会の内容について」という組長会議題（一）に沿って、「関係学園理事長差別発言問題」の当事者であるDの宗会議員除名に至るまでの経過報告が、教務所長によってなされました。

その報告について一つの質問と教務所長の答弁がなされた後、司会者意見としてA組々長より上記の発言がなされ、議題（一）が取りまとめられ、「それでは、次の議題に移りまして……。」と、議事が進行されてゆきました。

教務所長はじめ、出席者からはその場での発言の問題性は指摘されませんでした。

Ⅲ 発言の問題点

①「エタのような」という発言により、すべての被差別部落大衆を侮蔑した。

②差別の責任を、結果として被差別の側に負わせる発言であった。

③発言によって新潟県内の部落解放運動を否定し、また「寝た子を起こすな」意識を助長した。

④部落問題の解決が、国民的課題であることを否定した。

⑤差別解放へ向きえない「傍観者的知識」の差別性。

⑥基幹運動推進委員会副会長・組長（組基幹運動推進委員会会長）によって発言されたという、新潟教区基幹運動推進体制の責任。

⑦発言の差別性を指摘できなかった教務所長をはじめとする、教区僧侶の部落差別に対する基本認識の欠落。

⑧部落問題への取り組みが希薄であった本願寺派新潟教区の体質。

⑨御同朋・御同行という宗祖の教えに反する発言であった。

（＊添付資料〔一〕は省略）

【資料二】「新潟教区教区報『遠慶』七七号より抜粋」

組長会「差別発言問題」報告

いま教区基幹運動が問われているもの

新潟教区基幹運動推進委員会

一、はじめに

宗門の基幹運動をうけて新潟教区に於いても、教区基幹運動推進委員会を中心に運動への取り組みがなされてまいりました。

しかし、一九九二（平成四）年度開催の『基幹運動推進僧侶研修会』への参加率が、三一教区の中で最低であるなど、新潟教区の運動への取り組みは、きわめて低調なものでした。

長年の基幹運動に対する取り組みにもかかわらず、その間教区全体を覆い続けて来たものは、「同朋運動は、関西の問題」あるいは「差別の話はもう何遍も聞いた、同朋運動の話ならもう結構」という意見に代表される意識でなかったでしょうか。

「新潟には関係ない」という運動への無関心と、「知っている」という独断的な思い上がりの知識のみで基幹運動を理解し、自らの差別体質を問うことを忘れていた私ども新潟教区の差別体質の実態が、教区組長会における一組長の発言により、いま露呈してまいりました。

この発言の事実は、発言者個人の責任のみでなく教区内の差別体質の露呈であり、今日までの教区基幹運動のあり方が厳しく問われるものであります。

なおこの報告書では、文中に「エタ」あるいは「エタのような」という悪質な差別語をそのまま掲載してあります。この「エタ」という言葉は、その一言に「あらゆる部落差別」が統合され凝縮され表現されてきた言葉であります。ゆえに一九二二（大正一一）年三月三日に部落差別からの解放を求めて組織された『全国水平社』の創立大会に於いて、「一　吾々に対し穢多及び特殊部落民等の言行によって侮辱の意志を表示したる時は徹底的糾弾を為す。」と決議されてあります。この語は、その一言によって被差別部落の人々の人権を根こそぎ奪うとともに生命すらも奪ってきた歴史を持つ、極めて悪質な差別語であることを私たちは確認をしておかねばなりません。

教区内の皆様には、以上の趣旨をお汲み取りのうえ差別解消へむけた学びを深めていただきますとともに、基幹運動の推進に向けて一層の取り組みをお願い申し上げます。

二、組長会での差別発言

（発言までの経緯）

組長会での発言を記載する前に、その発言の問題性を明らかにするために発言までの経緯を整理しておきます。

『宗報』等で報ぜられておりますように、近年、宗門内に差別事件が多発しております。ことに、「本願寺派関係学園理事長協議会における事柄について」として、『宗報』一九九四（平成六）年三月号に詳細が報告された差別発言事件は、未だ対応の終結をみない事件ですが、当時事件の当事者が現職の宗会議員と総務という宗門の中枢に於いて引き起こされた事件であり、また、「（自分の渡したこの金は）ゼネコンの金とは違うぞ、エタの金とは違うぞ」という、極めて悪質な内容の差別事件でありました。

そしてその事件の重大性によって、各教区で年度末に開催される定期教区会に合せ、教区会終了後に教区会議員の他「特に参加頂きたい方」として、組長・組相談員・教区基推委委員を招集して、緊急の「定期教区会での基幹運動研修会」（以下「緊急研修会」）が全教区を対象に実施されるなど、関心を集めるとともに深刻な事件でした。

新潟教区では一九九四（平成六）年三月二五日、「緊急研修会」が開催されました。その席上、差別発言が一事務所長をはさみその背中ごしになされた等の当時の状況説明とともに、発言者が現職の宗会議員（＊事件当時、第二三七回臨時宗会で議員除名）であり、差別発言をうけ問題提起者となったのが現職の総務であったと、具体的な氏名の公表もなされました。

その「緊急研修会」の席上、説明にあたった中央相談員によって、発言者である本願寺派関係学園の一理事長（以下「一理事長」）は「調査会」・「確認会」で発言の事実を否認し、差別隠しを続けましたが、「確認会」によって導きだされたものは『差別発言は実際に行われたものである』という明快な結論であったことが報告されました。

当事者である一理事長の否定にもかかわらず、このように明快な確認がなされた裏付けは、実際に差別発言を聞いたという同席者をはじめ、複数の関係者による証言によるものであることが示されました。また差別発言をうけそれを提起した総務自身の口から「自分は被差別部落に生れ、長い人生さまざまな差別に苦しんできたが、こんな露骨な差別の言葉は今まで聞いたことがなかった。その私が聞き違えるはずがない。」等と披瀝された「確認会」での証言なども紹介されました。

そのような事実経過報告と、基幹運動への更なる取り組みが呼びかけられた「緊急研修会」でしたが、その席にA組々長も参加をしていました。

（組長会での発言内容）

「緊急研修会」の四日後、一九九四（平成六）年三月二九日、一九九三（平成五）年度最後の教区組長会が開催されました。その組長会の司会は各組順番の持ち回りという新潟教区の慣習によって、A組々長が司会を担当しました。

その組長会の席上、議題（一）「第二三七回臨時宗会の内容について」という議題に沿って、一理事長の宗会議員除名に至るまでの経過報告が教務所長によってなされました。そして、その報告について一つの質問と教務所長の答弁がなされた後、司会者意見として次のような発言がなされました。

『まあ、（一理事長の）「エタのような……」というような発言は、ちょっと新潟だったら出ないでしょうし、出ても問題にならないんでしょうけど……。』

『また相手がCさんだったからですね、問題になったので、Cさんじゃなかったら……。まあ、問題も大きくならなかったんで……。』

（＊Cは提起者である総務の姓）

以上の発言で、議題（一）を取りまとめた後、「それでは、次の議題に移りまして。」と議事を進行してゆきました。

その組長会の席では、問題にされませんでしたが、組長会に出席していたE組々長により「組長会終了後の昨夜、改めて考えたところ」A組々長の発言は、「悪質な差別発言であり、宗門の基幹運動にたいする重大な背反である」との問題提起が、翌三月三〇日付けで、文書により基幹運動本部と教区基推委になされました。

三、「問題提起」をうけて

一九九四（平成六）年三月三〇日付けの問題提起を受けた教区では、教務所長（教区基推委会長）が即日、基幹運動本部と連絡をとりながら、A組々長を自坊に訪問し、提起された発言が事実であることを確認しました。さらに、四月一一日には基幹運動本部から中央相談員が教区に派遣され、発言当事者・問題提起者および教務所長同席の中で、再度発言があったことが確認されました。

一九九四（平成六）年五月一一日に開催された、教区基幹運動推進委員会に以上の経過報告がなされました。そして教区基幹運動推進委員会では、「差別事件」として特に対応委員会を設置して対応するのではなく、基幹運動本部の指導を受けながら、発言当事者（以下「当事者」）を含めた中で学習を深めることこそ問題解決の有効的な対応であるという理解のもと、積極的に学習を深めることが確認されました。

その学習の一歩として、一九九四（平成六）年七月一日に「基推委研修会」を企画致しましたが、当事者からの申し入れによって、流会となりました。

その後、日を改めて「基推委研修会」開催にむけて種々の取り組みを致しましたが、七月の東京方面のお盆、「組巡教」の実施などによって、当面の開催は見送られました。またその間、当事者から教務所長宛に「質問状」が提出されました。その「質問状」は、個人の個人的な事柄を含む内容のものでありました。

基幹運動本部では、当事者と電話での連絡を保ちながら、一九九四（平成六）年六月二二日に開催された「全国組長会」に当事者が上山した機会に、話し合いを持ち、その席上「質問状」は撤回し組長会での発言についてのみ取り組むことが当事者との間に確認され、「質問状」は基幹運動本部事務局によって破棄処分をされました。

当事者の了承のうえにすでに撤回し破棄された「質問状」ですが、その「質問状」に対する回答を求める要求が、その後当事者より教務所長に対して再三に渡ってだされるようになりました。教区基推委ではその後も中央相談員を通して当事者との連絡を保ちながら、「基推委研修会」の開催の実現に取り組みました。

教区基幹運動推進委員会では、一九九五（平成七）年一月二三日に中央相談員をお招きして以上の取り組みの経過を確認するとともに、発言の問題点について学習をいたしました。

また、五月二日には再度学習会を開き学びを深めるとともに、今後一層の基幹運動への取り組みと運動推進の必要性を確認いたしました。

大変繁雑になりましたが以上が一九九四（平成六）年三月二九日の組長会での差別発言と、翌三〇日付けの「問題提起」以降の教区基推委の取り組みです。教区基推委といたしましては当事者を含めた中で学習を深め、問題解決の方向性を明確にした上で教区内にお知らせすべき事柄と判断し、基推委の中で一年以上にわたって討議及び取り組みを重ねてまいりました。

現在まで新潟教区基幹運動推進委員会として学ばせていただきましたことを次に記載させていただきます。

四、問われているもの

まず確認しておかなければならないことは、組長会での発言の前提に「緊急研修会」で中央相談員の報告があるということです。『宗報』で伏せられていた氏名が「緊急研修会」によって具体的に明らかにされるとともに、「提起者である総務が被差別部落出身者であること、一理事長の発言による提起者の苦悩」等が報告され、その四日後の組長会での発言であったということです。

「相手がCさんだから問題になった、Cさんじゃなかったら問題も大きくならなかった。」との発言は、「エタ」という悪質な差別語も、相手が「被差別部落の人」以外なら使っても問題にならないと言い切っていることと同じことになります。表面的な「平等」の裏に巧妙に隠された「差別」こそが、現代の差別問題の根の深さではなかったでしょうか。

また、差別は差別を受ける側に責任があるのではなく、差別する側に責任がある。そのあたりまえの認識が欠落しています。「宗門の内外で失墜した信頼を回復するためには、幾多の困難な問題が残っているが、その道はいばらの道と言える。しかし、それを乗り越えて基幹運動の推進で……」（『宗報』一九九四年三月号）とあるように、差別問題をかかえて宗門は「いばらの道」を歩まねばならぬのでありますが、差別発言が生れた宗門全体の差別体質の責任を問題にすることなく、一方的にその責任を問題提起をした総務にあるがごとく説く発言には、疑問を感じます。

宗門は、被差別者の側からの糾弾の声によって、ようやく自らの差別性に目覚め、聖人の『御同朋』の社会をめざして基幹運動（同朋運動）に取り組んできました。その宗門を目覚めさせてきた「糾弾」をすら否定するのが、「相手がCさんだから問題になった、Cさんじゃなかったら問題も大きくならなかった。」という発言です。

さらに、「エタのようなという発言は新潟では出ないだろうし、出ても問題にならなかった。」という発言です。新潟県内の被差別部落は典型的な少数散在型といわれております。長い被差別の歴史の中で、少数なだけに糾弾の声もあげることの出来なかった、また声を出しても少数なだけにすぐ周囲に押しつぶされ、さらなる差別を受けてきた被差別者の苦悩に目を向けることのない差別者の論理です。

私たちは、基幹運動の取り組みの中で、その取り組みが低調ではあったとしても部落差別をはじめとするさまざまな差別問題を学び、「差別」に対する私たちの知識は二十数年前の同朋運動の発足の時点からみれば確実な広がりは見られます。しかしその「知識」は、「差別の現実に学ぶ」という視点を忘れ「差別解消」という方向性を見失った独断的思い上がりの知識ではなかったでしょうか。

差別の現実に学ぶという視点と差別解消という方向性を見失った「知識」は、差別以外のなにものでもないことを今回の組長会での差別発言により、私たちは学ぶことができました。

また、今回の取り組みを通して教区基幹運動推進委員会の一人ひとりが痛切に感じたのは、僧侶の「教化者意識」でありました。

私たちはご門徒から大切にされ、誤りを指摘されることのなかった僧侶あるいは住職の立場に馴れすぎていたのではなかったでしょうか。

ご門徒からは大切にされ、僧侶間では誤った仲間意識と誤ったかばいあいの中に「見て見ぬふり」をお互いにすることが美徳とされてなかったでしょうか。

その誤りを指摘されることのない環境の中に、いつしか「指導者意識・教化者意識」が育まれ、私たちの体質となっていなかったでしょうか。

その誤れる「指導者意識・教化者意識」こそが、私たちの自己変革の道を閉ざすものです。

宗祖聖人が御本典に「二つの白法あり、よく衆生を救く。一つには慚、二つには愧なり。慚はみづから罪を作らず、愧は他を教へてなさしめず。慚はうちにみづから羞恥す、愧は発露して人に向かふ。慚は人に羞づ、愧は天に羞づ。これを慚愧と名づく。無慚愧は名づけて人とせず、名づけて畜生とす。」（註釈版二七五頁）と引かれた『涅槃経』のご文のお心を、私たちは大切にいただいてゆかねばなりません。

また、その席上で参加者から差別発言に対する指摘がなかったという事実も確認しておかねばなりません。その組長会の席に参加していた人たちの「差別発言」を聞いた時の想いは様々でありましたが、結論的には差別を見抜く力量不足とお互いに指摘し得ない雰囲気とがあったことです。このことは教区全体の学習の不足と、教区が「真の同朋教団」の姿になっていなかったことを表わしたものといえるでしょう。

これらのことは、単に発言当事者個人の問題のみならず、新潟教区の基幹運動の全面的な点検が求められるとともに、新潟教区の一人ひとりの「念仏者としてのあり方」が厳しく問われるものです。

五、運動推進に向けて

新潟教区基幹運動推進委員会では今回の差別発言から学んだことを大切にし、その学びを教区全体として深めてゆくために次のように取り組みを致します。

まず、差別発言が教区組長会の席上で惹起したこと、その前提に「緊急研修会」があったことを重視し、中央相談員をお招きして「前組長」および「現組長」さらに「教区会僧侶議員」と「基推委」合同の基幹運動推進研修会を七月六日に開催致します。

そして各組においては、今後組基幹運動計画のなかに、積極的に差別問題を学ぶ同朋研修を取り上げて、差別の現実を学ぶとともに、差別解消の方向性を確立するよう学びを深めてゆかねばなりません。

私たちは、以上の取り組みを通し、念仏者の課題として教区基幹運動の点検と、今後の方向を明らかにしてゆかねばなりません。

「私と教団の差別の現実を改める」出発点として、教区内の一人ひとりが真剣にこの問題をとらえ、単に発言者個人の問題とするのではなく、私の問題として基幹運動を積極的に推進してゆかねばなりません。

【5】第五ブロック布教使研修会における「差別発言」事件

【第五・布教使・「差別発言」事件】総括報告書

第五ブロック布教使研修会における
「差別発言」事件対応委員会

《一》事件の概要

一　期　日　一九九七（平成九）年一〇月九日（木）
〈一〇月八日～九日第五ブロック布教使研修会〉
二　会　場　北九州市内ホテル（参加者七九名）
三　担　当　北豊教区布教団
　主催　布教団連合・伝道部
四　発言内容
「私は戦時中にえたごろに訳もなく殴られた。だから、同朋運動には反対だ。」
＊発言者〈差別発言を行なった参加者A（福岡教区）〉
＊問題提起者〈同室の人から差別発言を聞いたと分散会で報告した参加者B（福岡教区）〉
五　概要
当日の経過
①一九九七年一〇月九日の北九州市のホテルで開催された、第五ブロック布教使研修会の二日目の分散会において、福岡教区のB布教使より「昨夜同室のA布教使が『戦時中エタゴロウにたたかれた』、『同朋運動には反対だ』、『向こうも変わってもらわないと』というようなことを言われた」旨の発表がなされた。発言の差別性を指摘した記録者C布教使が参加者全員の同意を得た上で後の全体会で、発言者の名前を伏せて発言内容の報告を行った。
②B布教使が所属した分散会の全員と、各教区布教団長（団長不在の教区は副団長）とにより、発言事実の確認が行われ、問題の発言者が福岡教区のA布教使であり、問題提起者がB布教使であることが確認された。
③A・B両布教使を別室に呼び、総団長、講師、伝

道部員、北豊教区布教団長、北豊教区相談員、福岡教区専従員により、両人の発言についての確認の場が設けられた。

しかし問題提起者のB布教使と発言者のA布教使の間に内容についての食い違いが生じた。

＊A布教使　部落民とは言ったがエタゴロウという言葉は言っていない。同朋運動に反対とも言っていない

＊B布教使　私がそう思っていたのかなあ…。運動への取り組みがあまり積極的でないなあと思って。

④講師より『分散会の記録者報告とはまったく違うので、両人が、どのように聞き、どのように話したのか』を研修会参加者に対して発言するように助言があった。

全体会において、A・B両布教使より先の発表内容について、それぞれが発言を行ったが、内容は同じであった。両者の意見のくい違いおよび発言内容について協議の結果、第五ブロックの布教団協議会にその扱いが一任された。

（＊《二》・《三》省略）

《四》事件の問題点

発言の差別性

昨年の研修会当日の発言について、全体会で指摘された発言内容についてA・Bの両布教使からは、十分な事実の確認はなされていません。しかしながら、それ以降に行われた、福岡教区、並びに第五ブロックの調査・確認の席上での当該人の発言、及び提出された書面からは、下記にまとめたように明らかに差別性を持った表現が指摘できます。

B布教使が指摘した「戦時中エタゴロウにたたかれた云々」という言葉について、A布教使は「あの当時を思い浮べ、『ヨタモンとか部落民とか』というコトバを使いました。『エタゴロウ』とは言っていない。」ということで、差別発言を否定しようとしているが、その中にあるエタゴロウの代わりに部落民と言っても

差別発言に変わりはなく「ヨタモンとか部落民とか」という表現は、「ヨタモン」という言葉の持つイメージと「部落民」とが重なり、部落民イコールヨタモンという意識に基づいた発言であります。

そこには、「エタゴロウ」という明らかな賤称語を使った差別発言を否定しているにも関わらず、部落民なら良いとする差別意識や、その意識の中に、被差別部落住民を侮蔑する気持ちが内在していることを表わしています。

次に「また、彼らは正業がなかなかなくて、暴力団になるんですネ、XやYには多いんですヨ」という言葉は、上記の「〝エタゴロウ〟とは言っていない」を受けての言葉であるが、ここにある「正業がない」「暴力団になる」というイメージを持って「彼ら」即ち「部落民」を見ている点。

しかも、X、Y等特定の地域名を出して、あからさまに蔑視するような表現がなされている点を考えると、明らかに差別的意識に基づいた発言であります。

さらに、同朋運動・水平社宣言のことにも言及しているが、この発言自体自らを運動の立場におかず、同朋運動を第三者の運動として傍観視している。また「全国の水平社…団結して…」とある宣言文に対する批判も、この文章が作られるに到った歴史的経緯、部落住民の心情、即ち、歴史的に作られた身分制度によって差別され虐げられてきた人々が、明治の解放令以後、今日に及んでなお、結婚に就職にまた就学にとあらゆる方面で差別を受けている現実を無視し、その現実と闘う方途としての糾弾闘争及び大衆運動を「団結して何かを行うことは恐い事」のような視点で批判を加えることは、解放運動を否定していく事に繋がる差別発言であります。

① 差別語「エタゴロウ」の使用を当該人は否定しているが、ヨタモン・部落民等の表現によって全ての被差別部落の人々を差別・誹謗。

② そのような僧侶、布教使を容認してきた教団の体質。

《五》対応の課題

①行為者の意識変革について

「差別事件　糾明のための方途」に「差別事件は単に差別者個人に責任・問題があるだけではなく、むしろ、教団内の差別構造や、差別体質の具体的な現れ」と示してあるように、今回の差別事件は教団内の差別体質が具体的に現れたものであると考えられます。

Ａ・Ｂの両布教使からは、当日は十分な事実の調査はできませんでしたが、問題発言と確認され、福岡教区、並びに第五ブロックの調査・確認の席上での当該人の発言、及び本人から提出された書面からは、明らかに潜在的な差別意識のもとで意図的に発言された事柄が幾つか見受けられます。

今後、何が差別状況を作り出し、差別を温存させているのか、差別構造を明らかにしていかなければなりません。さらには、当該人の発言の差別性についての認識、並びに差別責任を明確にし、同時に当該人を含め我々教団・全僧侶の差別体質を克服する取り組みを行うことを求めていきます。

②福岡教区の課題

福岡教区布教団では布教使の差別体質と意識改変のために毎年六月の布教団講習会、八月末の地方布教大会並びに教区基幹運動推進委員会との合同研修会を行ってまいりました。しかし、その体質の改善に至っていない現れがこのたびの『差別発言』であります。

発言者は研修会、講習会には積極的に参加をしていたにもかかわらず、差別発言を引き起こしたというところに問題の重大さがあります。

講習会においては、部落差別の解放に積極的に取り組み、学んでいる方を講師にして一方的に講演を聞くだけでよしとして安堵し、自らの体質を改善していくという受けとめにはなりえていなかったことが課題です。

また、教区内布教大会においても、社会の問題と信心の問題を巧みに使い分けて、死後の救いと平等を説いて、この世での忍従とあきらめを説いてはこなかったか、点検せねばならない課題であります。信心をいただいたものの社会的責務として、差別の問題、いのちの問題そして靖国の問題には積極的に関わることがありませんでした。ここに教区布教団としての課題が挙げられます。

さらに、教区基幹運動推進委員会との合同研修会で課題となった「往生浄土と現実のかかわり」も、これから更に布教団の体質改善のための教学課題として、その取り組みを深めていかねばなりません。

一方、ブロック、教区、組においてそれぞれ研修会が開催されてはいるものの、布教使の参加は特定の人に限られていることも課題であります。

また、教区布教団規程についても、今日の現況に合致していない部分が多くみられます。これらを踏まえ、布教団規程の見直しも重要な課題であります。

この度の布教使の「差別発言」は本人のみのことでなく、同じ教団に身を置くものとして深い痛みを覚えます。それは、今日にいたる長い差別の歴史とこれを容認し温存してきた私の歴史を思うことであります。

私どもは宗祖の教えに背き、幕藩体制のなかで民衆を裏切り、支配機構の中に組み入れられ、身分制度を支えるどころか差別支配を正当化し自らも差別を行うに至った反省もなく、また、布教の中で、差別を因果応報として正当化してこれを聴衆に甘受せしめて忍従、そしてあきらめを説き、さらには救いを死後、来世において、その平等性を語り続けてきたのであります。

さらに、差別を支えて来た教学理解の誤りをただすこともなく、なおも差別に対して傍観者で居続けようとしていました。ここに私たち一人ひとりが宗祖親鸞聖人の信心の立場に背き、この度の差別事件の発言者となんら変わることのない体質、ましてやそれ以上に差別体質を抱えていることを学びました。

このことは、これまで学習研鑽を重ねていたにもかかわらず、差別の問題を知識の上でのみとらえ、差別の歴史と現実を本当に学ぼうとしなかったことに起因します。その体質の改善こそ急がねばなりません。

常に私たちは傍観者の立場でのみとらえ、差別の本質に迫ろうとせず、何が差別なのかを見抜く力がなかったといわざるをえません。だから、常に自らを高いところに置いて、差別に苦しむ人達の生活を顧みることもなく、ただ同情と哀れみでもってのみ接し、被差別者からの問いかけに謙虚に向き合うことがなかったことであります。

このことが結果的に差別を容認し、差別を温存助長することに繋がっていたことを布教団員一人ひとりが猛省し、聖人の「としごろ念仏して往生ねがふしるしには、もとあしかりしわがこころをもおもひかへして、とも同朋にもねんごろにこころのおはしましあはばこそ、世をいとふしるしにても候はめとこそおぼえ候へ。よくよく御こころえ候ふべし」（『御消息』浄土真宗聖典註釈版七四二頁）に心をいたし、如来回向の信に応えうる己の領解をより確かなものにすべきであります。そして、これまでの信心理解のどこが誤ってきたのかを明白にし、その誤りを無批判に伝道してきた罪を深く認識いたさねばなりません。

この度の『差別発言』事件は、福岡教区布教団員一人ひとりに突き付けられた課題と受け取っています。差別は「生存」そのものの否定であり、御同朋御同行として「許すべからざるもの」であります。

この度の『差別発言』により、現に差別の実態に痛みを感じることのない私たち布教団であることを知らされました。それは私たち布教使一人ひとりの差別体質をえぐり出していくことが急務の課題と認識し、さらにその中から差別を温存助長してきた教学から脱却して、反差別の運動の基となる教学の学びを深めてまいります。

今回の布教使の『差別発言』を契機として、本人はもちろん、教区の僧侶・布教使全員の問題として布教団全員の自覚のもとに、①研修会テーマの設定を全布教使のものとしていく。②「信心の社会性」を理解し、布教の現場でどう表現していくかなどの考究を重ねる。③「基幹運動」を理解していない布教使への布教団としての取り組みを徹底していく。④布教団の基幹運動研修を消化行事としていないかを常に問いながら参加意欲のおこる内容をめざして企画をしていく。

⑤出席者欠席者の確認をはがき等で徹底していく。⑥各種法座出講者に基幹運動の趣旨を徹底する法話を義務づけていく。⑦行事の反省と総括を行い、次回行事の企画に資する等を念頭において、布教団研修会、教区のブロック研修会、組単位の基幹運動研修会を開いて部落差別の解放のため各人の自覚と、それを克服する取り組みを積極的に続けてまいります。

③第五ブロックの課題

今回の差別発言事件の発生は、一昨年（一九九七年）の第五ブロックの布教使研修会ということで、九州内八教区（沖縄を含む）の布教使が集う中での出来事ということ、しかも布教現場の第一線で活躍中の布教使の研修会ということで、事件の重要性が自ずと知られることであります。

本発言が起こって以来、本件に関して五回に及ぶ第五ブロック布教団協議会を開催してまいりました。その中で各教区の布教団長・副団長をはじめその他の役職者の間で確認された事柄は、今回の差別発言事件を当該人、当該人所属の教区だけの問題とするのではなく、〝第五ブロック内の全布教使、及び全僧侶の問題とする〟ということにあわせ、今後の第五ブロック布教使研修会において継続的に学習していくことであります。

従って、今回の「差別発言」事件における、ブロックの課題を以下の三点にまとめます。

一、ブロック内教区の布教団員の差別問題に対する意識の高揚を図る。

二、ブロックとして継続的な研修を行うためのカリキュラムの作成を早急に行う。

三　各教区基幹運動推進委員会と教区布教団の連携を密にし、一体となって各教区全体の課題として学習を深める。

上記の課題を解決するためには、第五ブロック布教団の連携を密にすることが重要であります。従って、従来年二回程度の開催であった、第五ブロック布教団協議会を三カ月毎に一回（年四回）程度に増し、事務連絡等が主であった協議会そのもののありかたを、根本的に見直します。

また、一昨年（一九九七年）の一一月に設置された小委員会機能の充実を図り、問題点の整理から、研修カリキュラムの作成に至る一連の作業を行います。

④基幹運動本部の課題、布教団連合・伝道部の課題

基幹運動本部の課題

第五ブロック布教使研修会における「差別発言」事件や、以前におきた一連の布教使にかかる事件は、決して突発的におきたものではありません。

僧侶全体の問題として受けとめ、過去の歴史の中での取り組みを厳しく点検して、偏見や差別を見ぬき許さない取り組みの徹底と啓発が必要であります。

そのためにも今回の事件において、発言者自身の自己の差別性に対する認識の無さが改めて露呈した問題であることを確認しなければなりません。発言をめぐって「エタゴロウ」と言った、言わないということがいわれますが、それは、「エタゴロウ」でなく、たとえ「被差別部落」という表現であったとしても、その差別性は明白であります。

これまでも各教区で点検糾弾会が行われ、教区の同朋運動をふりかえり、差別問題、特に部落差別の問題を、差別の現実を学ぶ中から「同朋運動」の重要性を十分に痛感し、「信心の社会性」を明確にするために、教団全体の課題として取り組んできました。にもかかわらず、研修会の内容が、布教団にとってより現場に密着したものとなっていたか、それを関係者に十分に熟知させることができていたかを、点検する必要があります。

最後に研修中に起こった事件にもかかわらず、その発言について研修会参加者に対してその問題が、現在に至っても十分対応しきれていないことは、改めて「差別事件　糾明のための方途」の学習の徹底が必要であります。

本部としては、今後特に布教使・布教団及び全ての機関に対する現在の研修の問題点を出して、さらなる徹底をはかることに努めてまいります。

布教団連合・伝道部の課題

現在あるいは今後布教使によって惹起する差別問題に対する取り組みは、「差別事件　糾明のための方途」に基づき、基幹運動本部、当該教区、伝道部が共に進めてまいります。

特に布教団連合として最も注意をすべき事は、布教伝道という立場から差別問題が聞法者の生き方を左右することを考えるとき、布教使一人の問題として済まされないものがあります。

そこで、布教団連合では活動方針・活動計画の重点項目の一つとして「全布教使がブロック・教区の研修会を受講し、蓮如上人の伝道姿勢に学び、自己研鑽に努めると共に、部落差別をはじめあらゆる差別撤廃に取り組み、宗門の基幹運動を強力に推進する。」ことを掲げてまいりました。基幹運動推進の第一線に立つ私たち布教使は、この度の第五ブロック布教使研修会における「差別発言」事件について、下記の課題をあげて、取り組みを進めていくことが必要であります。

（一）布教団連合での取り組み

①特に布教団連合主催の研修会において発生した事件であるところから、この問題については布教団連合基幹運動推進研究部会において積極的に取り組みます。

②基幹運動本部、当該教区、ブロック事務局と連携しながら、共にこの問題について取り組みます。

（二）各教区布教団に通知

①この問題の経過報告を、各教区布教団長に通知します。

②この問題について、共に学んでいただくために、経過報告を「布教団通信」に掲載します。

（三）布教使研修会において学習

①布教団連合が、今後主催するブロック布教使研修会、青年布教使研修会において、この問題の事実の経過報告と、布教団連合としての取り組みについての報告を行い、共に学習します。

②ブロック布教使研修会における、基幹運動研修の充実を図る上から基幹運動本部との連携のもと、出向講師との事前の打ち合わせを密にすると

ともに、布教団役員で研修会の運営を充実することによって布教使自らの問題としての自覚を深めます。

③ブロック布教使、青年布教使研修会で基幹運動研修を徹底するためのカリキュラムを作成します。

(四)研修会の受講について

①今後、教区、ブロック布教使研修会、組の研修会における基幹運動研修の参加義務化等を検討し、少なくとも年一回の研修会参加を実現できるようその方途について教区との連携を密にし、布教使への働きかけを行ないます。

②布教使補採用については、願書提出前の基幹運動研修の受講義務化もしくはレポートの提出の方策を講ずるべく見直しをはかります。

(五)差別問題に対する取り組み・学習について

①部落差別問題について、教区、ブロックの研修会において、積極的に現地研修を奨励するとともに講師等を招き、その現状と迫害・差別の歴史等を学び、基礎的認識を深めます。

②基幹運動本部と連携しつつ、「布教団通信」の内容を充実させ、より多く活用すべく資料・教材を提供していきます。

(六)各教区布教団と各教区基幹運動推進委員会との連携について

①布教団役員が積極的に基推委の委員となる必要があります。

②教区研修会において、基幹運動推進委員会との合同研修や会合の奨励を積極的に行います。

《六》今後の対応の課題について

一、行為者の意識変革について

福岡教区ならびに第五ブロックが中心となり、A布教使への学習を通して対応を行ってきました。

調査・確認の席上での当該人の発言および本人から提出された書面からは、明らかに潜在的な差別意識のもとで意図的に発言された事柄が幾つか見受けられました。

これまでの取り組みを通して、当該人の意識変革が十分になされていないことがうかがえます。このことは、憂慮されるべき課題であり、当該教区のみならず教団全体が真摯に受けとめねばなりません。

「差別事件　糾明のための方途」は、当該人が差別解放にむけて取り組む推進者となることを目的としています。その目的が達成されない限り、被差別者の人権と人間復権はあり得ません。さらには、教団人一人ひとりが、今回の差別事件を担っていくという目的をも、達成されないことになります。

今後、当該教区布教団ならびに当該教区基幹運動推進委員会に対して、当該人の意識変革にむけた継続した取り組みを依頼していきます。

二、教区・ブロックの課題

(一) 全布教使が、研修会、講習会等のテーマの設定やその内容を正しく理解し、自己の問題として受けとめることができる取り組みを行います。

(二) 差別を温存し再生産してきた誤った教学を見直して、現実を直視できる「信心の社会性」を明らかにしていくなかで、布教の現場でどう表現していくかなどの考究を重ねます。

(三) 教団が推進する基幹運動を理解していない布教使への布教団としての取り組みを徹底していきます。

(四) 布教団の基幹運動研修を消化行事としていないかを常に問いながら、参加意欲のおこる、差別の現実に学んでいける内容をめざして、企画・運営をはかっていきます。

(五) 研修会、講習会等への出席者および欠席者の確認を、はがき等で徹底していきます。

(六) 各種法座出講者に対して、基幹運動の趣旨を徹底する法話を義務づけていきます。

(七) 行事の反省と総括を行い、次回行事の企画に資する等を念頭において、布教団研修会、教区のブロック研修会、組単位の基幹運動研修会を開いて部落差別の解放のため各人の自覚と、それを克服する取り組みを積極的に続けていきます。

(八) 全布教使の差別問題に対する意識の高揚をはかるため、各教区基幹運動推進委員会と各教区布教団の連携を密にし、継続的な研修を行うためのカリキュラムの作成を早急に行います。

三、基幹運動本部、布教団連合・伝道部の課題

（一）基幹運動本部の課題

イ、今回の「差別発言」事件を僧侶一人ひとりの課題とし、過去の歴史の中での取り組みを厳しく点検して、偏見や差別を見ぬき許さない取り組みの徹底と啓発が必要です。そのためには、当該人の自己の差別性に対する認識を深めるべく継続的な取り組みを行います。

ロ、「信心の社会性」を明らかにする営みを通して、差別問題、特に部落差別の問題を、教団全体の課題としてきました。にもかかわらず、研修会の内容が、布教団にとってより現場に密着したものとなっていたか、それを関係者に十分に熟知させることができたかを、点検する必要があります。

ハ、研修中におこった事件にもかかわらず、その発言について参加者に対してその問題が、現在に至っても十分対応しきれていません。このような憂慮される現状に鑑み、改めて『差別事件　糾明のための方途』の学習の徹底が必要です。

ニ、布教使、布教団およびすべての機関に対する現在の研修の問題点を明らかにして、観念的な研修会から差別の現実に学ぶことができる研修会に転換できるよう努めていきます。

（二）布教団連合・伝道部の課題

イ、布教団連合での取り組み

・布教団連合主催の研修会において惹起した事件であることに鑑み、布教団連合基幹運動推進研究部会において取り組みます。

・基幹運動本部、当該教区、ブロック事務局と連携を密にし、共に取り組みます。

ロ、各教区布教団に通知

・経過報告を、各教区布教団長に通知します。

・共に学習を深めるため、経過報告を『布教団通信』に掲載します。

ハ、布教使研修会において学習

・布教団連合が、今後主催するブロック布教使研修会、青年布教使研修会において、経過報告と布教団連合としての取り組みについての報告を行い、共に学習します。

・ブロック布教使研修会における、基幹運動研修の充実を図る上から基幹運動本部との連携のもと、出向講師との事前の打ち合わせを密にするとともに布教団役員で研修会の運営を充実することによって布教使自らの問題としての自覚を深めます。

・ブロック布教使、青年布教使研修会で基幹運動研修を徹底するためのカリキュラムを作成します。

二、研修会の受講について

・教区、ブロック布教使研修会、組の研修会における基幹運動研修の参加義務化等を検討し少なくとも年一回の研修会参加を実現できるようその方途について、教区との連携を密にし、布教使への働きかけを行います。

・布教使補採用については、願書提出前の基幹運動研修の受講義務化もしくはレポートの提出の方策を講ずるべく見直しをはかります。

ホ、差別問題に対する取り組み・学習について

・部落差別問題について、現地研修を奨励するとともに講師等を招き、その現状と迫害・差別の歴史等を学び、基礎的認識を深めます。

・基幹運動本部と連携しつつ、「布教団通信」の内容を充実させ、より多く活用すべく資料・教材を提供していきます。

へ、各教区布教団と各教区基幹運動推進委員会との連携について

・布教団役員が積極的に基推委の委員となる必要があります。

・教区研修会において、基幹運動推進委員会との合同研修や会合の奨励を積極的に行います。

《七》対応委員会の終結について

一九九七年一〇月九日付、問題提起された本差別問

題への対応は、一九九九年五月七日開催の第二回対応委員会の協議に基づき終結することとなりました。

①本日をもって対応委員会の対応を閉じ、『対応報告書』を作成します。

②A布教使に対しては、福岡教区基幹運動推進委員会、教区布教団、本山伝道部が協議しながら一体となって協力して指導を行います。

③B布教使に対しては、今後教区の研修会などでの学習を深めていただきます。

④A布教使は今後も継続して学習することを責務とします。

⑤対応の課題についてそれぞれが示した課題について遂行いたします。

以上、最終的には両者の変革を基幹運動本部への報告をもって終結とします。

【6】「浄土真宗本願寺派滋賀教区A組住職差別発言事件」総括書

I　はじめに

本差別発言事件は、昨今浄土真宗本願寺派内において、僧侶の部落差別事件が続発する中で惹起した事件として、当該者のみならず教区の差別性が問われるものとして、たいへん重要な課題として受けとめています。

部落差別は、日本において人間の尊厳を侵し、自由で平等な地域社会の実現を妨げる問題であり、その解決は最重要な課題であります。

浄土真宗本願寺派は、その教団の歴史として被差別部落と深いかかわりをもち、しかも宗祖親鸞聖人は、人間の尊厳と自由と平等を根幹にすえた「御同朋御同行」のみ教えを提唱された方でありました。

私たちの教団は、戦後、教団内でも現実に惹起してくる部落差別の事実から出発し、親鸞聖人のみ教えを回復・実現していく運動として、同朋運動を展開してまいりました。教区でもその取り組みをすすめてまいりましたが、役員だけの行事消化的な研修会が多く、差別に対し僧侶一人ひとりの自覚を促す取り組みになっていなかったことによって、このような事件を引き起こすことになってしまいました。

本件について教区では、事件発生の情報入手以来、A組と協力して解決への取り組みをすすめてまいりました。

一九九五年度、部落解放同盟から教団において連続する部落差別事件に対し全国三一教区で点検糾弾会が開催されました。当教区では一二月と二月に開催され、僧侶の差別性が問われました。ここでの問いかけを機縁に、本件について私たちの足元にある具体的な差別問題として、さらに滋賀県下の問題として、再度関係諸団体・自治体と共に、取り組みをすすめていくことになりました。

教区を越えた取り組みの中で、僧侶という社会的立場に対する信頼の高さに対し、今回起こった差別はその願いにこたえるどころか、それを裏切る行為であることに深く反省させられました。さらに、教区という枠をこえて共に差別をなくして行こうという姿勢が希薄であったこと、また教義の平等性に甘んじているために、差別の事実―差別される人の怒りと悲しみ・言葉の重さ―に充分に学ぶことができず、現実の立場が差別をする側であったという認識をもてない姿が露呈してまいりました。

今回の事件は、「僧侶でさえも」というとらえでなく「僧侶だからこそ」起こした問題として、厳しく受けとめているところであります。今後は部落差別の現実に学ぶ研修活動を強力にすすめていきます。さらに、地域社会の一員として、僧侶としての自覚をもって、具体的に差別解消に努力していきたいと存じます。

(＊II　1～7　省略)

(八) 発言状況

一九九四(平成六)年六月一九日(日)午後一時三〇分からA組組長の自坊本堂で定期組会を開催。組会議員として住職と門徒総代が出席、満堂であった。

B住職は、午前中、門徒の出産祝いで酒気を帯び、開会ぎりぎりに参加し、前副組長として行事報告を行った。報告後、本堂と外縁（廊下）ぎわの席に座った。

議事は進行し、平成六年度組重点項目の②として、『御同朋・御同行の推進』についての説明を副組長（組相談員）がした。その説明に、B住職が突然立ち上がって、議長の許可も得ず副組長の名前を呼び、語り込むように、次のような発言（注：前頁囲み）をした。

> 「同朋運動か。私は学校でも研修を受け、同朋部会として学習した。私らのとき（B住職は前期の副組長）も四年間同朋運動をやった。その時も出席者も少なく、講師にも気の毒だった。みんな出席しなかったやないか。あんたら参加したか？　出席者が少ないので会所のお寺の方に座ってもらったこともあった。組の役員に当たった人だけが出席しているようなことやった。
>
> 同朋運動というのは、研修会においては、エタ・四つという言葉は許される」

議長は直ちに「あなたの発言は待ってほしい。議事進行のため、あなたの発言は許しません」と制止した。堂内は「議事進行、議事進行」と騒然とし、「坊さんとしての発言ではない」「無茶苦茶な発言だ」などの声も聞かれた。

副組長は提案説明を続けて進め、議事は進行し、その後、活動方針などを議決して組会は終了した。

組会閉会直後、議長はB住職に「今日のあなたの発言は不穏当であったから今後どうか言葉に注意してほしい」と要請したところ、B住職は「今日の発言を問題にするのか。その方面に報告してもかまへん」と応じた。

（九）行政からの指摘

一九九四年六月二一日、組長と組会議長にC町教育長から電話が入った。「差別発言があったらしいことを、隣のD町教育長から聞いたが」と状況報告を求められた。

この行政からの問い合わせをきっかけに、組会での発言が問題化した。

Ⅲ　発言の問題点（なぜ差別発言か）

言葉の問題だけではなく、それが出て来た姿勢として差別体質を温存してきたこと（運動への主体的学びの欠如）が問題であります。

差別発言をしながら、それが差別発言であることを自覚しないとすれば、それ自体が差別意識と差別体質の深さを表すものであります。

（一）「エタ、四つ」の言葉は、言うまでもなく部落差別を象徴する典型的な差別語であります。当然、一般の場ではこの差別語が使われれば差別発言となります。

その根本には、この言葉によって三〇〇〜四〇〇万人と言われる被差別部落の人々が、何百年の間どんな屈辱と苦しみを強いられ、如何に人間としての尊厳性と人権を疎外されてきたか。そのことを他人事としない主体的な認識がなければなりません。

（二）ただ、これらの差別語は、「同朋研修の場においては、過去の身分差別事象の説明のため、どうしても必要な場合に限って使うことがある」が、本件の場合は、差別語を使わねば、どうしても説明出来ないものとは考えられない場で、人間の尊厳と人権を疎外する差別語が使われたもので、これは差別発言であります。

（三）さらに私たちは、この差別発言が、前後の関連なしに研修会でもない場で何故出てきたのかを、深く考えなければならないことであります。

「差別語を使ってはならない」という同朋運動の差別解消を目指す基本原点が全く語られずに、突然「エタ、四つなどの差別語を同朋研修では公然と使えるのだ」との発言が出てきたことは、元副組長として同朋運動の学びをしてきた人としては、通常では考えられない発言であります。

この発言は、「御同朋の社会をめざす」同朋運動に対する理解の不徹底さから出てきたものであり、差別解消に取り組む基本的姿勢と認識が、自己の問題として身についていなかったところから出てきたもので、温存されてきた差別意識が、軽々に差別語を口にする差別発言となったものであることを、私たちは明確に認識しなければならないものでありま す。

※このことは、確認会後の本人の反省文（一九九七年三月八日付）にも、「人間の尊厳を侵し、住職としての自覚がないまま差別する潜在意識が一つの言葉となった」と述べられている通りであります。

（四）またこの発言について発言者は、当初の認識としては「研修会で講師から聞いたことを言ったまでのこと」と言われているが、その考え方自体が、研修が言葉の表面的理解に終わり、同朋運動の主体的な認識と受けとめがされていなかったところから出てくる言葉であったと言わなければなりません。

（五）私たちは、今までの同朋運動の取り組みが、如何に形だけの研修に留まり、差別の痛みを学び、それに共感する姿勢が欠けていたことを深く反省しなければなりません。これは、今回の当該人だけの問題でなく、教団人皆が、こうした僧侶の姿勢を一人ひとりが自ら点検し、厳しく受けとめなければならないことであります。

（＊Ⅳ　省略）

Ⅴ　この事件で問われたこと

（一）確認会・確認学習会で問われたこと

一　発言に対する行政のとらえ

（滋賀県）僧職という重要な社会的立場にあるものが、差別拡散助長する発言をしたことは誠に遺憾。

（D町）住民から信頼される宗教者であるばかりか、地域における指導的役割を果たさなければならない立場の人が起こした事件。

（C町）住民に教えを説く宗教者が酒気を帯びているとはいえ、組会の場で住職という社会的に重要な立場にある人が起こした事件。

二　どんな差別か・なぜ差別か

（滋賀県）いかなる理由があったとしても「エタ、四ツ」という差別語、とりわけ「四ツ」という差別語を使った発言をするということは、同和問題解決のための同朋運動を進めるうえでの発言とは認められるものではない。

（C町）たとえ研修会の場であっても、ヨツという言葉は賤称語でなく差別語である。問題解決のため発言したとするならば、もっと他の言葉があったのでは無いかと考えられ、差別語のばらまきにもなりかねない。このことから、被差別部落に対する予断と偏見によるマイナスイメージを植えつけると共に、部落差別を助長・拡散することになる。

三　教区の差別性

（解放同盟）教区内で解決しようと隠蔽工作的になったこと。

四　発言者に対して

① 幼少の頃から培ってきた被差別部落に対するまちがった意識をあらいなおす。

② 親鸞聖人のみ教えに生きることと、今回の発言について、自己の住職観を総括する。

五　A組に対して

（D町）滋賀教区が差別発言としているが、不穏当な発言として対処されたA組の考え方。

（解放同盟）

① A組内の同朋運動の不十分さを指摘する中で出た発言であること。

② 「教団内に内在する差別構造（体質）」が、いみじくもA組における発言が差別発言ではなく、不穏当な発言と受けとめる結果となったこと。

③ A組の差別を見抜く力量不足。

六　滋賀教区に対して

（解放同盟）

① 「不穏当な発言」が「差別発言」と教区が認定したことが、A組に「なぜ差別発言なのか」が、十分理解されるような説明がなされたのか。

② どのような取り組みで解決しようとしたのか。

（二）教区としての見解—確認会での問題指摘に対して

一　なぜA組はこの発言を「不穏当な発言」として対処したのか

この発言に対し、不穏当な発言であって差別発言であると把えられなかったのは、まさに確認会において、部落解放同盟が、

（一）A組内の同朋運動の不十分さを指摘する中で出た発言であること。

（二）「教団内に内在する差別構造（体質）」が、いみじくもA組における発言が差別発言ではなく、不穏当な発言と受けとめる結果となったこと。

（三）A組の差別を見抜く力量不足。

と指摘されたように、従来のA組における基幹運動のあり方と、組の体質のあらわれとして、同朋運動が組内僧侶一人ひとりの課題となり得ていなかったからであります。

すなわち、組内で聞かれたこの発言に対する意見、

（一）差別発言とは思わないが、別の言いようはなかったのか。

（二）特定の人を指しての発言でないので、差別とまではいかない。

に代表されるように、この発言の言葉の重さが認識されず、さらに全く差別される側の人たちの痛みを考慮しない・考慮できない受けとめ方でありました。

こうした立場に立つ限り、この度の発言は、失言ないしは不穏当な発言としか把えられないのは当然でありました。

更に、この発言に対し組内だけの問題として解決がはかられ、社会的に重大な問題としての捉えがなされませんでした。

二　教区は、どのような取り組みで解決しようとしたのか。

（一）はじめに

確認会において、「教区内で解決しようと隠蔽工作的になったこと」と指摘されたが、本件は当初、行政（C町・D町）より指摘を受けたものでもあり、まず教

区内で取り組みを進め、一定の集約ができた時点での報告を予定していた。決して隠蔽した取り組みでなかった。

ただし、組との意思疎通が十分でなかったこと。行政への対応が組まかせになっていたこと。そして事件発生の初期段階で教区として対応委員会を組織できなかったことは、その後の取り組みの不十分さを生みだした主因として反省すべきことであります。

（二）教区の認識をA組へどう伝えたか

この問題の情報を入手後、直ちに教区が事情聴取を行った際、具体的な発言内容が組会関係者からは明示されなかった。また、当該人の問題は、酒気を帯びて組会に参加し、この発言以外にも、組代表者の説明に対し進行を妨げるような発言態度があったということで、発言内容よりも態度に問題があったとの指摘が多かった。

組では、行政からの指摘を受けて、当該人に面談。本人の事実確認を踏まえて、住職・総代宛に組の取り組みについての文書が送付された。ところが、その文面には「宗祖聖人の『御同朋御同行』のこころにもとる発言」とあるだけで、具体的に部落差別の賤称語が使用されたというとらえはなかった。また、同日付けで、本人からA組組長宛に提出された「反省謝り状」には「不おん当な発言」とあるだけであった。

そこで教区は、公的機関（C町・D町）からの問題提起もあり、しかも部落差別に関わる発言であるのに、そのことが具体的に問題視されていないということを重視、A組に本件の取り組みに対する正式報告を求めた。

組代表者との協議の中では、「なぜ差別発言か」とか「誰が差別と認定するのか」などの疑問や意見が出された。

こうした疑問や意見に対し、教区では、同朋運動とは、「御同朋御同行」を建て前にして出発するのでなく、部落差別の事実からの学びが必要であること。また、差別問題への取り組みには、教団として主体的に取り組む指針として、基幹運動本部発行の『差別事件（差別行為／差別表現）に対してどう取り組むか（指針）』があることを紹介し、差別認定が個人の恣意的見解に基づくものでないこと、更に差別は個人的な問題でないことを確認し、住職としての態度だけが問題なのではなく、発言内容自体に深く学ぶ必要があることを共通認識した。

そして、一九九四年一二月八日、当該人に対し、教区基推委同朋部代表者（三名）が組代表者（六名）を交えて事実確認の場をもったのであります。そこで確認・問題指摘による話し合いを経て、本人は発言の差別性を認め、「確認書」作成に至ったのであります。

この時点で、確認会の場に参加した教区・組関係者で、本人への学習指導および取り組み報告をまとめるために、「教区対応協議会」を設置。

一二月一七日、A組で開催された「臨時組会・同朋研修会」で、本件に対する組の取り組み報告および当該人の謝罪と運動推進への決意が表明された。

それに基ずいて教区では、組に対し「対応委員会」の設置を要請し、本人への同朋運動学習の指導を求めた。また、教区対応協議会では、本人の学習報告をふまえた「反省文」の検討、および組・教区での取り組みについてまとめの作業を行い、『「A組会における住職差別発言問題」対応と概要』をまとめ、一九九六年一月二四日、教区基推委同朋部に報告した。

この中で、「発言の問題点」として三点（＊次頁囲み上）を、その差別性として確認したのであります。

さらに、各者における「対応の課題」として次の事項（＊次頁囲み下）を提示した。

当時の教区におけるA組への対応の問題点として、以下のことが指摘できます。

①「なぜ差別発言か」「誰が差別と認定するのか」といった疑問に対する、『差別事件（差別行為／差別表現）に対してどう取り組むか（指針）』（基幹運動本部発行）に基づく学習が、組代表者にとどまり、組内僧侶のものになっていなかった。そのため、組内にあるこうした疑問が払拭できなかった。

② A組での研修を組にまかせきりになっていたた

〈発言の問題点〉

① 差別語「エタ、四ツ」を使用することによって、全ての被差別部落の人々を差別・誹謗。

② 住職という立場にいるものの発言であり、差別に対する取り組みを後退させる大きな社会的影響を与えた。

③「同和地区」がないという理由で、「同和問題」への取り組みが希薄であった組の体質。

〈対応の課題〉

（一）発言者の意識変革

① 自己の差別発言を軸に同和問題に関する学習を深め、差別解消の実践に生きて基幹運動の推進につとめる。

② 組を中心とした同朋運動研修会に積極的に参加する。

③ 町行政等が開催する同和問題・人権問題の学習会へ積極的に参加する。

（二）組の課題

① 本件を当該人だけの問題にとどめず、発言の背景を探り、組としての課題を明らかにする。

② 従来の同朋運動の学習活動を見直し、強力に実施する。

③ 地域での差別事件に学び、町行政等が行う同和問題学習会への僧侶の消極的参加を糾し、積極的な参加をうながす。

（三）教区の課題

① 同朋運動研修会（特に僧侶）を徹底する。

② 組と連携して、当該人を中心とした研修活動を推進する。

め、組全体としての「差別の事実から学ぶ」研修になっていなかった。

③当該人の反省文では、当人の生い立ちと部落差別とのかかわりが示された。しかし、差別発言自体に深く学ぶ形になっていなかったため、発言の差別性について、本人に十分理解されていなかったこと。そのことがこの問題の解決を遅らせることになった。

④教区全体の問題としての具体的な問題集約が遅れたため、本件の情報に関して断片的に他組の研修会において語られたため、A組関係者には「なぜ自分の組だけが」という悪印象をもたれることになったこと。

⑤A組会での発言に対し、実際に痛みを感じた人がいて、その人の怒りと悲しみが元になって問題化したという事実が明らかになったのは、一九九六年五月一五日対応委員会が発足した時のことであった。部落差別は被差別部落在住者への視点のみで、部落外に住む部落出身者への視点が欠落していた。

⑥教区内で形をととのえる取り組みをしようとしたことが、かえって社会的な問題である差別問題の取り組みを遅らせ、地域課題である「生まれた地域で『部落』のことがどのようにとらえられていたか」というこの発言の背景の核心部分に迫りえなかった。

(三) 差別発言の背景

一 確認会から明らかになったこと

この差別事件とその取り組みの中で、教区のあり方が、根本的に問われることになった。

まず、教区および教区内の全僧侶が考えなければならないことは、教区―その下部組織である組も含めて―とは、何のためのものかという問題意識を持つことであります。

今回の事件で浮き彫りになった事は、多くの僧侶の持っている社会意識の範囲が、自分の寺とその周囲という極めて狭い地域に限られているという事でありす。このような狭い社会意識は、人や物が広範囲にわたって交流する現代の社会状況とは、著しくずれるものであります。さらに、そうした意識のあり方が、住んでいる場所でその人個人を判断するというような愚かな差別意識を生み、部落差別を温存させている一因といえます。

この社会意識の範囲の狭さと、教区内の僧侶が教区の人間あるいは一つの宗教教団の一員であるという意識を持てない事とは、深い関係があると思われます。

今まで私たちは、教区として社会と対応しなければならない状況になった経験をほとんど持たなかった。自分の寺院の周囲の出来事に対処できれば事たれり、という意識が強かったからであります。しかし現実に世の中では、私たちを滋賀の本願寺教団の僧侶という見方をしているという事実を、今回の事件を通じて知らしめられたのであります。

社会交流の範囲が広がっているにもかかわらず、自分の寺の門徒しか意識の中になく、社会が仏教教団の僧侶としての自分をどう見ているか、僧侶に何が期待されているのかを意識できないという現実を、教区の一僧侶が差別発言をしたという事実を通して、我々は重く受けとめなければなりません。

私たちのなすべきこと

（一）心がけの問題でよいのか

今回のことを、「一人ひとりの心がけの問題」という実りのない精神論で済ますような事は避けなければならない。なぜならこの考え方は、私たち自身が社会や組織から影響を受けざるをえない存在であるという事実から目を背けた、傲慢なものであるからです。親鸞聖人を宗祖と仰ぐ私たちの教団は、社会環境の中での人間の弱さをもっとも真摯に受けとめてきた宗教のはずであります。その私たちが、問題解決を個人個人の心がけに委ねるというのは大いなる矛盾であります。

自分たちが影響を受け続ける社会であり組織であるからこそ、それらに働きかけて、私たち自身がよい影響を受けられる社会や組織にしていかなければならない。このことをしっかりと認識したうえで、まず教区という組織を、私たちに正しい方向性を与えてくれる組織とするよう全力をあげなければならない。

そのためにも、寺院の規模や歴史といった差異をもって寺院間・門徒間で誤った優越感を持つという、教団・教区で見られる事象をどうとらえ、どう解決していくのかという、具体的な取り組みをしてゆかなければなりません。

（二）危機意識の共有

もう一つ大事なことは、私たちの寺院が今、存亡の危機に瀕しているという危機感を、私たちが共有できていないという事であります。

この変革の時代にあって、内部でだけ通じる価値観にしがみついているとすれば、世の中からは特殊な世界という位置づけをされ、忘れ去られていくだけであります。

現在の社会においては、本願寺教団といえども、社会全体の中での影響力は限られたものであるという、謙虚なそして客観的な自覚が必要であります。

以上のような危機感から出発するならば、そこにある組織ではなく、私たちが今本当に必要な組織のあり方を考え直すべき時期にきています。

本山からの事務を消化するだけの組織ではなく、私たちが社会に貢献できる存在として生きてゆくために、本当に必要な組織をつくっていかないと問題の根本的な解決にはならない。それが可能かどうかは、組織内にいる私たちが、危機感を共有できるか否かにかかっています。

このような、本当の危機感を持つところから出発しなければ、多くの人たちがかかわって、長い時間をかけて議論を重ねてきた今回の事件からの学びを活かした組織づくりはできない。

一九九八年五月二九日

【7】長野教区差別戒名墓石報告

二〇〇一（平成一三）年四月、浄土宗同和推進本部から、同派の調査において浄土真宗本願寺派寺院の門徒の墓石に、差別戒名が発見された旨の報告があった。場所は、□□郡□□町にある地域の共同墓地内である。真言宗智山派も関係するため、三派合同で、当該墓石継承者との協議会、学習会など、現在まで取り組みを続けてきた。

当派関係は二世帯で、差別戒名が付けられた当時は、浄土宗寺院の檀家であったが、現在は長野教区の浄土真宗本願寺派寺院の門徒となっている。

共同墓地内には、他に差別戒名墓石が発見されているが、そのほとんどが□□市所在の浄土宗寺院の檀家であるため、当該寺院の境内墓地整備事業に併せて、差別墓石の移転、供養塔建立等、取り組みが進められてきた。

すべての墓石継承者、宗派関係者との協議の結果、墓石の移転については、同意を得られたので、□□市の浄土宗寺院の境内墓地内に供養塔を建立し、無縁となった墓石と併せて安置されることとなった。墓石移転後の跡地の整備等については、他宗派においては、地蔵を建立するなどとなるが、当派関係の墓地については、移転後残った墓石の整理、または、新たな墓石を建立することとなった。

なお、二〇〇三（平成一五）年四月二五日（金）、□□市の浄土宗寺院において法要を修行する。その法要には、真言宗智山派の関係者、本派の関係者が参拝する。その後、教区の取り組みとして、本件を課題としての研修会が行われることとなっている。

『Ｓａｔｔｖａ』第一九号（二〇〇三年三月）

【8】「ハンセン病問題学習会」開催時における参加者差別発言について

「ハンセン病問題学習会」（第六回門徒総代・寺役員同朋運動学習会）開催時における参加者差別発言について

対応要綱

一、差別発言の概要

（一）学習会　ハンセン病問題学習会（第六回門徒総代・寺役員同朋運動学習会）

主催：二〇〇三（平成一五）年度　鹿児島教区基幹運動推進委員会

担当：同朋運動専門部会

（二）日　時　二〇〇四（平成一六）年二月四日（水）一三：三〇〜一六：一五

（三）会　場　本願寺鹿児島別院・研修室

（四）参加者　約一〇〇名（教区内寺院・鹿児島別院出張所、門徒総代・寺役員）

（五）日　程

講義Ⅰ「夢みたふる里の空〜問題は終わっていない〜」

講義Ⅱ「ハンセン病と真宗」

（六）発言の時間　上記学習会の開会前

（七）発言の内容

「去年はエッタで、今年はライか、ピンとこんなあ。」

（八）発言を聞いた者

上記学習会に参加した教区内僧侶（以下、当該僧侶）

（九）発言者　学習会参加者のひとり

（当該僧侶の後ろの席より聞こえてきたため、発言者の特定はなされなかった。）

（一〇）本件の報告

発言を聞いた当該僧侶が、帰宅後、同朋運動専門部会部長（以下、同朋部長）に報告。

（一一）概要

後日、会議にて同朋部長より報告がなされる。

上記学習会の開会前に、会場である研修室にて、参加者の雑談の中で、「去年はエッタで、今年はライか、ピンとこんなあ。」という会話を同学習会に参加した教区内僧侶が聞く。当該僧侶の後ろ席より聞こえてきたため、発言者の特定はなされなかった。

こうした発言があったことを、帰宅後、同朋部長に伝え、後日、会議にて同朋部長より報告がなされる。

（＊二、三は省略）

四、発言の差別性と問題点

（一）被差別部落の人々を侮蔑する「エッタ」という賤称語を用いて部落差別を行ったこと。

（二）「ライ」という用法について

「ライ」という言葉は、言葉の歴史性から差別と偏見の付与した意味合いが強く、現在、文献・史料・資料のなかで歴史上使われていた医学用語、法律用語として限定的に用いられているが、「エッタ」という言葉と同一文脈にて用いられていることからも、文意としての差別性は疑い得ない。少なくとも解放を願う意図として発せられた言葉ではない。

（三）上記（一）（二）より、本件の発言は、被差別部落の人びと、ハンセン病回復者の人びとを侮蔑し、尊厳を傷つける人権侵害にあたり、「御同朋御同行」の願いに反する発言であること。

五、対応の中で見えてきた課題

（A）差別事象・差別的言動は、行為者自身の自覚・無自覚を問わず、被差別の方の尊厳を傷つける人権侵害であるとの認識に立ち得ていなかった。

（B）（A）の認識に立ち得なかったために、運動展開上の問題点の確認に終始し、被差別の方への対応が遅れた。

（C）寺院の教化伝道のリーダー的立場を担う寺役員・門徒総代の方に、御同朋の社会をめざす基幹運動の趣旨を充分に伝える取り組みがなされてなかった。

（D）教区全体の基幹運動展開のあり方を批判的に点検・検証し、（A）の認識にたった運動理念と具体的方法論を再構築しなければならない。

（E）本件に速やかに適切な対応ができず、指針を示すことができなかったことを課題とし、（A）の認識に立ち、『差別事件　糾明のための方途（改訂版）』の学びを深めつつ、信頼感に基づく組織的な取り組み態勢を確立させなければならない。

六、今後の取り組み（指針）

（一）基幹運動（門信徒会運動・同朋運動）推進の再確認

イ　基幹運動がめざすもの　→御同朋の社会とは

ロ　運動をいかに伝えていくか

（二）社会意識としての差別観念に念仏者としていかに向き合うか

イ　教え（御同朋の願いに応える教学）から

ロ　差別─被差別の現実から

a　差別事象をどう認識するか　→人権侵害の視点

「あきらかに差別意識をもった意図的な差別行為」

「無自覚な無意識による差別行為」

b　差別事象にいかに取り組むか

「日常」の聞法・伝道の実践として

→「差別をしない、させない、許さない」念仏者

「御同朋御同行の願いに応える」念仏者

c　信頼感に基づく組織・集団づくり

差別を指摘できる個と集団

互いに認め支え合える個と集団

d　「推進者（啓発する側）」自らの認識の点検

（三）基幹運動研修の点検と充実

→いかに実践につなげるか

イ『差別事件　糾明のための方途（改定版）』の学び

・教区推進委員会

「同朋運動専門部会」として

「連研専門部会」として

「教育・環境専門部会」として

「男女共同参画専門部会」として

・組推進委員会

・組織・教化団体、その他

ロ　諸研修

↓特に、部落差別・ハンセン病問題の基礎的学習

教区推進委員会の研修

組推進委員会の研修

　同朋運動推進僧侶研修会

教区―組―寺院　門徒総代・寺役員研修会

その他各種研修会

ハ　具体的啓発（広報）活動

門信徒並びに一般参拝者への啓発活動

（四）運動態勢・連携の再確認

イ　本山―教区―組―寺院間

ロ　各組織・教化団体間

ハ　他教宗派、関係団体、行政、学校等

・「部落解放・人権政策確立」要求運動

　　　　　↓法制定への取り組み

・真宗教団連合

・「同和問題」に取り組む宗教者連絡協議会

・同朋三者懇話会

（部落解放同盟鹿児島県連合会、鹿児島県人権・同和研究協議会）

・星塚敬愛園自治会

（五）地域のなかのお寺の役割として

「人びとの悩みに応えることのできる開かれたお寺となるため」の具体的方策

↓人権教育・啓発の発信・受信としての役割

寺院生活者の被差別に対する意識・感性を問う

被差別の傷みに向き合える一人ひとりになるために

以上

二〇〇四（平成一六）年八月

【9】帰敬式奨励冊子についての総括について
〜報告〜

基幹運動推進本部

『宗報』二〇〇五年八月号において、帰敬式奨励冊子の回収に関して報告を行いました。

その後、基幹運動推進本部会議を開催し、この件にかかる総括を行い、総括書を取りまとめましたので、報告申しあげます。

「帰敬式奨励冊子」についての総括書

はじめに

二〇〇五（平成一七）年五月、参拝志納部において、帰敬式受式の奨励を図り、内願法名申請について周知するため、「あなたの名前は何ですか」と題する「帰敬式奨励冊子」（以下、「冊子」）を作製しました。

そして、この冊子を全ヶ寺に配布するため、五月一四日に各組事務所へ一括送付し、あわせて、五月一七日に宗務所内の各室部長宛に配布しました。

しかし、五月一七日、冊子を読んだ宗務所職員より、同朋部に対し、内容に問題を含んでいるのではないかとの問題提起があり、五月一八日の基幹運動推進本部会議において、基幹運動推進上、懸念すべき問題を含むものがあると判断し、回収することを決定し措置を行いました。

さらにその後、基幹運動推進本部は、冊子の作製から回収にいたった経緯と問題点とその背景、今後の課題を検討するため、参拝志納部を事務局とし、総局公室、同朋部、教学伝道研究センター、中央基幹運動推進相談員を中心とした「帰敬式冊子にかかる協議会」を設置しました。

このたび、その協議会において論議された協議結果を、「『帰敬式奨励冊子』についての総括書」としてまとめました。

今後、この「総括書」をもとに、中央基幹運動推進委員会、教区基幹運動推進委員会等に報告しますが、宗務所内の宗務員はもちろん、宗門を構成する一人ひとりが、今回のこの冊子についての問題点と課題を学ぶことで、改めて、「法名の本来化」、基幹運動推進に向けての取り組みを進めていきたいと思います。

一　冊子作製・発刊の経緯

二〇〇三（平成一五）年五月一日より、新たに「直属寺院・一般寺院並びに宗門校等での帰敬式の執行」並びに帰敬式における「内願法名の受付」が開始されました。

特に、その申請方法等については、各寺院宛に通知した他、『宗報』に掲載するなどの方法により周知を図ってきました。

しかし、参拝志納部へ、全国の住職から、法名に使用できる文字や、僧侶の法名の内願申請の場合、差し控えてきた文字についての取り扱い等、詳細についての問い合わせが多数あったことに鑑み、改めて、趣旨徹底を図ることを目的として、このたびの冊子の発刊計画が策定されました。

作製の具体的な経緯については、二〇〇四（平成一六）年九月より掲載事項の検討を進め、これまで寄せられた詳細の問い合わせにも対応した内容とすべく、下記項目を掲載すべき事項といたしました。

○帰敬式の意義
○法名の由来・意味、法名やお扱いについて
○受式手続き方法・冥加金
○帰敬式の流れ・次第
○内願法名に関する事項
○本願寺以外での帰敬式に関する事項
○法話（教学的・門信徒に話す参考となるもの二編）

またタイトルは、真宗門徒として法名を名のることの大切さを住職が門徒に語りかけていく象徴の言葉として、「あなたの名前は何ですか」といたしました。

これら掲載事項の具体的整理と準備が整った二〇〇五（平成一七）年五月に、印刷・納品を終え、二〇、〇〇〇部を発刊するに到りました。

二　冊子配布から回収までの経緯とその後の取り組みについて

発刊した冊子について、以下の経緯で配布・回収を行いました。

○寺院への冊子の配布　二〇〇五（平成一七）年五月一四日

＊教区教務所・別院・直属寺院・教堂発送。

＊全国組事務所宛定期郵送便にて発送（全寺院分）。

○宗務所内配布　二〇〇五（平成一七）年五月一七日午前

＊宗務所内の各室部長宛配布。

○問題提起　二〇〇五（平成一七）年五月一七日午後

＊宗務所内に同冊子が配布された時点で、同朋部に対し内容に問題を含んでいるのではないかと宗務所職員より問題提起が寄せられ、総局公室長の指示を受け、総局公室（基幹運動推進本部事務担当）と連携し、中央基幹運動推進相談員（以下「中央相談員」）が協議を行う。

○基幹運動推進本部会議　二〇〇五（平成一七）年五月一八日午前九時

＊基幹運動推進本部会議で、冊子の内容に「内願法名使用可能漢字一覧」として、内閣府が認めた常用漢字、人名漢字が掲載されていることから、差別法名に使用されている漢字が含まれていることが確認された。

＊具体的には「内願法名使用可能漢字一覧」とのリードが付けられており、現在まで法名の本来化に向けた取り組みに反する内容となっていることから、基幹運動推進上の問題点を含んだものとして回収することが決定され、直ちに各教務所へ電話、ファックス等を利用して事務連絡を行う。

○教務所長に回収を指示する公文書発送　二〇〇五

（平成一七）年五月一八日午後四時
＊五月中に全部数回収する措置を講じることを依頼する。
＊組長宛、住職宛の公文書を同時に送付する。

○宗務機関への内容報告について
・宗務審議会（合同審議会）
・輪番・主管・教区基幹運動推進委員会会長（教務所長）研修会
・教区基幹運動推進専従員研修会
・中央基幹運動推進委員会
・中央相談員連絡協議会
・宗務所部長会

○冊子回収の現況について
二〇〇五（平成一七）年九月二〇日現在の回収状況は、約九七％である。

三　冊子にかかる申し入れ等

期日	発信者	件名（形態）
2005年5月28日付	安芸教区基幹運動推進委員会	建議
2005年6月28日付	兵庫教区教務所長 （兵庫教区各組組長・副組長・組相談員）	申し入れ
2005年6月29日付	同朋三者懇話会	お尋ね
2005年7月5日付	近畿同朋運動推進協議会	抗議
2005年7月11日付	備後教区基幹運動推進委員会	要望
2005年7月15日付	同朋運動を続ける会	抗議
2005年8月9日付	九州・沖縄同朋運動推進協議会	おたずね

なお、文書にて受信したものは上記の通りでありま

すが、八月一日、大阪教区基幹運動推進委員会会長・副会長が来山し、基幹運動推進本部副本部長と面談の上、申し入れがあったほか、中央相談員の各教区への巡回・出向などに際して、本件に関する質問・抗議・要望が寄せられました。

四　冊子にかかる協議会

作製した冊子の問題点等を精査するとともに、今後の課題を協議するため、「帰敬式冊子にかかる協議会」を下記の通り設置し、取り組みをすすめてまいりました。

委員構成（＊省略）

開催期日　第一回　二〇〇五（平成一七）年六月二三日（木）九：二〇〜一一：三〇

第二回　二〇〇五（平成一七）年七月一四日（木）一一：〇〇〜一二：〇〇

第三回　二〇〇五（平成一七）年八月一七日（水）一三：〇〇〜一四：一〇

第四回　二〇〇五（平成一七）年九月二八日（水）

五　冊子の問題点

①冊子のタイトルとして「あなたの名前は何ですか」としたことについて、「ハンセン病差別」「民族差別」など、差別のために本名を名のれずに生活されている被差別者に対する認識に欠ける表現であること。

②「内願法名使用可能漢字一覧」と表示した上で、国で定めている「常用漢字」一九四五文字と「人名用漢字」七七三文字の一覧をすべて掲載したが、今日まで、宗門として取り組んだ「差別法名・過去帳調査」を通して明らかにされた被差別部落の門信徒の方々につけてきた「差別法名」等に使用されてきた漢字が含まれている。このことは、すべての文字が使用できるかのような印象を与えかねないものであり、結果として、差別法名に使用されていた漢字を

内願法名に使用してもよいということになり、このような記述は、今までの基幹運動の取り組みの成果を無にしかねない問題であること。

③全体の記述が、二字法名の徹底や規定外法名（四字・六字法名、信士・信女等の位号、置字等）についての記載がなされていないなど、「差別法名・過去帳調査」を契機として取り組まれている「法名の本来化」の観点からの内容となっていないこと。

六　問題の背景

このたびの冊子作製、配布、回収にいたった背景として考えなければならないのは、まず、基幹運動の課題である「法名の本来化」への取り組みの重要性の認識が欠けていたことです。

「差別法名・過去帳調査」の結果を踏まえ、「宗門内の寺院の過去帳に差別法名が記されていた」という差別の現実を重く受けとめ、その現実の克服のために、「法名の本来化」が取り組まれてきました。その取り組みの中から、一人でも多くの門信徒の方々に帰敬式を受けていただきたいとの願いから、本願寺以外での帰敬式受式の制度が整備され、僧侶の法名には内願が許されて、門信徒の法名には内願が許されないという現実を克服するために、帰敬式における法名内願の制度がはじめられたのです。

この冊子が作製され、また、作製されたこの冊子に関する問題性に気づくことができず、また、見過ごしてしまったということは、その取り組みの願いが、冊子を作製した参拝志納部だけでなく、宗務所内全体で共有することができていないということを露呈したのです。

二〇〇三（平成一五）年度から、基幹運動推進本部のもと、全教団的な体制で、責任と役割を明確にして、総局の全部門において基幹運動を推進するための機構改革が行われました。冊子の企画から発行にいたる過程を精査すると、この機構改革の意図が十分機能していなかったということ、さらには、基幹運動推進に関する各部署での意識の希薄さも、重要な背景として考えなければなりません。

七　今後の課題

今後の課題として、まず、宗務所職員全体の基幹運動推進に対する学びを深める必要があります。

宗務所職員の研修体制などを検討し、見直すことが必要です。さらには、宗務所全体の取り組みとするため、すべての部署が連携しつつ、強力に基幹運動を推進するための連続且つ継続的な研修が必要です。そのことが、このたびのような問題の再発防止につながります。

冊子について、さまざまな指摘がなされていますが、その指摘に示された問題を今後の課題としていくことも重要です。

また、発刊物全般に関しても、担当部署を中心として部署間の連携のもと、内容に配慮し、強力に基幹運動を推進すべきものを作製できるよう、立案上款のあり方も含め、見直す必要があります。

特に、今回の担当部である参拝志納部においても、さらなる基幹運動の推進のため、法名の本来化をめざすとともに、帰敬式受式を強力に奨励するための取り組みを、関係部局と連携しながら進めます。

このたびの問題を契機とし、改めて宗務所内のすべての人びと、ひいては宗門人全体が、基幹運動の理解と学びを深め、一人ひとりが真の運動推進者となるよう努力してまいります。

以　上

二〇〇五（平成一七）年一〇月一七日

『宗報』二〇〇五（平成一七）年一一・一二月合併号

【10】長野教区A組「若婦人の集い」における差別発言事件　概要と課題

Ⅰ　事件の概要

一　日　時　二〇〇六（平成一八）年八月一日（火）午後八時二〇分頃

（A組「若婦人の集い」閉会式挨拶の中で）

二　場　所　長野教区A組　会所寺院本堂

三　発言者　A組婦人部長

四　同席者　講師・組内住職・僧侶・門信徒・寺族参会者　約一一〇名

五　発言の内容

「『ちょうり（長吏）。ちょうり。なぁ、ちょうり。これからいわねや。なぁ、ちょうり』と昔はよく言ったもんです。明治か大正に水平社運動が始まって、それは差別でよくないということで、学習をして最近は言わなくなっている。葬儀のあり方についても、みんなで言っていかなければ今のあり方があたりまえになってしまう」と発言した。

Ⅱ　事件の背景

今回の発言に至るまでに発言者は、近年の葬儀社主導の葬儀のあり方について持論を語っていた。内容は「葬儀社のスタッフによって弔電が代読されることが多いが、遺族を差し置いて代読することは遺族に対して無礼であり、失礼な行為である」「組内寺院のほとんどが弔電の代読を認めているが、これが今後も当たり前のように行われることで、みんなの感覚がマヒしていく」などで、これを危機感として持っていた。発言者は「今回の発言は、昭和三〇年代に被差別部落の人を侮辱する言葉として聞いていたが、差別の解決を求めて運動が行われてきたように、本来の葬儀のあり方を取り戻すための取り組みが必要であるという比喩であった」という。

葬儀が自宅からセレモニーセンターで行われることが多くなり、葬儀社主導によって執り行われる葬儀のあり方が、遺族・親族の協力のもとで行われていた葬儀からかけ離れていることについて、また葬儀社に対して意見を言わない組内寺院のあり方についての危惧を参会者に伝え理解を求めるための〝たとえ〟として発言をした。

差別発言ではないかとの指摘は、「若婦人の集い」終了後の茶話会において、組内住職よりなされた。

Ⅲ　事件の差別性と問題点

一、「ちょうり（長吏）」という被差別部落の人を侮辱する差別語を使い、さらに人を見下し踏みつける語句を比喩として用いて、被差別部落の人を脅かし差別した。

二、不特定多数を対象としていたにもかかわらず、研修会の内容との関連のない唐突な発言であり、参会者個々の事情に配慮がないという点で軽率で、〝たとえ〟としてきわめて不適切である。また、差別語を用いて発言しながら、現在の部落差別の実情を明確にせず結果的に、差別を温存・助長した。

三、「若婦人の集い」という仏教を学ぶ場において、被差別部落の人の痛みがわからないような発言を宗教者が行い、差別の現実を課題とし差別・被差別からの解放をめざす基幹運動の取り組みに逆行した。

Ⅳ　対応の課題

a　行為者の意識変革

発言者は、葬儀本来のあり方を回復したいという思いを伝え、広く理解を得るための〝たとえ〟として発言した。発言について指摘を受けた当初は、「あくまで〝たとえ〟で発言した」「歴史的事実を述べたまでで、問題とは思わない」という意見を繰り返し、その後、発言の確認が行われる過程においても「〝たとえ〟として配慮が足りなかったことは認めるが、そこに悪意があったと思われること、それが差別心からの発言であると思われることは心外である」と述べるにとどまり、やはり発言の問題性や重大性を認めるには至らなかった。

葬儀のあり方について理解を得るためとはいえ、差別語を使って被差別部落の方を侮辱するとともに、部落差別の現状を明確に伝えなかったことは、差別・被差別からの解放に携わる人を蔑んだ発言である。最近の部落差別には、差別落書きや差別投書・インターネットの差別書き込みのように差別者が顔を隠し、表面上は差別を否定しながら裏では意識的に差別をするという陰湿さがあるが、一方、反差別の取り組みが進んだとはいえ、刷り込まれた自らの差別意識に気づかない、無意識の差別が解消されたわけでもない。すなわち、部落差別がなくなったのではなく、差別が深く広くなっているのが現状である。「差別の現実から学ぶ」という同朋運動の視点は、学ぼうとしなければ差別の現実を肯定することになるということである。差別は意識をして、自分の中に、社会の中に見つけようとしなければ見えてこない。今回の発言によって、実際の差別から目をそらし、差別の事象が少なくなったと伝えたことは、結果として部落差別の実態を隠蔽し、差別を温存・助長することとなった。

発言者は、今回の発言について確認がなされる中で、発言の言葉が被差別部落の人にとっていかに身を切られる言葉であったかを認め、反省書を組長へ提出し、確認委員会による事実確認会に出席して事実と向かい合った（組長へ提出された反省書は、組長より組内全寺院へ、当日の参加者に周知いただく依頼文を添えて配布した）。しかし、部落差別の実情を明確にせず、差別語を使ってすべての被差別部落の人を侮辱したことの責任は重大である。今後、主体的に部落差別の実情を学び、差別・被差別からの解放をめざして取り組みを進め、基幹運動を担う一人となることこそ、真の人間性の回復の道であり、御同朋の社会をめざす念仏者の姿勢を示すことが必要である。

b　A組の課題

当該組として今回の事件を深刻に受け止め、差別を温存し助長してきた体質・意識の改革を課題とし、平等・共生社会の実現に向け実践していく姿勢を明確にすることで、組を挙げて基幹運動を推進し、御同朋の社会をめざして、次の具体的な取り組みを推進する。

一、今回の発言の差別性と問題点の周知と研修の実施。
二、同朋運動推進僧侶研修会の研修の充実とスタッフ研修会への参加要請。
三、同朋教団を標榜する意味を問い、基幹運動を推進することが責務であることを周知する。

c 教区の課題

「業・宿業」「真俗二諦」「信心の社会性」「部落差別の基礎的学習」は、同朋運動推進僧侶研修会の課題である。本年度の教区同朋運動推進僧侶研修会スタッフ研修会において、三期一四年の研修会の内容が点検された。それによると同一テーマ・同一カリキュラムで取り組む僧侶研修会であったが、内容は各組まちまちであり、参加者も固定化し減少傾向にある。研修内容も形骸化し、教区・組・僧侶の差別構造・差別体質を明らかにし、主体的に社会の問題に取り組む実践者を育てたとは言いがたい。

信心と社会の問題は別であるとする閉鎖的・独善的な教義理解、信心さえあれば差別はなくなるといった社会の問題に無関心な僧侶の姿勢あるいは現在の寺院形態を維持することだけの保身的思考が、自己の差別性を問い直し、差別の現実を正しく認識し、あらゆる差別をなくしていく取り組みの姿勢を妨げていることを再確認し、克服の取り組みを推進する。

一、基幹運動に関する研修会における内容・参加体制の点検と、問題解決に向けた取り組みの充実。
二、同朋運動推進僧侶研修会の充実と具体的課題の明確化（スタッフ研修会の充実）。
三、同朋運動推進者養成研修会の修了者を中心とした教区講師団の編成と研修会の開催。
四、差別構造・差別体質・差別意識解消に向けての啓発活動の点検と充実。
五、教区主催基幹運動推進研修会の継続と参加体制の確立。
六、長野県同宗連・人権センターながの・地域人権同和学習会等への参加要請の強化。

【11】部落差別　現実からの出発――大阪教区差別はがき投書事件から学ぶ――

「大阪教区差別はがき投書事件」対応要綱

大阪教区基幹運動推進委員会

はじめに

二〇一〇（平成二二）年一月一八日、大阪教区教務所は、兵庫県明石郵便局消印の一通のはがきを受信しました。

そのはがきには、表面の差出人欄と思われるところに行為者ではない他の個人名を騙り、その裏面には、個人名、役職名そして特定の役職者と推測できる人物の姓を列記し、部落差別・障害者差別・民族差別・人種差別を意味する賤称語を用いて貶める内容が記載されていました。

これは、列記された人物や役職者のみならず、いまなお差別に苦しめられている人たちの人権をも更に踏みにじる差別文書であり、決して許される行為ではありません。

大阪教区基幹運動推進委員会は、直ちに事実確認委員会を開催し、このはがきが差別文書であることを確認し、今後の対応について検討をはじめました。

一方、このはがきを受信した同時期、二〇〇九（平成二一）年一二月下旬から翌年二月上旬にかけて、兵庫教区教務所、兵庫教区内寺院、浄土真宗本願寺派宗務所、真宗大谷派宗務所に連続して差別文書が届いていました。

これらの文書すべては、兵庫県内の郵便局から発信されていることが共通しており、またそれらの記載内容等に鑑みて、基幹運動推進本部・兵庫教区・大阪教区の三者合同による「兵庫教区内より発信された連続差別投書事件」対応委員会を設置し対応することとなりました。

しかし、大阪教区として今回の事件に取り組んでいくことに際して、過去にふりかえるべき差別事件がありました。

　それは「本山・五教区連続差別投書事件」です。二〇〇五（平成一七）年五月一九日に大阪教区教務所に「えったの　ギ員を　辞めさせロ」という内容の差出人不明の差別文書が送られてきました。

　当時、大阪教区以外にも宗門内各所に連続して差別投書が送付されていたことにより、関係教区の代表者を委員として「本山・五教区連続差別投書事件」対応委員会が中央において設置されました。三回にわたる対応委員会の協議の結果、二〇〇六（平成一八）年一一月二七日に本事件の「対応要綱」がまとめられました。その中で、大阪教区基幹運動推進委員会は、本事件について大阪教区において早急に対応を行うことを表明していました。

　しかし、この事件に関する大阪教区での対応等については、結果的に教区内に十分な啓発・研修等がなされていないことから、取り組みへの姿勢が改めて問われました。

　そのことを大きな反省点と踏まえ、今回の事件の問題を取り組むにあたって、先ず「大阪教区差別はがき投書事件」対応委員会を設置し、当面、三者合同の「兵庫教区内より発信された連続差別投書事件」対応委員会と連携を図りながら、対応をすすめていくこととしました。

　この対応要綱は、これまでの大阪教区としての同朋運動の取り組みをふりかえりながら、「なぜ差別投書事件が起きたのか」「なぜ差別はがきが大阪教区へ届けられたのか」を問うていく中で、即如門主が『親鸞聖人七五〇回大遠忌についての消息』の中で「お念仏の人生とは、阿弥陀如来の智慧と慈悲とに照らされ包まれ、いのちあるものが敬い合い支え合って、往生浄土の道を歩むことであります。」と示されたお言葉を体して、自らを問い直し、ともにいのちかがやく世界をめざして、基幹運動をより強力に推進するために作成いたしました。

　宗門を担う私たち一人ひとりは、御同朋であることを確認し、親鸞聖人のみ教えによって自らを省みながら、差別・被差別からの解放をめざして、具体的な実践をしてまいりましょう。

Ⅰ　差別投書事件の概要（差別性と問題点）――

一．受信日時　二〇一〇（平成二二）年一月一八日（月）午前一〇時三〇分頃

郵便局配達員より、その他郵便物と共に配達があり、本願寺津村別院・大阪教区教務所の一階事務所受付にて受信した。

その後、その日に受信したその他郵便物と共に、午後四時三〇分頃、受信簿に記載する際に発見した。

二．受信者　大阪教区教務所　庶務部担当[redacted]が発見し、教区基幹運動推進委員会事務局担当[redacted]に報告し、[redacted]がはがきを保管した。役職名・個人名記載

三．消印　明石二二　一・一五　一八―二四

【明石郵便局　二〇一〇（平成二二）年一月一五日　受付時間帯：一八～二四時】

四．発信者　不明

※差出人欄あたりに兵庫教区関係の個人名が記載されているが、その個人から行為をした事実はないことを確認した。

五．内容　※郵便はがきを使用

（書式）表・裏面にマジックペンで、直線書きで角ばった特徴の字体で次のように手書きをしている。

（表面）【郵便番号】「五四一―〇〇五三」

【住　所】「本町四丁目一―三」

【宛　先】「本願寺津村」

【差出人欄】「[redacted]」個人名記載

「[redacted]」役職名・個人名記載

※尚、全体的に文字が大きいため、差出人欄記載の個人名が、宛先と連なっているようにも見える。

（裏面）「[redacted]エタ[redacted]エタ　」個人名・役職名記載

「[redacted]ドロボー[redacted]エタ[redacted]」姓のみ記載

「　エタ[redacted]エタ[redacted]エタ　」姓のみ記載

「[redacted]エタ[redacted]エタメクラ　」姓のみ記載

「　チンバチヨンコニガー　」

（＊Ⅱ　省略）

Ⅲ　差別投書事件の分析と背景の解明――

(一)　このはがきには、大阪教区に所属すると推測される個人の姓が列記されている。大阪教区は、このはがきを〝同朋〟に対する差別と受け止め、このような差別を許さないという断固たる決意を示す。

　このはがきには、個人名、役職名、そして大阪教区に所属する宗門の特定の役職者と思われる個人の「姓」を列記し、部落差別・障害者差別・民族差別・人種差別を意味する賤称語を用いてその人たちを差別している。

　今回の記載内容は「姓」のみが記載されており、被害者となる個人は特定できない。しかし、明らかにこの差別者は、大阪教区に関係する特定の個人を想定していると思われる。そして、そのはがきを大阪教区へ投じてきた。

　これは、列記された個人のみならず、家族や門信徒、関係者に対する差別であり、私たち大阪教区の〝同朋〟を差別していることである。

　私たちは、この差別者に対し強い怒りを抱き、このような差別を決して許さない。

(二)　大阪教区で受信した一通の差別はがきは、内容の点から見て、「兵庫教区同朋講座における差別発言事件」「兵庫教区内より発信された連続差別投書事件」と深く関連している。おそらく「兵庫教区同朋講座における差別発言事件」への教区の対応に不満を抱き、その不満が後者の事件へとつながったものと思われる。そして、今回の「大阪教区差別はがき投書事件」は、これら一連の事件の拡大を狙って投書された中の一通である。

　今回、大阪教区で受信した差別はがきは、二〇〇九（平成二一）年一二月二五日に兵庫教区教務所にて一通目を受信したことに端を発し、二〇一〇（平成二二）年二月四日までに本願寺派宗務所、兵庫教区内寺院、真宗大谷派宗務所にも投じられた計二七通の差別投書と深く関連している。大阪の事件と兵庫の事件とは、両者の個別性を念頭に入れつつ、「兵庫教区内より発信された連続差別投書事件」対応要綱に学び、総合的に見なければならない。

また、大阪教区に投じてきたはがきの差出人欄には、兵庫教区の事件対応に関わった人物の名が記載されている。勿論、虚偽の記載である。これは、差出人欄に記載された人物に対して「差別者」の汚名を着せようとしている点で極めて悪質である。

㈢この差別はがきは、宗門の役職に就く個人を差別することによって、宗門発展のために真摯に活動している役職者の人びとの人格をも否定している。

このはがきには、大阪教区に所属する宗門の特定の役職等に就く個人を明らかに想定して、その個人の「姓」を列記している。

差別者は、宗門発展のためにある役職者に強い偏見と反発心をもっている。

このことは、宗門発展のために真摯に活動している人びとの人格をも否定するものである。

㈣「兵庫教区内より発信された連続差別投書事件」対応要綱では、この事件の差別者は「兵庫教区の僧侶」であると分析されている。僧侶が差別することは、僧侶であるということの根幹に関わる問題である。差別者は、この差別行為によって、僧侶であることを自ら放棄したも同然である。

この差別行為は、一連の事件に対応した人びとや、直接名ざしされた人びとの尊厳のみならず、いまなお差別に苦しめられ、いのちさえ奪われてきた人びとの尊厳をも破壊したのである。

このような行為を為した者が、「僧侶」として袈裟をつけ、親鸞聖人の教えを伝えていくという虚偽を、断じて許してはならない。この差別者が、僧侶でありながら、差別をしつつ、法要儀式を執り行い、法話をしていることは欺瞞に満ちた姿でしかない。

差別者は、この差別行為によって、僧侶であることを自ら放棄しているのである。

㈤今回の事件で、これまで兵庫教区が取り組んできた

基幹運動が一定の成果を上げつつも、課題も多く残っていることが明らかになった。その点では、わが大阪教区も同様であり、共に協力していきながら運動を進めていきたい。

今回惹起した「兵庫教区内より発信された連続差別投書事件」に対しては、大阪教区の事件とも関連するので、兵庫教区の基幹運動の状況も踏まえておかなければならないと考える。

一九八五（昭和六〇）年、兵庫教区において「組画変更」がなされた。その大きな理由として、被差別部落寺院だけで構成された組について、基幹運動を推進する上で課題があると指摘され、部落解放をめざして取り組まれた。

しかし、こういった取り組みにも関わらず、二〇〇五（平成一七）年四月一五・一六日には神戸別院と総局宛に、兵庫教区におけるこの取り組みを否定するかのような差別投書事件が発生している。

また、二〇〇九（平成二一）年一月には、兵庫教区の同朋講師による「兵庫教区同朋講座における差別発言事件」が惹起し、教区の同朋運動のあり方が鋭く問われた。

そして、一連の差別事件において、差別された寺院の門信徒から「僧侶が僧侶をかばっているのではないか!!」と指摘され、親鸞聖人のみ教えに生きる僧侶としての社会的信用が問われた。そして同時に、差別を見抜き、差別を克服することができなかった僧侶のあり方を放置してきた教団の社会的責任と体質が問われているのである。

私たち大阪教区は、この状況を真摯に受け止め、兵庫教区の同朋運動の成果と課題を、私たちの問題として受け止め、共に運動を進めていく必要がある。

Ⅳ　差別投書事件の課題と今後の取り組み――

今回の差別はがき投書事件の差別者は、現在、特定には至っていない。

しかし、前項の通り、内容からして「兵庫教区内より発信された連続差別投書事件」、ひいては「兵庫教区同朋講座における差別発言事件」との深い関わりがあると推察できることから、私たちは、それぞれの対応要綱を踏まえ、大阪教区として同朋運動推進のため取り組みをすすめなければならない。

なぜなら、大阪教区も兵庫教区同様、近世において封建制社会に迎合するだけではなく、教団内にも差別制度を持ち、近代においては業・宿業、真俗二諦の論理で差別や戦争を正当化し、差別体質を温存助長してきた歴史を共有しているからである。

差別の現実に学びつつ、何が差別を生み出し、差別を温存させているのかを問うことを通じ、差別を生み出す教学・制度・儀礼・意識を明らかにすることである。

私たちは、差別に苦しみ、いのちをも奪われてきた悲惨な事実と、差別・被差別からの解放をめざす闘いからの問いかけを真摯に受け止め、過去の教団・教区の取り組みを踏まえ、差別の現実から学び課題の共有と自身と教団の変革に取り組んでいかなければならない。

一 教区の課題

（一）組織機構の点検と改革

教団で起きた連続差別事件の背景を踏まえ、差別体質をいまだ完全に克服できていない教団の一員であることの反省にたち、差別の現実を見すえ解放を願うべく同朋運動を推進していく人材を養成するため、教区基幹運動推進委員会組織機構の点検と改革に取り組んでいく。

（二）事業の再構築

現行の研修体制と内容を見直し、被差別の痛みを自らのものとするべく現地研修の充実を図ること、またこれまでの教団・教区の取り組みを再学習するなど、同朋運動をより強力に推進するため現行事業のより効果的な実行に向けて再構築を図っていく。

（三）教団・教区における取り組みの再学習

一九九五（平成七）年の「大阪教区点検糾弾会」、及び一九九七（平成九）年に全教区を挙げて実施された「差別法名・過去帳調査」より明らかになった差別体質を取りまとめた「差別体質の究明に向けての回答書」の課題に取り組み、点検・学習をするとともに、「御同朋の教学」の構築に向けて、「業・宿業」「真俗二諦」「信心の社会性」について継続的に学習をする。

（四）教材の利用と見直しと作成

教団・教区、或は関係団体で作成した教材を積極的に活用し、学習をすすめる。

また、これまで教区で作成した教材の見直しや、現在の課題に応じた教材を新たに作成する。

（五）学びの周知と関係団体との連携強化

「大阪教区差別はがき投書事件」や「兵庫教区同朋講座における差別発言事件」「兵庫教区内より発信された連続差別投書事件」対応要綱に基づいて取り組みを進めるために、教区・組に参画するすべての人びとが自らの課題となるよう周知徹底する。

また、各教化団体や外郭団体（同和教育振興会・同宗連）、解放運動を推進している外部団体（部落解放同盟・人権協会等）との連携も深めながら、同朋運動をより強力に推進するための体制・事業を構築していく。

二　宗門の課題

（一）本事件にかかる取り組みを「対応要綱」にもとづき宗門全体で共有する。

（二）「御同朋の願いに応える教学（御同朋の教学）」の構築をめざす。

（三）基幹運動研修の点検と充実をはかる。

◇同朋運動推進僧侶研修会
◇得度習礼・教師教修
◇住職補任研修
◇住職本山参拝研修
◇宗務員・宗務所員研修会
◇講師養成研修会（布教使養成課程・基幹運動推進研修会講師養成中央実習）
◇布教使・各種講師への基幹運動研修
◇各教化団体研修
◇その他各種研修会

（四）基幹運動についての具体的な啓発（広報）活動の点検と充実をはかる。

◇人権情報誌「Ｓａｔｔｖａ」

◇差別事件から学ぶテキスト作成
◇その他刊行物

以　上

二〇一〇（平成二二）年

大阪教区新報『サンガ』一二月号掲載

【第二章】糾弾会

【1】緊急報告　点検糾弾会

私たちの宗門で「東海教区住職差別発言」「理事長差別発言」「札幌別院及び庁舎内の差別落書き」等、連続して差別事件が起こっています。同朋運動をすすめて半世紀近くになる浄土真宗本願寺派に何故このような問題が発生するのか、その原因と問題点の所在、宗派を構成する私たち一人ひとりの責任を明らかにする必要があります。

現在、宗門は部落解放同盟中央本部と糾弾会を実施しています。九五年九月二九日宗務総合庁舎において、第四回の糾弾会が開かれました。

この糾弾会は、九四年一〇月、九四年一二月、九五年五月と続き、教学上の問題としては「業・宿業」「真俗二諦」の問題、習俗慣例等の制度の問題、あるいは、教えと現実が全くかけ離れていることを指摘する「信心の社会性」等についての課題が提起されています。第四回の糾弾会は、その課題や問題点について宗派から答える形で進められました。

当日の出席者は、部落解放同盟中央本部の委員長をはじめ中央執行委員、及び京都府連合会からの約二〇名、宗派の方は総長、本部長のほか関係局部長一〇名が出席をしました。この中で特に、基幹運動が教団を挙げて取り組む運動とはなっていない現状ではないかとの厳しい指摘を受けました。教団の差別体質は、この度の連続した差別事件として露呈したわけですが、その差別体質をより明らかにし、変革にむけての取り組みをしていくことになります。私たちの今後の具体的な取り組みとして、以下の三点について要請されました。

(一) 各教区と各都府県連との「点検糾弾会」の実施。
(二) 差別の実態に学ぶための現地学習会の実施。
(三) 上記二点を踏まえて本願寺派全役員を対象とした第五回糾弾会の実施。

それに応えて、昨年一一月二四日、大阪の西成地区の現地学習会が実施され、ご門主・総局・宗務所の管理職など総勢六三名が参加しました。

また、九五年一二月六日の東京教区を最初にして、現在各教区において「点検糾弾会」が実施されています。現在の状況については右ページの「一覧表」(＊省略)をご参照ください。

「点検糾弾会」は、《①連続する差別事件の原因を分析する。②各教区で行っている各種研修の内容等を点検して問題点を明らかにする。③「封建遺制の教団における問題点」について。④差別法名・過去帳の調査結果を明らかにする。》の四項目について教区毎に『回答書』を作成し、それをめぐって糾弾学習が行われています。

糾弾会は、二～四時間という時間設定のなかで行われますから、四課題すべてについて点検が完了するには時間が足りないところもあり、十数教区が二回目に持ち越すことになりました。

点検糾弾会の状況は教区によってそれぞれ異なりますが、明らかにされた課題のいくつかを見てみますと、

○『回答書』そのものが優等生の答案のようだ。被差別の痛みが理解されていないし、被差別への共感も感じられない。
○『回答書』が教区内全体のものになっていないのではないか。
○差別の実態を知る。そのために被差別部落を訪れて人びとの声を聞いて欲しい。
○「過去帳」(差別法名)の再調査。
○「類聚制度」は僧侶の位階を金銭で買うという印象を受ける。宗教者としてどう思うのか。
○自分だけが救われるのではない、人びとをも救っていくのが真宗だから「信心の社会性」は当たり前のことだと思う。何故それを受け入れない僧侶たちが居るのか。
○研修会が行事消化的になっているのではないか。また机上での研修会だから観念的なものになる。そのためにも現地研修が必要ではないか。
○「煩悩と差別」について明らかにして欲しい。
この他にも、さまざまな意見や課題が提起されています。

『Ｓａｔｔｖａ』第二号(一九九六年三月一日発行)

【2】おおよその情況―教区点検糾弾会―

教区と部落解放同盟都府県連で行われた「点検糾弾会」は、別表（＊省略）のような状況です（七月二〇日現在）。

安芸、備後など続いて糾弾会が予定されている教区もあります。この「点検糾弾会」の終了をまって行われることになっていた「第五回・糾弾会」が八月一日に本山を会場として実施されることになりました。

点検糾弾会は、教団の基幹運動がどの程度、教区や組・寺院、僧侶に浸透しているかという点検が主題でしたから、前号でお知らせしたように

① 連続した差別事件の原因を教区としてどのように考えているか。

② 教区で行っている各種の研修会はどのような状況なのか。

③ 浄土真宗本願寺派教団はなお「封建遺制」を払拭しきれていないといわれているが、教区としてはその「封建遺制」をどのように考えるか、具体的に教区の中にはどのような「遺制」があるのか。

また、「信心の社会性」ということを明らかにしていただきたい。

また、「反差別の教学」というが、それについても明らかにしていただきたい。

④ 一九八三年に教団は「差別法名・過去帳の調査」をしているが、教区での調査結果はどうであったのか。

その原因は？＝なぜ差別事件が連続して起こるのか＝

教区ではそれぞれにこの課題についての『教区回答書』を作成し、この回答書をめぐって教区の点検糾弾会は行われました。

① については、

「観念的な取り組みに終始。内面のみの教学。一部のものの運動という偏見＝運動への敵意と反感。」

「僧侶体質（懺悔の殻に閉じこもる・封建的特権意識・他人事にしかしない意識・差別者を黙認）。」「差別的人格

の人を作り出してきた教団の体質。教学理解の問題。信心の社会性の欠如＝主体的な社会参加を抑制。」「部落問題への無知・無理解。僧侶の第三者的意識。僧侶の差別体質（権力意識・教化者意識）。」基幹運動の願いが未浸透。具体性・主体性に欠けた取り組みであったこと。信心の観念化＝現実の課題から遊離する結果。」「教団の差別構造が個人の形で表面化した。」「同朋運動に対する反発と埋没化。基幹運動の不徹底。同朋運動推進の伝道方法の未確立。教学理解の不統一。」などがあげられています。

●基幹運動の取り組みの不徹底
●僧侶体質・教団内の差別意識（特権意識、傍観者的態度、教化者意識、等）
●教学（そのような僧侶を生み出してきた教学）に括ることができます。

教区の研修会は？

② については、ほとんどの教区が
●参加者の固定化

をあげ、その問題の克服を模索しています。

封建時代の残り滓

③「檀家制度。類聚制度と特権意識。」「懈怠性と驕慢性を克服できない教学理解。」「寺請制度による権力者化が僧侶の差別体質を形成。」「伝統に安住して同朋精神を見失った。」「信心の社会性の欠如。権力迎合の体質。差別を傍観し容認してきた教学の払拭。」「僧侶の自己形成の問題。寺檀・寺格制度については教団制度としての位階制の問題点。」「信心の社会性を明確にする。反差別の教学とは何か。真俗二諦の清算。親鸞聖人の信心の社会性。差別を助長・温存してきた教学の否定。聖典の表現の点検。御同朋・御同行の教学的根拠の明確化。」「差別を助長・温存してきた教学の否定。」「真俗二諦によって社会性を失った教学が批判性を持ち得なかったこと。」「縁起の立場から説かれた業・宿業論を歪めた。」「個人化（未来主義的）に対する反省の欠落が現実を見損なう因。」「寺檀・寺格意識について＝類聚制度の見直し。」「信心を社会とは分離してきたことの問

題＝真俗二諦の問題点。」等々、ほとんどの教区が教学の封建的ありようとそれによって形成された制度（寺格・類聚制度等）・体質を指摘しています。

④一九八三年の過去帳の調査については、ほとんどの教区が当時の報告状況を述べるにとどまっています。

糾弾学習

これらの「回答書」にもとづいて糾弾会は進行しました。回答書のなかの疑問点に対する質問、問題点の指摘、課題の整理と提起など、教区によってさまざまな展開がされました。

「今後の課題」として明らかにされたことのなかでいくつかの教区で共通した項目がみられます。

①「回答書」を書き直し、その趣旨を教区内に周知徹底すること。
②教区内の差別の実態を把握すること。
③被差別部落民衆の声を実際に聞くこと。
④研修のあり方を見直すこと。
⑤解放同盟都府県連と共に歩むこと。
⑥教学の見直し。
⑦過去帳の再調査を。

また、これらの他、都府県連からの要望があったり、参加僧侶の自主決定もされた教区もあります。

●当日出席者の感想文を提出しよう。
●差別体質を究明する委員会を。
●差別法名があった場合、名乗り出てほしい。
●宗教者としての姿勢を明確に示してほしい。
●法事の席や布教現場で差別解消の法話を入れて欲しい。

これらの情況や課題、要望等を総括して、第五回宗派糾弾会が開催されます。

『Ｓａｔｔｖａ』第三号（一九九六年七月二〇日発行）

【3】教区点検糾弾会　一覧

（一九九六年七月二〇日 現在）

北海道教区

日　時　一九九六年一月二三日（火）

一四：〇〇～一六：四五

会　場　本願寺札幌別院

出席者　（同盟側）四名　（教区側）五九名

課　題　〇差別の実態に学ぶということを真剣に取り組む〇差別法名・差別過去帳の再調査を行う〇差別事件を惹起する体質における封建制度・封建的差別体質について、教区全体の問題として具体的事例を示して分析・把握を行う。

東北教区

日　時　一九九六年二月二二日（木）

一三：〇〇～一六：〇〇

会　場　本願寺仙台別院

出席者　（同盟側）五名　（教区側）四五名

課　題　〇差別法名差別過去帳報告に対し、教区内寺院一五一ヵ寺中、一三ヵ寺が未提出であり、何故未提出寺院が存在するか、そこが問題であるため再検討が必要。〇「寝た子を起こすな」か「起こさない」かについての意見を通し、あらゆる社会問題に対し教区の積極的な取り組みが最も重要かつ急務な課題。

東京教区　一

日　時　一九九五年一二月六日（水）

一三：三〇～一六：三〇

会　場　本願寺築地別院伝道会館二階瑞鳳

出席者　（同盟側）三五名　（教区側）八五名

課　題　〇部落の現実に学ぶということを第一に考えてほしい〇もう一度話し合いの場を設けてほしい。

《次回の課題》①一連の差別事件の原因につ

いて（掘り下げた分析）②研修のあり方について（反省点を踏まえて）③信心の社会性について（誤った教学理解に対する克服）

東京教区　二

日　時　一九九六年一月三一日（水）　一三：三〇～一六：〇〇

会　場　本願寺築地別院講堂

出席者　（同盟側）二五名　（教区側）八三名

課　題　今回の回答書で概ね了とされた。なお、研修が単なるスケジュールの消化としないための方策を講ずるよう求められた。

長野教区

日　時　一九九六年三月一日（金）　一三：〇〇～一六：一〇

会　場　本願寺長野別院

出席者　（同盟側）七〇名　（教区側）八一名

課　題　○「同和」問題に関する研修会の出席率が悪い。研修会のあり方を点検されたい。○今後教区内に「同和」問題に関わる専門委員会的なものを設置してもらいたい。○次回から学習会という形式で継続的に研修を開催することを確認する。

国府教区　一

日　時　一九九六年一月二七日（土）　一四：一〇～一八：二〇

会　場　本願寺国府別院

出席者　（同盟側）一二名　（教区側）二五名

課　題　○部落差別の現実からはじめられるような研修を。僧侶の特権意識を明らかにする。基幹運動への偏見にかかわることから。

《次回の課題》①研修カリキュラムの作成を行う。②次のことについて文書でまとめる。被差別部落に対する差別・傍観者的な僧侶について・「寝た子を起こすな」の考え・前世の業・研修のあり方について

国府教区　二

日　時　一九九六年三月八日（金）

一三：三〇～一六：〇〇

会　場　国府別院

出席者　（同盟側）一七名　（教区側）一八名

課　題　①研修カリキュラムの作成②法名・過去帳について再点検の必要があることを示される。

新潟教区

日　時　一九九六年二月二四日（土）

一三：三〇～一七：〇〇

会　場　本願寺与板別院

出席者　（同盟側）一〇名　（教区側）二〇名

課　題　○封建遺制の問題・差別を容認していくような教学の問題について、教区の共通の課題となるよう取り組むべき○今後、県連と連携をはかり、差別の現実を学ぶことからはじめられるような研修のあり方を協議すべきである〈研修カリキュラムの作成〉

富山教区

日　時　一九九六年一月二五日（木）

一四：三〇～一六：三〇

会　場　本願寺富山別院

出席者　（同盟側）二五名　（教区側）五八名

課　題　○四月に回答書を再提出する。

○内容から本山からの指示があるから動くのではなく主体性が必要である。○富山県で唯一立ち上がった支部が存在するので、是非現地の学習をされたい○再度の法名調査の総点検をする必要がある○真宗王国問題は五カ年計画で取り組むとの約束であったが、今日まで二一年が経過している。なにもなされていない現状を問う。

高岡教区

日　時　一九九六年二月二九日（木）

一四：〇〇～一七：〇〇

会　場　本願寺高岡会館
出席者　（同盟側）七名　（教区側）八六名
課　題　○回答書の再提出（一つひとつ具体性をもたせる。自分達の差別性はなにか）○四月末日まで過去帳・法名の教区としての再調査を実施する。○教区内差別事象の実態把握とその報告をする。

石川教区

日　時　一九九六年一月二五日（木）　一〇：三〇～一二：三〇
会　場　本願寺金沢別院
出席者　（同盟側）三〇名　（教区側）四〇名
課　題　○回答書を教区全体のものとする取り組みが必要である。○差別の現実を知ることからはじめ、差別の実態を知ることを徹底的にする○信心の社会性を念頭に、差別撤廃に向けた取り組みを期待したい○過去の法名調査では差別記載はなしとの結果であったが、再調査をすること○封建的体質を内部で討議して明らかにする

福井教区　一

日　時　一九九五年一二月二一日（木）　一三：三〇～一六：四五
会　場　本願寺福井別院
出席者　（同盟側）一一名　（教区側）五四名
課　題　○「差別の現実から学ぶ」が全体的に欠落している点を踏まえ深める必要がある。○差別問題の背景をより詳細に検証する必要がある。○関係学園理事長問題は、教団内の意思統一を図る必要がある。

福井教区　二

日　時　一九九六年二月二二日（木）　一三：三〇～一六：二〇
会　場　本願寺福井別院
出席者　（同盟側）一二名　（教区側）四一名
課　題　○部落差別の本質理解のために研修のあり

方、中身の改善を○運動への反感に対する原因の分析○現地学習会の実施。県連との継続的な話し合いの実施。

岐阜教区

日　時　一九九五年一二月一一日（月）
　　　　一三：三〇～一五：〇〇
会　場　本願寺岐阜別院
出席者　（同盟側）三〇名　（教区側）六五名
課　題　○岐阜教区内に差別事件が起こらないのは、差別を見抜く力がなく取り組みの遅れとの指摘。また、教区の研修も観念的でかえって差別を温存助長させる○三重県の報告集会に当該人がボイコットしたことは、現在の教団の差別体質を露呈したもの○今度は両者がさらに協議を重ね差別撤廃に向けた取り組みをすることを確認。

東海教区

日　時　一九九六年二月二日（金）
　　　　一三：三〇～一六：三〇
会　場　三重県人権啓発センター
出席者　（同盟側）二〇名　（教区側）六三名
課　題　○再度、差別法名・過去帳の調査をする。○東海教区住職差別発言の当該人のM住職がこれまでの報告書と反省文を提出すること○今回も含め出席できなかったことについて背景を分析し、三重県連に反省文を提出する。○今回の事件から全僧侶の課題となっていない現状がある。被差別部落寺院と共に部落解放に向けて取り組むような方途を講ずる○回答書が一部の役員のみの作成で全体のものとなっていない、検討し再提出する。

滋賀教区　—

日　時　一九九五年一二月一五日（金）
　　　　一三：三〇～一六：〇〇

会　場　本願寺八幡別院
出席者　（同盟側）一六名　（教区側）七六名
課　題　○「教団に内在する差別構造」と「平素からある差別の姿」を事件の原因として抽象的に記述されているが、これについて再度教区内の意見を集約する〈分析方法〉○教団がおかしてきた差別事象の確認と総括○教団の現在抱える差別的システムおよび運営方法等の提起○住職及び門信徒における差別意識の実態の把握。

滋賀教区　二

日　時　一九九六年二月二二日（木）　一三：三〇〜一六：一五
会　場　本願寺八幡別院
出席者　（同盟側）一七名　（教区側）七三名
課　題　現実の問題としてとらえ取り組んでゆくために具体的課題を明らかに○「第二次回答書」を踏まえての一人ひとりの課題として運動を進める○今後はA組問題を通して、教区の課題を明らかにし、取り組んでゆくことを確認する。

京都教区　一

日　時　一九九六年一月二六日（金）　一四：〇〇〜一六：四五
会　場　京都教区教務所
出席者　（同盟側）二〇名　（教区側）五八名
課　題　今回は庁舎内差別落書き事件を中心に基幹運動本部事務局が糾弾を受けた○「差別落書き」事件の背景について運動推進者を「善玉」、差別をするものを「悪玉」として取り上げ、運動に対する反発と分析しているが具体的に○「院号」は信仰とは無関係と思うが、本来の意義を明示されたい。○本山職員も各寺院の住職であり、大きな期待をしている。今後の基幹運動としての決意を表明されたい。

京都教区 二

日　時　一九九六年三月一四日（木）
　　　　一三：三〇～一六：〇〇

会　場　京都府部落解放センター

出席者（同盟側）二五名（教区側）四六名

課　題　〇運動に反対する者を「悪玉」とし、その者が事件を引き起こしたとの分析は問題ないか。〇親鸞聖人のみ教え」とは無関係と思うか。〇基幹運動本部の職員も含む関係者は地元でどのような活動をしているのか。

京都教区 三

日　時　一九九六年四月二四日（水）
　　　　一三：三〇～一六：〇〇

会　場　京都教区教務所

出席者（同盟側）一三名（教区側）四八名

課　題　現実に色分け、孤立させられている寺院がある以上、力を合わせることが必要と指摘され、部落寺院同士の連絡協議会を作るよう要請された。〇院号の問題について指摘を受け、「本来の院号とは何か」について述べた。それに対し同盟側から中央段階での糾弾会で回答をしてほしいと要望。

奈良教区

日　時　一九九六年一月二四日（水）
　　　　一三：〇〇～一五：四〇

会　場　本願寺奈良教堂

出席者（同盟側）三四名（教区側）五四名

課　題　〇教団として親鸞聖人のみ教えに戻ってほしい。〇今回の一連の連続差別事件は、僧侶の思い上がりと、その体質のあらわれと分析できる。〇地域社会でそれなりの立場にある僧侶は、そのことで親鸞聖人のみ教えに帰る妨げになっているのではないか。

大阪教区

日　時　一九九五年一二月一三日（水）

会　場　本願寺津村別院
出席者　(同盟側) 二〇名　(教区側) 一二〇名
課　題　○教団の差別体質を教区としてどのように細かく分析しているのかが問われている。部落寺院の実態を調査する機関を設置する必要がある。○教団の差別体質を改めるためには、教区における深い取り組みと実績がともなってはじめて成り立つのではないか。今後教区の主体的な取り組みに期待する。

和歌山教区

日　時　一九九六年二月九日(金)　一四：〇〇～一六：〇〇
会　場　本願寺鷺森別院
出席者　(同盟側) 七〇名　(教区側) 七〇名
課　題　回答書にとどまらず、その実践を求められた。今後より現地研修を含めた研修の中で学ぶこと。○話し合いを継続性を持って進めてゆく○部落差別の実態を僧侶一人ひとりが、体で感じてほしい○部落差別を僧侶として寺院として教区としてどう受けとめ取り組んでゆくのか。

兵庫教区

日　時　一九九六年二月六日(火)　一三：〇〇～一六：四〇
会　場　本願寺神戸別院
出席者　(同盟側) 二二名　(教区側) 九八名
課　題　○法要・葬儀において被差別部落の寺院ということで交流から除外する寺院がある。○要職者の差別発言と教団の差別体質こそ問うているのであり、除名によってその背景を追求し差別を払拭できると考えているのか。○回答書の内容を教区内に徹底させるとは、具体的にどうするのか、部落差別の実態や解放運動の歴史から学ぶ姿勢を明確にすること。教区内に差別法名・差別添え書きがあった場合は、事実として取り組んでいくべき。○住職と門徒の信頼関係とは何か。

山陰教区　一

日　時　一九九六年二月五日（月）
一三：三〇〜一六：三〇

会　場　本願寺山陰会館

出席者　（同盟側）三二名　（教区側）六四名

課　題　○「回答書」の内容に矛盾点があり、書き直しの必要ありとの指摘があった。○現実にある差別にどう関わり、研修の課題をどう設定するかをまとめる○院号について、寺院の住職によって金額に差があったり、院号をお金でやりとりすることとの問題点の指摘。

山陰教区　二

日　時　一九九六年六月二四日（月）
一三：〇〇〜一六：〇〇

会　場　本願寺山陰会館

出席者　（同盟側）二四名　（教区側）五四名

課　題　○兼職僧侶も考慮した開催を。○部落問題に真っ向から取り組む。○調査部会を設置し、教区内の被差別部落・寺院の実態を把握する。○過去帳の自主的な再点検を。○取り組みの実施計画を作成する。

四州教区

日　時　一九九六年一月二六日（金）
一三：〇〇〜一六：〇〇

会　場　丸亀市民会館中ホール

出席者　（同盟側）三五名　（教区側）六〇名

課　題　《示された課題》
○回答書中「基幹運動の形骸化」と記載されているが、なぜ形骸化したのかを個人的主体の問題として考えること。○回答書の内容に重みを加え、一人ひとりの差別体質を認識するために、各県ごとに現場での話し合いの場を持つこと。

備後教区　一
日　時　一九九五年一二月二〇日（水）
一三：〇〇～一六：四五
会　場　福山市解放会館
出席者　（同盟側）八〇名　（教区側）六〇名
課　題　〇「浄土真宗の僧侶ならではの発言である」（回答書三頁）とは現在の数団のどのような問題点が背景にあるのか〈僧侶と門徒の非民主的な関係である〉ということは宗教者としての分析になっていない。〇煩悩具足の凡夫という自覚について。

備後教区　二
日　時　一九九六年三月三〇日（土）
一三：三〇～一六：三〇
会　場　福山市解放会館
出席者　（同盟側）八〇名　（教区側）三八名
課　題　〇「煩悩具足の凡夫」と自覚するからこそ「煩悩のおもむくままに行為できない」「煩悩に立たず本願に立つ」ということに何故なるのか。現実には「煩悩具足の凡夫」「だから何をしても仕方がない」という人が多くいる。何故、「煩悩具足の凡夫」と自覚することにおいて「煩悩に立たず本願に立つ」ということが本流になるのか。

備後教区　三
日　時　一九九六年六月八日（土）
一〇：一〇～一二：〇五
会　場　福山市解放会館
出席者　（同盟側）三九名　（教区側）八〇名
課　題　〇現実社会とどのような視点からも浮き彫りとなるような宗教の正しさを整理し、明らかに。現実の実態を踏まえた論理の一貫性を求める。

安芸教区　一
日　時　一九九五年一二月一一日（月）
一三：〇〇～一六：四五
会　場　本願寺広島別院

出席者　(同盟側) 五〇名　(教区側) 六〇名
課　題　○回答書における連続差別事件の原因分析が、「自らの立場を保全するため、門信徒の差別意識に同調している。」「自らも積極的な差別意識を持っている」について明らかにする。○私たちのもつ僧侶体質の検証について、「『煩悩具足の凡夫』という言葉を逃げや開き直りの論理として使い」云々について再度回答書を提出。

安芸教区　二
日　時　一九九六年三月二三日 (土)　一三：〇〇〜一六：〇〇
会　場　本願寺広島別院
出席者　(同盟側) 六〇名　(教区側) 六〇名
課　題　○提出された改訂の回答書に基づき「不断煩悩得涅槃」から「獲信見敬大慶喜」に至る「信」における分析を次回には明確にするよう課題として提起された。

安芸教区　三
日　時　一九九六年五月二三日 (木)　一三：三〇〜一六：〇〇
会　場　本願寺広島別院
出席者　(同盟側) 九〇名　(教区側) 六〇名
課　題　○「信心の社会性」「反差別の教学」にもとづいて討論。○差別と煩悩について、分かり易く明確にし、再提出。

山口教区
日　時　一九九五年一二月一五日 (金)　一三：〇〇〜一六：〇〇
会　場　本願寺山口別院
出席者　(同盟側) 一六名　(教区側) 八六名
課　題　○教区内の部落寺院の歴史と実態の未把握と部落差別の実態の未把握について指摘される。○過去帳・法名調査について教区独自の調査を促された。○部落出身を隠すために他の宗派に変わる際の困難を極める差別の実態について指摘される。○被差別部落寺院の歴史的背景と実態の調査と現場研修の重要性が今後の課題。指摘された事柄を前向きに運動推進の糧としてもらいたい旨の要望。

北豊教区

日　時　一九九六年二月二三日（火）
一四：〇〇～一七：一〇
会　場　福岡県連解放センター
出席者　（同盟側）四〇名　（教区側）一〇〇名
課　題　○今後長期的・継続的な学習会としてゆく。〈八月下旬に円卓で開催〉○真宗の教義は立派であるが、お金によって法名の付け方が異なるなど悪いイメージの先行する僧侶とはなにか。○教区九組の研修について僧侶の講師が圧倒的に多い。外部講師を招聘し、実態的な研修をする必要がある。○我々に「共感」するのでなく「共闘」願いたい。

福岡教区　一

日　時　一九九六年二月七日（水）
一四：〇〇～一八：三〇
会　場　福岡県連解放センター
出席者　（同盟側）四〇名　（教区側）一四〇名
課　題　○「類聚制度」に関する回答書を新たに提出する。○組における研修のあり方と、その問題点を明らかにする。

福岡教区　二

日　時　一九九六年七月二日（火）
一四：〇〇～一七：五〇
会　場　福岡県連解放センター
出席者　（同盟側）四七名　（教区側）一〇七名
課　題　○糾弾会で明らかにされた問題に具体的に取り組む○今後も継続した懇談会を持つ。

大分教区

日　時　一九九六年一月二四日（水）
一三：三〇～一五：三〇

会　場　本願寺別府別院
出席者　（同盟側）一五名　（教区側）七二名
課　題　○大分には部落寺院が存在するが、差別法名の過去帳も存在するのでないか。○住職の世襲制が、僧侶の特権意識を生み出しているのではないか。○僧侶の法話には、差別の問題に触れることに欠けている。○過去帳閲覧禁止を徹底し、「身元調査お断り運動」を強力に進める。○差別の現実を認識する現地学習を行う必要がある。

佐賀教区

日　時　一九九六年二月二一日（水）
一四：〇〇～一八：〇〇
会　場　佐賀県青年会館
出席者　（同盟側）七〇名　（教区側）一二〇名
課　題　○回答書一二頁「差別法名・過去帳の調査とその結果」で差別添え書きの保管について、申し合わせでは全部書き換えの上封印するということになっている。この回答書では、その処置がなされていない。（書き換えがされていない）過去帳が別冊になっていたからそのような処置をしたのかどうかを、事実確認した上、解放同盟佐賀県連へ報告する。

長崎教区

日　時　一九九六年一月二九日（月）
一三：三〇～一七：一〇
会　場　本願寺長崎会館
出席者　（同盟側）三五名　（教区側）三八名
課　題　○真俗二諦について、教区では元号を使用していることについての指摘○業論について、過去の誤った業の解釈はいまだに払拭されていない○糾弾とは人間を変えてゆくこと、それと同時に自分も変わることである。運動とは教団に参画する一人ひとりが関わり、問題とし得ることである。○過去帳・法名の再調査をし、同盟と教区の両者で検討してゆくことを確認。

熊本教区

日　時　一九九六年二月二二日（木）一四：〇〇〜一七：一〇
会　場　本願寺熊本別院
出席者　（同盟側）一〇名　（教区側）七〇名
課　題　〇今後継続して学習会として取り組む〇中央における糾弾要項（七項目）の教区関連事項と熊本の矢部墓石問題について回答する。〇基本法制定の問題を、教区全体の事として考える。

宮崎教区

日　時　一九九六年一月二九日（月）一三：〇〇〜一五：五〇
会　場　本願寺宮崎別院
出席者　（同盟側）九名　（教区側）二九名
課　題　〇今回を契機に定期的に交流の場を持つことが確認され、県同宗連を中心として県における差別撤廃の諸活動に参画していく。〇回答書の中の「事件に関する教区の原因分析」を更に深め、今後の学習会で具体化する。〇結婚や就職差別につながらないよう、身元調査お断り・過去帳の閲覧禁止などさらに徹底する。

鹿児島教区

日　時　一九九六年二月六日（火）一六：〇〇〜一八：〇〇
会　場　本願寺鹿児島別院
出席者　（同盟側）二一名　（教区側）七四名
課　題　〇部落差別の実態を僧侶自らが問題とし、差別の現実に学ぶよう求められた。〇今後は、継続的に学習会等を開催し研鑽を深めるとともに現地学習会を実施する方向で取り組むことを確認した。

『Ｓａｔｔｖａ』第三号（一九九六年七月二〇日発行）

【4】録音でみる点検糾弾会

糾弾会の情況はその場に身を置く以外に感じとることはできませんが、せめて、という思いで録音の一部をほどいて、ここに掲載します。○印は「部落解放同盟」、◎は「教区」側の発言です。

☆「あいさつ」のなかから

○みなさん、こんにちは。只今から浄土真宗本願寺派▽▽教区に対しましての点検糾弾会を開催させていただきます。われわれ中央本部、近畿東海ブロックの各県代表の方、同時に県連、支部の代表も来られています。約二時間くらいかかるかと思いますが、只今から進めていきたいと思います。中央本部を代表しまして挨拶を申します。

○みなさん、こんにちは。今日は、西本願寺における連続差別事件の糾弾に関わる一環として全国の各教務所に対して私たちの各都府県連・中央本部のあいだで点検糾弾会を行っております。何故このような点検糾弾会が設定されたのか、これはご承知のようにここ二年間ほどの間で西本願寺に於いて相次いで差別事件が惹起している。東海教区の、三重の住職による差別発言、そして関係学園理事長懇談会の席における差別発言の問題、さらに札幌別院における連続した差別落書き事件、本山における差別落書き事件、相次いで西本願寺関係において差別事件が起こっている。私たちはこのような事態というのが何故西本願寺において相次いでいるのか、この事態というもの、われわれにとっては驚きでありますし、大きな悲しみでもあり、同時に強い怒りと憤りを感じている。当然のことながらこれらの連続した差別事件に対して私たちは本山に対して過去四回にわたって糾弾会を続けてまいりました。総長以下全役員出席のもとでの糾弾会、この場で何故西本願寺にこのような差別事件が連続して起こるのか、親鸞聖人の教えは人間の平等性を説き、そして御同朋としての人間平等の社会を実現するために信心に基づく具体的実践を提起されたのではなかったのか。その西本願寺で何故なのか。それを私たちは糾弾会のなかで問い続けてまいりました。その中でこれらの差別事件が起こってくる背景として、一つは西本願寺の中における教学上の問題が存在してはいないのか、いうならば悪しき業論・宿業論という問題が差別の現実を容認するような考えが通底してはいないのか、二つめにはこれらの社会の矛盾、差別の現実というものを改革していくために真宗教団が具体的実践を行っていかねばならないにも拘わらず、そこにおける真俗二諦等の考え方の中で信心の社会性という問題が充分に徹底していないのではないだろうか、さらには教団内部に歴史的な長い時間をかけて作られてきた封建的差別体質というものがその中に存在しているのではないか。これらの問題について議論をしてきた訳であります。私たちは本山との議論の中で、本山がいま進めている基幹運動、同朋運動の基本的な考え方について了解できるという判断に立っております。問題はこれらの考え方を本山の中で持ちながら何故差別撤廃へ向けての強力な運動ではなく、むしろここから差別事件が何度も何度も起こってくるのか、この問題をもう一度各教区ごと各お寺ごとに問い返していく必要があるのではないか、このような思いのなかから今回の糾弾会を設定させていただきながら、私たちの差別撤廃へ向けた願いと西本願寺が強力に展開されておる、あるいはされようとしている基幹運動の願いというものがそれぞれの各地域においてお互いの考え方がきっちりと交差する、そのような場として本日の点検糾弾会の場を設定し、忌憚のない意見の交換の中で差別撤廃の取り組みの在り方というものをお互いに確認しあっていきたいな、こういう思いで本日の場を設定させていただいた、ということを申し上げまして中央本部としての挨拶にさせていただきます。今日はどうもご苦労様でございます。

◎ 教区代表：失礼します。寒さもなお厳しい中をお集まりいただきました。ようこそお越しくださいまして有り難うございました。私ども御同朋・御同行を言いながら、またその心から成り立っている教団でございますが、その御同朋・御同行の心を中心とした同朋教団としてそのことが真に確立されることこそが運動の中心であります。差別と抑圧と支配に呻吟しながら生きられた人びとと共に歩まれた親鸞聖人の思いをいま真に受けとめて生きることが私たちの姿であると確信し、そうあらねばならないと思うております。そのことから差別を容認することは許されません。しかし、私たちの体質の中には差別を容認するようなものがあるとしたら決して許されるものではありません。そのことをしっかりと学習させていただき、それぞれのみなさんからご指摘を頂かなければこの運動の推進は意味がないと思います。尊いみなさんのご意見をお伺いしていろいろとご指導いただいてよりよき在り方にしていくことを表明して、ご挨拶とします。

☆『回答書』をめぐって

○（教区側の回答書の説明の後）それでちょっとお伺いをしたいのですけれど、この回答書の一枚目の中で「長年の同朋運動の展開にも拘わらず、この運動に理解を持っていない僧侶が相当数ある」こういう表現がなされております。この相当数というのはどれ位の相当数なのか、具体的に明らかにしていただきたい。それから、ここに大変なことを明示されてておるのですが、「教団の中枢部に差別的な人格の人が存在する矛盾がある、もちろん、この教区についても全く同じことが言える」と。そうなりますと、差別的な人格の人が教団の中枢部に居られるということを教区で認めておられる訳ですから、非常に深刻な実態だろうと、われわれはこれを読ましてもらって吃驚しているんです。その辺を出来るならば具体的に明らかにして頂きたい。………

◎相当数というのはどれくらいか、と………何名というようには言えないのですが、研修会への参加状況、呼びかけに対する出席状況のあたりからそういうことが言えるのではないかということでございます。具体的に、何人かということは言いにくいんでございます。それから、教区の中枢部の中に差別的発想を持った人が居るのではないかな、ということでございますが、………《聞き取り不能》………総務の発言が問題になっておりますが、………教区のなかにもあり得るのではないか《聞き取り不能》………運動の展開がスムーズに行かない状況があることから推測されることでございます。………

☆真宗の影響力

○われわれなりに捉えている今回の点検糾弾会への問題点ですが、三つもっています。一つは「真宗の影響力の強い教区」とありますが、真宗の影響力の強いこの地域で何故解放運動への係わりが薄いのか、これに関連して三つほどあるんですけれど、一つは真宗の教えが人間の平等とかいのちの尊さを説く教えであるならば、そう回答書に書いてあるんですが、何故差別の現実を容認する状況が生み出されているのか。二つに、真宗の教えが県民の意識形成に影響を及ぼしているのではないかという点、この中にもありましたけれども、「寝た子を起こすな」という意識が強い地域だ、と書かれてありますが、そういう県民意識に真宗の教えは無関係なのか、この地で醸成されてきた県民意識と真宗の教えは無関係といえるのかという問題です。三つ目ですが、真宗の教えは差別の現実に対して具体的にどのように生きよと教えているのか、人間の平等とかいのちの尊さを説くというのが真宗の教えとすれば差別の現実にどのように生きなさいと教えているのか、それが第一点目の問題としています。

第二点目は、この県における差別の現実というものをみなさんはどのように捉えておられるかということです。それに関わって二つありますけれど、一つは、この回答書のなかにもありますが、被差別部落の約八割がわが教団に属していると言及してあります、教区内の被差別部落の門徒の生きざまをみなさんはそれぞれにどのように捉えているのか、みなさんのご門徒の生き方をどのように捉えているのか。二つ目にはですね、教区として差別の現状・実態をどのように把握されているのか。

三つ目の問題ですが、確かに教区の一部の人は非常に熱心に取り組んでおられるのは知っています。そのことが教区全体の課題に何故なっていかないのか、どこに問題点があって全体のものになっていかないのか。これらの点を明らかにしてもらいたいのです。

もう一つ、関連してですが、これも回答書のなかに書いてありますが、（以前の教訓は）或いは全く生きていないのか。この度の点検糾弾会にあたって私は過去の資料を整理してまいりましたが、その中にはかつての取り組みの経過をまとめた報告書が出ているんですが、その中に、教区全体を挙げて同朋運動を展開するんだという行動計画が具体的に練られているんですね、そのことは一体どうなってきたのか、先の説明では「風化された」とありましたが、風化されたのは何故なのか。そういうところを明らかにして欲しいなという思いでこの回答書を読ませていただきました。

○（教区の説明の後）要するにみなさんの回答書は差別の現実はある、根強く生きている、それに対してどうしていいか分からない、という内容の回答書なんです。現実には差別の現実はあるという認識を一応はされているわけです。現実に差別が横たわっているという認識がありながら真宗僧侶が差別に対してどのように生きろと真宗が教えていることを門徒に言わないといけないのではないでしょうか。どうなんですか。

◎………（返答なし）

○それではですね、みなさんが関わっているご門徒の中で被差別部落の人たちの生きざまはどうなんですか。みなさんの一人一人はどのように捉えておられるのでしょうか、この辺はどうでしょうか。

◎私の思いということになりますが、教団というものの在りようが一つ問われてくるのは、いつのまにか真宗教団は一つの身分意識を持った教団になってしまった。僧侶自身に身分意識が植え付けられている一面がある、真宗教団の永い歴史、一向一揆や三業惑乱などの中でいつの間にか、そういうことに関わらないで、自分の意識の中に体制を安定化していくことこそ僧侶の使命であるかのような誤った認識があろうと思います。そして、そういう意識は、回答書のなかでも指摘されていますけれども、官僚意識というか行政というか要するに上のものには従って、自分の意見を人の前で言わず、現状の秩序を乱さないことが美徳であるかのような、そしていろんな苦しい中にあっても念仏をする、どんな腹が立つことがあっても阿弥陀如来を信じて念仏申すことでそれらのことを納めていこう、そういう意識が僧侶のなかにあるということを私は認識しています。

それから、被差別部落の実態ですが、私が子どもの頃に聞いたことですが、黙っておってくれ、黙っておれば表に出なければそのうちに風が止むであろう、ま、寝た子ということがありますが、そのうちに分からんようになるんだ、そう思わなければその地域の人たちとは一緒にはなかなか生きていけない《聞き取り不能》……人に訴えないことにおいて……《聞き取り不能》

○だからね、今言われた、そういうご門徒を前にして真宗僧侶は何をどう言えるのか、差別の中で呻吟している人たちに真宗の教えはどう説いているのか、そのために具体的にみなさんのやっておられること、それを聞きたいわけですよ。

《沈黙》……

○いま、自らの心に問い返しておられると思うんですが、今の難しい現状といったのを出された、ああ、難しい現状なんだなと思うんですけど、同時にわれわれが問いたいのは、その現状は親鸞聖人の教えをもってなる真宗教団としての存立を意味しているのか、もっと言うならば、いったい親鸞の教えはどこにいったのか、そこのところを私たちは聞きたいのですね。私たちは問いたい。

回答書の中でこういう形で書かれています。二ページのところ、真ん中のあたりに「………最近は教区の同朋研修への参加者が減少気味である」こういう現状を述べています。「またそれかという思いが教区内僧侶にある」………そういうことを書かれながら「いまだに差別の問題は信心とは関係のないものという理解のもとに、信心を単に心の保ちようの中に閉じこめ、社会の中に仏法が貫徹していくような視点を持ち合わせていないのがこの教区の実状と言えよう」いま、あなたがいわれた実状が回答書の中にも書かれている。みなさんにお訊ねしたいのは、この実状というのは親鸞聖人の教えに導かれた真宗教団の現状と言えるのかどうか。今日のこの教区の西本願寺の教団として親鸞聖人の教えを受け継いでいる教団と胸を張って言えるのかどうか。ここのところを問いたいのです。回答書はその実情を訴えながら「社会性を喪失した信心はわれわれの生きる地平にはなりえない、信心に社会性がなかったらただの観念として止まるだけのものとなる。親鸞聖人が〈ただこのことひとつ〉と頂かれながら当時最も社会の底辺にいた人びとに御同朋・御同行とかしずきともに生きようとされた意味が見失われる。」回答書はこのように書いている。まさに私たちもその通りだと思う。そういった意味でこのような実状だということを、これに深い憂いをもっておられることについては、私はよしとしたい。しかし、この実状にかしずき止まっている限りにおいてこの教区は親鸞聖人のみ教えを引き継いだ真宗教団という形で内にも外にも言えるのか。そこのところをひとりひとりが考えていただきたいな、と。われわれの兄弟は差別のなかで苦しみながら差別からの解放という光を親鸞の教えの中に見いだして真宗教団に門徒として多く存在している。その差別に苦しみあえいでいる人間に対して親鸞聖人の教えを説くあなた方はいったい何をされるのか、何を教えるのか、差別から解放されるその道筋をどのように布教されていくのか。これは教団自身に問われたことであると同時にみなさん方ひとりひとりに問われている問題なんですね。そういう意味で今日参加されているひとりひとりの方が私はこういうふうに受け止めているんだと即座に出てくるべきではないのだろうか。その答えを私たちは待ち望んでいるのです。みなさん、それぞれに考え方はあると思いますが、教務所長さんの方から、差別を受けているわれわれに対してどのように説かれるのか、お聞かせください。

☆いのちは平等、と………

◎差別を受けていらっしゃるかどうか、それは別として、教務所長は教区の布教団長でしてね、その立場に限るのではありませんが、ときどきご縁がありますと、お寺に同朋運動に関する法座だけではなしに一般法座にお邪魔いたしますが、そのほとんどのお寺で、人間は平等であるということ、しかも親鸞聖人は人間は平等であるということを真剣におっしゃった方、その方がわれわれの宗祖であるということ、ほとんどのお寺で長く話すか一部を話しするかは別として、それはそのお寺の都合で、お参りになっていらっしゃる方々の都合で、一番真剣になるのはお母さん方、ご婦人ですね、ご婦人が多いときには、子どもという、御開山の子どもという、と同時にあなたたちにも子どもがいるんだと、親の思い、親鸞聖人の親の思いと人間の親の思いが一緒であるというところから話をすることにして、親がいらっしゃれば子どもがいるんで、親からみれば子どもはみんな可愛いんで、というところを中心にして、兄弟であるというところまで話を進めていくようにしているんですが。最近は、広島でしたかね、高校の女の子が先生が好きになって、やがて結婚するという段階になったときに、それがダメになった。先生に聞くと、あなたは部落の出身の子どもじゃないのかということから話が壊れたという、非常にこの、残酷なことを部落ということにおいて行ったというこの先生に憤りを感じたんですが、そういうことも、人間、平等でありながら生んだ親によって差別をされるんかということを話すとみなさん納得をしていただくんですが、そういうことからだんだんときほぐしていきながら、御同朋・御同行であったということを説かれているということを話すんですが、ま、そんなことであらゆる機会を通してそんな話を法話をさせていただいております。こんなことも布教活動の中で効果のある同朋運動・部落解放につながることだと頑張っております。

○あのね、私の言葉の理解が違うのかも知れませんが、いまの所長さんの話を聞いていると被差別大衆は立ち上がれないですよね。差別を受けている者も差別をする側に居る者も同じ同朋なのだ、同じ人間なのだということであればですね、そこには差別を受けている人の立場の問題というものが無いでしょう。違いますか？　差別をする側の人間も差別をされる者も同じ同朋なのだという位置づけで説くと、差別問題はとんでしまいますよ。

☆解りっこない………

◎あの、私自身が差別されている方の気持ち、怒りというものはわかりっこないですよね。もう解りっこないんですよ。いかに悲しい思いをされてきた人たちの《聞き取り不能》………そういう仕組みというものは私自身にはもう解らないと思うんですよね。どれだけお話を聞いてもお話しあっても、本当の自分の痛みにはならないと思うんです。ほんと、この、教えというものが聞かせてもらえないと解らないんでしてね、そうかといって、聞いても解らない、そういう私の人間の限界といいますか、悲しみというもの、そこへやはり立たせていただかなきゃ、そういう眼はやはりお念仏によってしか見えないんですよ。お念仏の、仏力のおちからによって照らし出されて、自分のこの醜さ、なんと哀れな人間かということを思わせて頂くんですよね、どれだけあなたがなんとおっしゃっても私には見えません、解りません私には。申し訳ないと思いますけどね、全然、私には解りません。ごめんなさい、手を合わせるしかないです。

○差別される人の気持ち・痛みが全然解らないというのは、どういう意味ですか？

◎私自身は差別しかできない人間だということです。

○差別しかできない。
◎そう、自分の中に、いのちを平等に見れないんです。《聞き取り不能》………そういうものがみえるんですよ。
○それは何が言いたいんですか？
◎何を言いたいのか、この何てんですか、お互いこうして話し合いながらまろやかに、そしてお念仏を聞かせていただきましょうと、何かそうしたことしかないような感じがします。ごめんなさい。
○これはね、ごめんねとか何とかいう問題ではないわけです。あなたは真宗の僧侶としてここに来られて言われているんですか？
◎………え、いちおう、僧侶………。
○人の心の痛みが解らない人が人の道が説けるんですか。
◎………、説けません。名ばかりの僧侶です。ごめんなさい。説けません。人様に説くことなんて何でできましょうか。教えていただくばかりなんです。みなさまの姿の中から教えていただくんです、これから私が。学ばせていただくんです、ここで。
○何を学んでいるんですか？
◎お互いに、何と言いますかね、同じいのちを生かせていただいているんですからね。
○同じいのちを生かせてもらっているということをお互いに学びあおうと言いながら、差別されている人の心が解らない、私には全然理解できない、自分の醜さを思うと、こう言われましたけれども。
◎だって、永い、痛めつけられた、何かやっぱし過去があるんでしょう。それをいくら私におっしゃっても解らないし………。
○解ろうとする努力はされたんですか。
◎何もしていません。
○何もやってなければ、解るはずないじゃないですか。
◎………《聞き取り不能》
○あなたは、何が言いたいんですか。われわれには、日々差別によっていのちを奪われている兄弟達がいるんですよ。そんなことが毎日起こっているんですよ。何が解らないんですか。

◎あの、ごめんね、それでも、私、親鸞聖人の教えを何聞いているかと言われれば、《聞き取り不能》………いま、先ほどお話の中にね、女子高校生の方と先生との、なんか、恋愛の、そういうものがありましたけれども、やはり、そんなところで簡単に命を断ってしまうなんて勿体ないじゃないですか。

○勿体ないとかなんとかいう話じゃなくて、その大切な命が差別によって奪われているということの現実をどうするんですか。

◎教えがあればね、乗り越えるはずですよ。女の方にもそういう教えがあれば、ナンマンダブツがあればね、必ず一緒になれたはずですよ。女の方にお念仏がありましたか。どうなんですか。

○彼女は高校生の………

◎（追いかぶせるように・かなり興奮して）お念仏はありましたか。………きっと乗り越えていくんではないかと思うの、私は。

○あなたのいっていることはわれわれには分かりません。親鸞聖人の教えというものが、端的に聞きますよ、差別を許したのか許していないのか、どうなんですか。

◎差別は許されないでしょうけれど、でも、親鸞聖人はやはり人と人というものが………《聞き取り不能》………と思います。………《聞き取り不能》………お念仏、ナマンダブツを………《聞き取り不能》………と、私は思うんですけどね。

○それもあったでしょう。が、親鸞聖人はそこに止まったんですか。そのような弱さを一つ一つ克服するために努力したんじゃないですか。そのために血のにじむような苦しみを味わいながら実践をしてきたんでしょう。社会の矛盾をどのように克服するのか、すべての人間が人間として生きるためにどのような条件をしくのか、そのために必要な改革とものの考え方・念仏というものをだしてきたんでしょう。あなたのいうのはその改革の道が全然見えんじゃないですか。

　人間は動物と違って他の人の体験を追体験できるという理性的な感性をもっている訳ですよ。そこに何故あなたは近づこうとする努力をしないんですか。追体験できるという理性的な感性をもっているんでしょう。だから人の心の痛みが解るんでしょう。だからこそ念仏が拡がっていくんでしょうが。あなたの言い方で、私には全然解らない、何もできない、念仏におすがりする以外ない、そんな宗教の中で何が前に進むんですか。

《このあと、教区の課題が提起される。それについて教区の側の確認のあと、同盟側より「時間の重みをしっかりと踏まえてもらいたい」という旨の意見が出され、終了した。》

『Ｓａｔｔｖａ』第三号（一九九六年七月二〇日発行）

【5】連続した差別事件に関する糾弾会の経過

◆このような経過で

一九九四年一〇月部落解放同盟の大阪本部で第一回糾弾会が開催されました。

以後、二年にわたって行われた宗派糾弾の経過は次に示すとおりです。

◆回答書

糾弾のなかで提起された課題について宗派は『回答書』を提示しました。この回答書をベースにして糾弾会は進められました。

この論議のなかで回答書のなかの不備な点、不十分な個所などの指摘を受けました。それらを十分に検証し、補充した上で、『総括書』としてまとめ上げられることになります。

ここでは、第五回糾弾会での『回答書』を掲載することにしますが、糾弾という流れのなかの資料であることをご承知おきください。

◆糾弾の経過

①東海教区住職差別発言事件（九三年四月）
②関係学園理事長差別発言事件（九四年一月）
③札幌別院「差別落書き」事件（九四年七月から連続三件）

◆第一回糾弾会

◎九四年一〇月一一日　一四：〇〇～一六：〇〇
◎会場：解放同盟大阪本部
◎参加：【解放同盟】上杉委員長を含めて８名。
【宗派】松村総長を含めて7名。
◎『浄土真宗本願寺派連続差別事件に対する糾弾要綱』提示。
宗派の現状への質問。

◆第二回糾弾会

◎九四年一二月一四日　一六：〇〇～一七：三〇
◎会場：大阪・浪速解放会館
◎参加：【解放同盟】上杉委員長を含めて八名。
【宗派】松村総長を含めて八名。
◎問題点四点を提起される
①信心の社会性の方向性を示すこと。
信心の社会性について、今日いかなる問題が存在し、どのような方向で論議され、定着しているのか。
②教学上の悪しき業論の見解を示すこと。
一九九五年度に示されるということであるので、それを待ちたい。
③封建遺制の教団における具体的問題を示すこと。
現時点で総局としてどのような事例を考え、事実どのような問題が存在しているのか、具体的に挙げて方向性を示してもらいたい。
④差別法名調査の総括をし、報告すること。
徹底した差別法名調査が出来たのか、否か。

この問題を本山・宗派全体としてどのくらい把握しているのか、含めて報告書の提出を願いたい。

◎提出した資料

○一九九四年度基幹運動計画書

○僧侶研修会資料「御同朋の社会をめざして」第一集

○僧侶研修会資料「御同朋の社会をめざして」第二集

○僧侶研修会資料「御同朋の社会をめざして」第三集

○僧侶研修会資料「御同朋の社会をめざして」スタッフノート

○差別法名調査報告書（『宗報』一九八六年二月号）

○「御同朋の社会をめざして」＝寺院帳簿を正しく

○『差別・被差別からの解放』（同和教育振興会刊）

○『御同朋の社会をめざして』（第五集）「差別事件に学ぶ二」

○『布教団通信』（臨時号：一九九四年一二月刊・伝道部）

◆**第三回糾弾会**

◎一九九五年五月二五日　九：三〇〜一一：〇〇

◎会場：松本治一郎記念会館（東京都港区六本木）

◎参加：【解放同盟】上杉委員長を含めて六名。

【宗派】松村総長を含めて八名。

◎第二回に提起された問題点についての回答書を提出資料として出す。

前日の二四日に関係学園理事長問題の「仮処分決定」が出されたことをめぐって。

◆**第四回糾弾会**

◎一九九五年九月二九日　一四：〇〇〜一六：〇〇

◎会場：本山宗務所・研修室

◎参加：【解放同盟】上杉委員長　他二〇名。

【宗派】松村総長を含めて八名。

◎前回の回答書の未回答の部分についての説明。

◎庁舎内落書きについて報告。

◎今後の方向として

①本山役員の現地視察をしてもらいたい。
②解放同盟都府県連と教区のあいだで「点検糾弾会」をもつ。
③明春、本山で全役員を対象にした糾弾会をもつ。

◆第五回糾弾会

◎九六年八月一日　一四：〇〇～一七：二〇
◎会場：本山・宗務所庁舎三階　大会議室
◎参加：【解放同盟】大西委員長代行　他五六名。
【宗派】松村総長・総務・局部長・宗会議員・教務所長・教区相談員・教区基推副会長・中央相談員等、計二一九名。
◎提起・指摘・確認、等
①総括書を作成する。
②過去帳の再調査をする。
③糾弾会のなかで明らかになった課題を一般寺院・門徒に徹底する。
④基幹運動推進にかかわる法要を勤める。
⑤教学上・習俗上の問題を整理し、明らかにする。
⑥その他。

◆糾弾の途中で

「なぜ、真宗の僧侶方がこのような差別事件を繰り返して起こすのか、私たちは本願寺派の門徒として、怒りよりも情けない思いで一杯です。そのような思いを込めて、今後二年間、私たちは浄土真宗本願寺派を糾弾いたします」と言われた部落解放同盟上杉佐一郎委員長が糾弾の終結をみないまま、亡くなられました。本年の五月一〇日でした。

以上

『Ｓａｔｔｖａ』第四号（一九九六年八月一〇日発行）

【6】糾弾要綱【部落解放同盟：糾弾要綱】

浄土真宗本願寺派連続差別事件　第五回糾弾会

一九九六年八月一日／部落解放同盟中央本部

Ⅰ　はじめに

浄土真宗本願寺派では、

「東海教区住職差別発言事件」（一九九三年）

「関係学園理事長差別発言問題」（一九九四年）

「札幌別院差別落書き事件」（一九九四年）

「本願寺宗務総合庁舎差別落書き事件」（一九九五年）

などの差別事件が連続して起きた。

こうした連続差別事件にかかわって本山に対して、これまで第四回糾弾会までの取り組みがおこなわれた。とくに第四回糾弾会では、これまでの教団の差別撤廃にむけた取り組みが、部落差別の現実を踏まえていないことを厳しく指摘した。この指摘を受けて、大谷光真門主をはじめとして、関係者が大阪・西成地区での現地学習会を実施した。

また、この第四回糾弾会の確認をもとに、教団の差別体質を克服し、差別撤廃にむけた取り組みを教団全体のものとしていくために、各教区ごとの「点検糾弾会」を開催してきた。

この「点検糾弾会」では、浄土真宗本願寺派が、これまで同朋教団を標榜しながら、差別事件を起こしてきたことをどのように考えているのかを中心にすすめられた。さらに、基幹運動（門信徒会運動・同朋運動）もまた、社会と教団のあり方を問い、教団と僧侶一人ひとりの差別体質をするどく糾明し、その差別体質を克服することを目指してきたにもかかわらず、その基幹運動が教団全体の取り組みになっているのかを厳しく糺した。また、こうした「点検糾弾会」では、基幹運動を強力にすすめ、部落差別撤廃にむけた取り組みなど、社会問題に積極的に関わることが重要な課題であり、「信心の社会性」を明確にしていくことが重要であるとの指摘がされた。

Ⅱ 「点検糾弾会」における課題

各教区に対する「点検糾弾会」で明らかにされていることは、まず、教団が示している「教団内に内在する差別構造（体質）」というものを分析し、課題を明確にしていく作業がなされていないことである。そのことは、教団のあり方、基幹運動のあり方を問い直すことが、教団全体の、そして僧侶一人ひとりの課題となりえているのかということである。

まさに、現実に生きる者として、「現実を逃避して浄土を願うこと」ではなく、「信心の社会性」を明らかにしていくことが強く求められているのである。

さらに、基幹運動における研修内容・参加体制の問題も指摘されている。とくに研修内容の形骸化や参加者の固定化などが課題として指摘されているが、最も深刻な問題は、教区によっては、基幹運動に対する消極性というより、「また差別問題か」という強い反発となっていることである。

そのことは、今回の連続差別事件が意図的に起こされたものであると分析していることでも明らかである。まさに、基幹運動のそのもののあり方が深く問われているのである。

一方、今回の連続差別事件への取り組みも、部落解放同盟対策、事件解決主義的対応になっており、「点検糾弾会」では、「札幌別院の問題である」「この教区には、被差別部落は存在しない」「教区に被差別部落が存在しないので、問題が認識しにくい」など、「信心の社会性」を否定し、基幹運動への反発を公言する僧侶も少なくない。僧侶のなかには、基幹運動を推進することで変革していく課題そのものを否定し、部落差別問題など、社会問題と信仰の問題とは無関係とする傾向がみられるのである。そのことが基幹運動を熱心に推進する僧侶への反発となっていることは明らかである。今回の「点検糾弾会」でも、各教区から提出された『回答書』の内容が、教区全体での論議を集約したものになっていないことが指摘されており、大きな課題となっている。

まさに、このことは、基幹運動そのものの理念が問われている問題でもある。『基幹運動計画書』のなかにある「基幹運動（門信徒会運動・同朋運動）は、このような社会と教団のあり方に目をそむけることなく、教団の中のさまざまな活動を一つひとつ点検して、自らと教団の差別の現実を改め、積極的に社会の問題に取り組み、御同朋の社会の実現に努める運動です」ということが、真に教団全体、僧侶一人ひとりのものとなっているかが問われているのである。

Ⅲ 「反差別の教学」のめざすもの

今回の連続差別事件が明らかにした教団、僧侶のもつ差別構造、差別体質は、それを支えてきた「業・宿業（悪い業論）」と「真俗二諦」という教義上の問題であることも、これまで厳しく指摘されてきた。

基幹運動が「差別の現実に学ぶ」という視点を明確にしながらも、そのことが、現実の教団のあり方、僧侶のあり様を問い直し、自らの差別体質を変革していく取り組みに結びつかない問題こそ、この教義上の課題を克服できていないことのあらわれである。

「悪しき業論」は、差別問題は、本来、社会矛盾であるにもかかわらず、前世の因縁にあるとして、現実社会のなかで平等、共生社会の実現にむけた営みを否定するものである。

「真俗二諦」、とくに「俗諦門」もまた、現実を無批判的に肯定するものであって、社会問題と信仰の問題を無関係とする教団や僧侶の独善的、閉鎖的なあり方を支えるものになっている。

このような教義上の問題と、「信仰万能主義」といわれる僧侶の姿勢が、現存する部落差別の現実に無関心な態度を生み出しているのである。「信心の社会性」とは、こうした傍観者的な姿勢を改め、自己の差別性を問い直し、差別の現実を正しく認識し、差別解消にむけて実践していく姿勢を明確にしていくことでもある。

こうした取り組みのなかで、教団や僧侶の差別体質克服にむけて、これまでの教団の歴史を正しく総括し、「反差別の教学」をめざしていくものとして、課題を明確にしていかなければならない。そのことが、当然、教団全体の取り組みとして、そして、僧侶一人ひとりにも問われているのである。

さらに、すでに指摘されている基幹運動における形骸化した研修内容や固定化している参加体制などの問題を厳しく総括し、その反省を今後の研修活動や研究活動などの実践に生かしていく取り組みが求められている。こうした実践こそが、基幹運動の理念を教団全体のものとし、「反差別の教学」を確立していくことにつながるのである。

Ⅳ　差別法名調査と過去帳の問題について

全寺院を対象にした差別法名調査が、一九八三年に実施されているが、「差別法名」の報告がなかったという調査表分析結果についても、この調査が、単に事務処理的な対応によるものであり、教団や僧侶の差別体質を克服していく取り組みと結合させて実施されていたのかという問題もある。

その後の報告では、差別墓石の存在も指摘されており、また、過去帳の「添え書き」の差別表記についても、教団や僧侶の差別体質を自ら問い直す取り組みがなされないままに放置されている問題も指摘されている。

今日の時点で、あらためて、これまでの取り組みを総括し、教団としての取り組みを強化していくことが重要である。

Ⅴ　最後に

浄土真宗本願寺派とわが部落解放同盟の関係は、歴史的にも深く、長いものがあり、また、今日においては、「部落解放基本法」制定の取り組みも、教団においてすすめられている。

さらに、大谷光真門主も、「念仏は、私たちがともに人間の苦悩を担い、困難な時代の諸問題に立ちむかおうとする時、いよいよその真実をあらわします。私は、ここに宗祖親鸞聖人の遺弟としての自覚のもとに、閉ざされた安泰に留まることなく、新しい時代に生きる念仏者として、力強く一歩をふみ出そうと決意するものであります」（『教書』）と述べている。

わが部落解放同盟は、大谷光真門主の決意をふまえ、教団が、今回の連続差別事件を契機に、教団自らの差別体質を克服する厳しい取り組みをすすめることで、基幹運動が、真に、教団と僧侶一人ひとりのものとしてすすめられるように強く期待するものである。

『Ｓａｔｔｖａ』第四号（一九九六年八月一〇日発行）

【7】浄土真宗本願寺派連続差別事件　糾弾総括書

目次

Ⅰ　はじめに
Ⅱ　連続差別事件の原因分析について
　1　各差別事件について
　2　連続した差別事件の原因について
Ⅲ　研修状況について
　1　現地学習会について
　2　「点検糾弾会」について
　3　各教区の現状と課題
　4　教団の現状と課題
　　①基幹運動の基本的理念
　　②今後の研修の方途
Ⅳ　教団における封建遺制の問題
　1　教学との関連について
　　①悪しき業論

② 「真俗二諦」の論理
③ 「信心」に関する理解の問題―信心の社会性
2 僧侶の体質について
3 差別を温存助長する習俗について

V 差別法名・過去帳について
1 一九八三（昭和五八）年の法名調査
2 過去帳の「添え書き」にみられる差別的表示について
3 差別記載に対する取り組みと問題点
4 再調査について

VI 決意

以上

I はじめに

同朋教団を標榜するわが本願寺教団は、永年にわたって御同朋の社会の実現をめざして同朋運動を展開し、特に部落差別の早急な解決に積極的な取り組みを進めてきました。

しかしながら一方で、一九九三（平成五）年五月の「東海教区住職差別発言問題」、一九九四（平成六）年一月の「関係学園理事長差別発言問題」、同年七月の「札幌別院差別落書き事件」、一九九五（平成七）年七月の「庁舎内差別落書き事件」と、連続して差別事件を起こしました。これら連続した差別事件の特徴は、従来の差別を容認していた教学に基づいたもの、あるいは日常生活の中で潜在化していた差別意識が無自覚のうちに露呈した差別事件とは違い、いずれも意図的になされた差別事件であるという点にあります。この連続した差別事件に対して、私たちは、部落解放同盟中央本部より一九九四（平成六）年一〇月からこれまで五回にわたって糾弾を受けてきました。

私たち真宗僧侶にとって、お念仏を拠り所として生きるとは、差別・抑圧のない平等の社会、すなわち御同朋の社会の実現をめざして生きることであります。従ってこれら一連の差別事件は、私たち僧侶が本当にお念仏を拠り所とした生き方をしてきたのかが、あらためて問われる事件であり、人間の尊厳性を伝えるべき僧侶が、その尊厳性を奪う差別に加担してきたという事実は、私たちのこれまでの基幹運動の取り組みや学び、研修内容そのものが点検されねばならないことを示しています。

ここに、「連続差別事件糾弾要綱」をふまえ、第五回糾弾会の「回答書」と確認されたことに基づきながら「基幹運動本部事務局」と「中央基幹運動推進相談員連絡協議会」において『総括書』の集約を計りました。さらにこれらを、「基幹運動本部会議」「教務所長会（教区基幹運動推進委員会会長）」「教区基幹運動推進相談員研修会」「中央基幹運動推進委員会総会」への報告と協議等に基づいてまとめたものが、以下の総括書であります。

Ⅱ　連続差別事件の原因分析について

1　各差別事件について

①東海教区住職差別発言事件

一九九三（平成五）年四月、東海教区M住職は、門徒の法事の席上、門徒の一人を名指しして「あいつはエッタ以下の人間のクズや」さらに「ここへは二度と来んへ、そこらへんの乞食坊主にやってもらえ」と発言し、その後も「私には旃陀羅という自覚があり、エッタに親しみを持っている。自分自身は精神的にエタ・非人であると思っている。」等と差別発言を繰り返し、その事実が、三重県A町社会同和課より東海教区教務所に連絡がありました。それに基づき、同教区において対応委員会を設置して対応を進めました。

一方、同年九月・一〇月の二回にわたり部落解放同盟三重県連を中心に「確認会」がもたれ、同年一二月に第一回、翌年三月第二回、六月には第三回の糾弾会が開催され、僧侶の特権意識・傲慢さが厳しく指弾されました。

この差別事件を契機として、現在、東海教区基幹運動推進委員会に同朋専門部会を設置し、当該住職への働きかけを行うとともに、今回の教区「点検糾弾会」での解放同盟側からの指摘を踏まえ、教区内での長期的・総合的な研修カリキュラムの作成に取り組んでいます。

②「本願寺派関係学園理事長」差別発言問題

一九九四（平成六）年一月一二日、本願寺派関係学園の理事長協議会が行われた後、夕食懇親会の席上において、当時現職の宗会議員で関係学園の理事長が、当時総務であった宗会議員に対し、「あの金はエッタの金とは違う」と再三にわたって発言をしました。これを契機に宗派では委員会を組織して事実確認を行い、「答申」としてまとめました。宗会はその「答申」に基づいて、発言者に対し辞職勧告を決議しましたが、当該人はそれを受け入れず、結局のところ「除名処分」となりました。以降、本件にかかる「対応委員会」において継続的に事態の打開に向けた取り組みを行い、当該人の意識変革を試みておりますが、「賤称語による発言はしていない」との主張をかえておりません。

その後、宗会議員除名処分に対して、京都地裁に仮処分の申し立てを行い、これに対し宗派は異議を申し立てておりましたところ、一九九五（平成七）年一〇月二日、宗派との和解が成立して当該人は仮処分申請を取り下げております。当該人と発言を受けた被差別者並びに、その発言の事実を証言した別の宗会議員（当時総務）は、名誉毀損で目下係争中です。

宗派としては、三原則（「差別発言はあった」「除名処分は正しかった」「本人の意識変革を行う」）を堅持して、対応委員会によって対応を進めています。

③「札幌別院連続差別落書き事件」

一九九四（平成六）年七月八日、本願寺派主催の第一ブロック（北海道教区）布教使研修会の閉会直後、研修会場である札幌別院（一階ホール）の壁面に「エッタは殺せ　エタの〇〇」の落書きが発見され、さらに七月一七日同ホールに「ヤツハ　アカイエッタヤエッタハ　エッタダケデ　ムレテイレ」の落書きが発見されました。落書きの被害者と思われる人物の一人が基幹運動推進委員会の構成をめぐって、教務所長の代わりに会長に就任していた経緯があり、事件の背景としては、「基幹運動の推進」に関する教区内の路線の対立も考えられ、以後度重なる「対応委員会」が開催されましたが、いまだ犯行者の特定にも至らず、事態の進展は見られていません。なお、この件に関し宗派の顧問弁護士の助言を得て、警察へ告訴を行っております。

一方で、この事件に関連して新たな問題も生じ、北海道教区の僧侶の体質の問題性が浮き彫りになりました。

さらに、糾弾を受けている最中の一九九五（平成七）年三月三一日に札幌別院において「ザマアミヤガレ エッタノ○○○○　シネ」「エッタハ　アイヌイカノ　カスヤ」という三度目の「差別落書き」が発見されました。

また、札幌別院差別落書き事件に連動するかのように、同年七月、本願寺宗務総合庁舎内で「エタの○○死ぬれ」と書かれた差別落書き事件が発生しました。これは、その内容等が札幌別院の差別落書きと極めて類似していると指摘されています。

落書き事件は、いずれも犯人の特定が困難であり、悪質で陰湿な事件であり、現在、庁舎差別落書き事件につきましては、部落解放同盟京都府連とも連絡をとりながら対応を進めております。

2　連続した差別事件の原因について

私たちの教団において連続して起こった差別事件について、宗派では、これらの事件は、単に個人の意識の問題ではなく、基本的には教団が内包している差別構造と差別意識が、そのまま個人の差別行為となって表面化したものととらえております。つまり、このような差別事件は、ある一部の「不心得者」が行ったという個人の責任に問題を矮小化するのではなく、教団全体の体質の問題であるととらえ、基幹運動を推進しています。

しかしながら、現状では基幹運動は、なお教団全体に浸透しているとはいえません。たとえば、差別問題を単なる社会問題とみなし、信仰とは無関係なものととらえる傾向がまだ一部に残っていることからもそのことはいえます。

明治以降さまざまな部落差別事件が起こりました。例えば、一九〇二（明治三五）年、和歌山で起きた布教使差別募財発言に対し、教団は「心得違ノ者」と示したように、差別発言を個人的な問題としてとらえていました。これらの差別事件が決して個人的な問題でないことが明らかにされたのは、一九二二（大正一一）年、「全国水平社」が創立され、本願寺に対し部落差別をなくすための要請がなされるようになってからのことであります。

全国水平社は、被差別部落の経済力を無視した募財を拒絶する決議を行うとともに、募財の有効な手段になっているとして、堂班（どうはん）制度を告発しました。それとともに、「前世の業」、あるいは経典にある「旃陀羅（せんだら）」という文言を使って、部落差別を肯定していた教学の実態をも被差別の立場から告発しました。

こうした水平社の運動に対して、この世において平等を求めるのは因果の道理に背く「悪平等」だという立場を、当時の本願寺は示しました。つまり、水平社の運動は仏教の因果の道理に背く運動であると位置づけたのであります。そして、一九二四（大正一三）年教団は独自に「一如会」という融和団体を設置しました。

第二次世界大戦後も、教団において部落差別事件は続発しました。そのような教団のあり方に対し、部落解放を求める教団の僧侶・門信徒有志〈藤範晃誠・田中織之進・河上正雄・田中松月・花山清・松本治一郎氏等〉は一九五〇（昭和二五）年、「浄土真宗本願寺派同朋会」を発足させ、教団に対する運動を開始しました。これが、現在の同朋運動の出発点であります。

しかるに、一九七〇（昭和四五）年、教団を代表する布教使が『大乗（だいじょう）』という教団発行の雑誌の別冊に「人からいやがられる血筋の人」と書く差別事件を起こし、部落解放同盟よりの糾弾を契機として、同朋運動を教団全体の運動として制度上位置づけることになったのであります。

しかしながら、教団の基本を決定づける教学の面では、差別肯定の教学である「前世の業」「旃陀羅」「悪平等論」などを明確に否定することができないままであり、同朋運動と門信徒会運動の両本部制で運動がすすめられていた時代〈一九七〇（昭和四五）年～一九八五（昭和六〇）年〉には、「同朋運動でなく自分は門信徒会運動に取り組んでいる」といって部落問題を依然として自らの課題にできない者も少なくありませんでした。

また一部の僧侶の意識の根底には同朋運動に対する一種の消極性があります。この消極性を生みだし支えているのが、「信心は如来より賜るものだから信心の世界には差別はあるはずがない」「如来より賜る信心に社会性などあるはずがない」「信心の世界は純粋なもので、煩悩にまみれた社会の問題とは無関係だ」とするような立場であります。つまり、これらの僧侶には、社会問題とは無関係なのだという生活意識があり、それは、僧侶の一種の特権意識に根ざすものでありましょう。このような、社会との関わりを喪失した意識は、具体的には、今回の連続した差別事件に共通する、「エタ」という賤称語を用いて恥じず、差別されている人たちへの共感をも持たず、自らの差別性にも気付かない鈍感で傲慢な意識を形成します。

さらに「自分の地域には被差別部落がないから」という無関心や、「被差別部落のことは知っている」という表面的な知識理解は、被差別の事実を直視しようとしない結果を招くことになり、これらが重ねて差別事件を起こす大きな要因となっているように思われます。こうした無関心や抽象的な知識理解は、基幹運動を一部の役職者の運動としてしまうとともに、役職者もその役についている時だけ運動すればよいとの体質を克服し得なかったことも、運動の拡がりを願い通りには促進できなかった要因でありましょう。また、差別の現実に無関心な体質や単なる知識として部落差別を理解する体質は、運動を積極的に自らの課題とし、自らの信念に基づく運動とはなしえず、指示があるまで研修などを行おうとしない体質、すなわち運動を自発的なものにしない弱さを生みだしました。こうした体質もまた事件を発生せしめた要因であると考えます。

連続した差別事件は、要するに上記のような様々な原因の複合の中で起こったものです。

Ⅲ　研修状況について

1　現地学習会について

現地学習会に関しては、これまで各府県「同宗連」等で実施された現地学習会への参加や、大阪教区・岐阜教区等で進められてきた現地学習会の他、基幹運動本部においても部落解放同盟の支部等の協力と指導により、一九九五（平成七）年及び一九九六（平成八）年四月、教区における基幹運動推進に大きな役割を担っている教区相談員の研修会において現地研修会を開催してきました。

しかし、特に、昨年秋の第四回糾弾会において教団のこれまでの取り組みが、抽象的であり上滑りをし、差別の現実から十分に学んでいないのではないか等の指摘を受けたことを契機として、教団の基幹運動が差別の現実から出発するものであることを再度明らかにし、より徹底するために、一九九五（平成七）年一一月、門主以下、総局を中心に六二人の「管理職」が大阪の西成地区で現地学習会を実施いたしました。この学習会は、午前中は現地を実際に学び、午後からの対話集会では、今も続く差別の現状・実態が語られ、あらためて差別の現実を学びました。なお、現地学習会は、今年度から「教区基幹運動推進専従員研修会」や「住職課程」においても実施するとともに、今後も、「差別の現実に学ぶ」意義を常に確認しながら、継続して行きたいと考えています。

2　「点検糾弾会」について

各教区と部落解放同盟各都府県連のいわゆる「点検糾弾会」は、第一回糾弾会の当初から指摘を受けていましたが、昨年九月の第四回糾弾会において、開催に向けての具体的な提起を受けました。それは、これまでに同朋運動を進めながら、また研修も重ねながら、なおも差別事件が続発する教団の差別体質にメスを入れる必要があるというものでした。つまり、運動が教団全体のものにならない原因を明らかにしなければなりません。そして、そのためには、各教区がそれぞれ解放同盟各都府県連合会との間で具体的に点検することが必要であるとの確認がなされました。

この確認に従って、教団では昨年一一月一日に「教区相談員連絡協議会」を開催し、「点検糾弾会」の意義と内容の趣旨徹底に努めました。同時に、各教区の「点検糾弾会」に際しては、部落解放同盟より提示された「①連続差別事件の原因分析　②教区の研修状況の点検と課題　③教団における封建遺制の問題　④差別法名・過去帳の調査報告の確認」という四つの課題に対しそれぞれ各教区独自に「回答書」を作成し、事前に問題点を十分に理解するよう指示いたしました。また、各教区で開催された「事前学習会」等でも再度「点検糾弾会」が開催される意義を確認しました。

さて「点検糾弾会」は、一九九五（平成七）年一二月六日の東京教区を皮切りに、一九九六（平成八）年三月一日の長野教区で、全三一教区を一巡しました。現在も継続している教区もありますが、今日までに、各教区あわせて、のべ四三回、教団側の参加者数は、約二、八〇〇人であります。

その中で、たとえば「私の教区には被差別部落は存在しない」ということを、強硬に主張した僧侶がおりました。その主張に対して、解放同盟側の指摘では、さまざまな事例をあげた上で、「紛れもなくあなた方の教区にも、あなた方の県にも被差別部落が存在する」ことを説明しましたが、これに対し、「あなたがそこまでいうのなら、その地区名をここであげてください」と開き直る僧侶もいました。しかもそれは一人ではなく、二人三人と続いての発言でした。「点検糾弾会」は、その体質があらためて問われる場でもあったのです。

また、他の「点検糾弾会」では、「まさに寝た子を起こすから差別は起こる、起きたくない子を、むずかっているのを無理やり起こすから、差別を犯すのだ」ということを、参加した僧侶から堂々と主張がなされる一幕がありましたし、札幌別院における差別落書きに対し、「あれは北海道教区の問題だ、自分には関係ない」というような発言もありました。

札幌別院の差別落書き事件をわが事として捉えるこ

とによって、私たちには同朋教団としての連帯・御同朋の世界があります。あれは他の教区のことだからという視点に立ってしまうのならば、そこではともに歩むという姿勢はありえません。まさに、そうした体質こそが問われているのであります。

差別事件という事実を前にして「あなたは親鸞聖人の遺弟だ、弟子だ、親鸞聖人の御跡を継ぐ、慕って歩いているのだということを、胸を張って言えるのか」ということを問われています。「私は親鸞聖人の弟子です、親鸞聖人を宗祖と仰いでいます」と公言しているけれども、そのことをあなたは、真に公言できるのかということを問われたのが今回の糾弾会や教区における「点検糾弾会」でありました。

さて、「点検糾弾会」の中で各教区が作成した「回答書」が、教区全体の総意によって作成されたものなのかという点も厳しく問われました。それは「回答書」を作成することが、実は基幹運動の推進の具体的展開でなければならないという指摘の通りでもあったからです。同時に、作成された「回答書」に記された課題等をいかに運動として教区全体のものにしていくかという問題も提起され、これに基づき、一九九六（平成八）年度よりそれぞれの教区基幹運動推進委員会を中心としてその取り組みが進められています。

3　各教区の現状と課題

連続した差別事件への取り組みの中で一層明らかになった教団の差別温存・助長の体質は、いうまでもなく基幹運動を推進することによって変革すべき課題でありました。基幹運動は、一九九一（平成三）年度から一九九五（平成七）年度まで「私と教団の差別の現実を改め、真の同朋教団を確立しよう」を運動の重点項目として推進してきたにもかかわらず、連続した差別事件の発生は、この基幹運動の推進が必ずしも定着しておらず、むしろ上滑りをしていた面もあることを明らかにしました。

教区における研修会には、教区独自で企画される研修会と基幹運動本部等の指示による研修会の二種類があります。このうち、一九九二（平成四）年度から教区単位で二ヵ年、さらに続けて組・ブロック単位で二ヵ年行ってきた基幹運動推進僧侶研修会が昨年度で終了しました。これは、「真俗二諦」、「業・宿業」、「信心の社会性」の三つのテーマに沿って、私と教団の差別の現実を認識し、改めていくための研修でした。この研修は、「教学の論議ではなく、自己の差別体質をみつめ、それを語りあうこと」を課題とし、一方的な講義ではなく、問題提起と分散会の話し合いを中心に実施いたしました。また、特に第三・四年次には身近な組・ブロック単位の開催としたことで、参加者の裾野を広げるという一定の成果はありました。

しかしながら、このたび各教区で実施された「点検糾弾会」における「教区回答書」には、これらの研修会について共通して、次のような問題点・課題が指摘されています。すなわち、

① 実施の現場では、「差別の現実から出発する」という視点がややもすると見失われ、教義論争に陥るという観念的な研修になってしまう場合もありました。

② 「参加者の少なさと固定化」「参加状況は低調・固定化」「三つの課題についての意識の浸透は見られるが、参加者の固定化に問題」「全般的に参加者意識の低調。社会問題は信仰の問題とは無関係とする意識が顕著」などを問題点としてあげています。

参加する人はいつも参加する、参加しない人はまったくしないという現状は、「僧侶の意識の格差」を拡大し、不参加僧侶の「没主体性・傍観者的意識・連帯性の欠如」を放置することになりました。

③ 研修内容については、「形式的・単なる知識習得の場になっていた」「形式的でスケジュール消化的な研修」、したがって「自発的に参加しようという意欲が起こらないような研修内容であった」との分析も見られ、従って、「押しつけられた行事消化的な研修」「主催者主導の研修会」との印象を与えた場合もあったようです。

このような現状を踏まえて、各教区では「長期的計画のもとでの継続」「研修会参加体制の確立」「各組における意識格差の是正」「講師団研修の充実」「全組織・全門信徒を通じての基幹運動の推進」「差別の現

実に学ぶ学習の徹底」などの課題を設定して教区独自の研修カリキュラムや教材の作成などを具体的に推進しています。

とくに、今回の「点検糾弾会」において作成された自教区の回答書に、さらに、「点検糾弾会」で明らかになった問題点や課題を加えて研修用のテキストを作成し、活用していることが報告されています。

4 教団の現状と課題

① 基幹運動の基本的理念

昨年秋から今年初頭にかけて各教区で実施された「点検糾弾会」の意義は、それらの問題点を各教区が主体的にとらえることになったこと、及び何のための研修会なのかということを各教区で再認識する機会になったことであります。いいかえれば、問題の所在がわかっていながら、それを全体の課題としきれなかった教区・教団の限界が明らかになったといえます。

この「点検糾弾会」では、特に私たちに部落問題についての世間的な常識にさえ欠けている事実が明らかになりました。これらの課題が、「点検糾弾会」というより広い場で認識されたことは大きな成果であります。

そうした中で、今年度から五年間実施することになった新しい「基幹運動計画」では、引き続き「私と教団の差別の現実を改め、真の同朋教団を確立しよう」を重点項目とし、運動計画の「理念」の中に特に「私たちの現状と課題」として、「私たちの教団は同朋教団という旗をかかげながらも、部落差別をはじめとする社会の差別構造を教団自身に反映して、自らの持つ差別性をいまだ克服し得ず、また、戦争・ヤスクニ・人権・環境などの平和や社会の問題にも消極的なあり方を示しています。」と記し、「このような社会と教団のあり方に目をそむけることなく、教団の中のさまざまな活動を一つひとつ点検して、自らと教団の差別の現実を改め、積極的に社会の問題に取り組み、御同朋の社会の実現に努める運動」であることを示しました。

② 今後の研修の方途

これまで述べてきました課題等を達成するために、何よりもその前提となる「差別の現実に学ぶ」という視点を常になおざりにしてはなりません。また、僧侶も社会的に生活している以上、社会に存在する差別意識とは無関係ではありえず、その克服には、不断の学習が求められていることはいうまでもありません。

さらに、宗祖親鸞聖人は、浄土を願う心は人びとの幸せを願う心でもあることを示され、現実の苦難に生きる人びとの灯明として生きられたのであります。にも拘わらず、私たちは宗祖の真のお心を見失い、今日まで自らの差別的な体質を見逃し続けることになりました。差別と分断支配によって人間を踏みにじった権力の潮流の中にあって、親鸞聖人を宗祖と仰ぐ私たちの教団もその流れに抗することなく、むしろこれに追随し、さまざまな差別的な体質を今日まで内に抱えてきました。ここに宗祖の真意に背き、いのちの尊厳を踏みにじり続けた私たち自身の姿がありました。私たちは宗祖親鸞聖人のお心にたちかえるため、自身の差別の歴史を見つめ直し克服するため、特に、以下の研修と取り組みを進めます。

イ　第Ⅱ期基幹運動推進僧侶研修会の開催

第Ⅰ期・四年間の僧侶研修会を終え、引き続き向こう五年間の第Ⅱ期基幹運動推進僧侶研修会を今年度より実施しています。第Ⅰ期の三つのテーマ（「真俗二諦」「業・宿業」「信心の社会性」）については、研修の現場においては、教学的側面の議論が強く、ややもすると差別の現実から離れ、観念的なものになってしまう場合が少なくありませんでした。このことは、差別問題や部落問題についての我々の基礎的な認識等がいかに不十分であったかということを示すものでありました。このことは先に述べたように点検糾弾会においても明らかにされました。このような反省の上にたって、「差別の現実に学ぶ」姿勢をより明確に打ちだすため、部落問題の基礎的学習を行うことを、新しい課題として付け加えました。

これによって僧侶自身の差別に対する傍観者的な態

度を改め、自己の差別性を見つめ直す研修を行ってまいります。

また、そのために、部落問題の基礎的学習を中心的テーマとしたテキスト『御同朋のねがい』（A五判約九〇頁）を新たに作成しました。これは、以下の構成になっています。

第一章　同朋運動に取り組む視点
第一節　差別とは（差別の本質）
第二節　部落差別とは
第三節　差別の現実に学ぶ
第二章　本願寺教団の差別の歴史
第一節　前近代の真宗と差別
第二節　近代の真宗と差別
第三章　本願寺教団と解放運動
第一節　本願寺教団と水平社運動
第二節　一如会と融和運動
第三節　同朋会の設立
第四章　同朋運動の願い
第一節　同朋運動の願いと歩み
第二節　教団の差別事件に学ぶ
第五章　念仏者の課題
第一節　信心の社会性
第二節　差別と布教

教団における部落差別とそれに取り組んできた歴史をまとめています。第Ⅱ期僧侶研修会では、このテキストによって、教団における差別構造や差別意識について厳しく検証し、私たち僧侶の実践活動を生み出してゆく一助となるように学んでいくものです。そのためにも、基幹運動推進者養成研修会においては、すでにこのテキストを中心にカリキュラムを組み、研修をすすめています。

なお、このテキストは全寺院に二冊ずつ配布いたしました。

ロ　基幹運動推進僧侶研修会への参加者の増員について

点検糾弾会において指摘された研修会への僧侶の参加状況の低調・固定化を打破する方策として、具体的には、対象となる僧侶にあわせた研修会を実施いたします。例えば、女性僧侶を対象とした研修会をすでに実施している教区がありますが、これを全教区に拡大するようつとめます。また、兼職僧侶も参加できるような研修時間の設定等、現状にあわせた研修会の持ち方につとめます。

さらに、回答書において約束いたしました基幹運動本部よりの参加要請は、一九九六年一一月一日付の文書「第Ⅱ期僧侶研修会への参加依頼」を全寺院に送付いたしました。

そこには、今回の糾弾会による問題提起を受けて「特に、（提起を受けた）僧侶の体質については、当日提出した『回答書』（『Ｓａｔｔｖａ』四号に掲載）に表明していますように、今日まで継続してきた基幹運動推進僧侶研修会を、さらに深めて、僧侶一人ひとりの自己変革の場となるような取り組みにしたいと思います。そのためには全ての僧侶の方々の参加を得て、その趣旨の実現をはかりたいと存じます。」と、述べ、全寺院の僧侶への研修会への参加要請を行いました。

ハ　得度・教師並びに、宗務員、布教使等の基幹運動研修

親鸞聖人の教えを学ぶとは、お念仏を拠り所としながら、差別・抑圧のない平等の社会、すなわち御同朋の社会の実現をめざす生き方をすることであります。このことを僧侶自身が確認し、自らの生き方の基盤とするためには、その出発点である「得度習礼」（僧侶の資格を得るもの）、「教師教修」（住職になるための資格を得るもの）に際して、基幹運動研修の徹底をはからねばなりません。特に僧侶の特権意識の払拭・社会的実践の伴う僧侶の養成に一層努めます。

ここでの課題は、社会性を欠落している僧侶の体質がそのまま教修習礼生に受け継がれている場合が多いこと、そのため基幹運動の研修内容がそうした僧侶の在り方をまず問題にしなければならないことです。さらに研修の指導に当たる講師・指導員にも同質の問題

点を内包しており、その抜本的な解決をめざすためにも、講師団の意識変革を求める研修を継続して実施していきます。自らが変ることを通じて教修習礼生に変革を求めていくことこそ直面する課題です。

そのために、教修習礼の場を、教えを学ぶことを通じて、現実の社会の問題について講師と教修習礼生が共に学んでいく場とすることが基本となります。具体的な方策としては、講師・教修習礼生が部落差別の問題について、ともに語り合う小人数のグループ討議を充実すること、わかりやすい研修内容にするための視聴覚資材や教材の整備をいたします。

また、基幹運動推進に大きな役割を果たす宗務員・布教使に対する研修を定期的に行うとともに、教区基幹運動推進相談員、専従員に対する研修に引き続き取り組みます。

本山宗務所職員の研修においては、年内に全体研修会を六回にわけて開催し、その後、各部局ごとに三回の研修を行います。次年度にむけて、この研修会の成果をさらに高めるため、具体的な方策を、現在、策定中です。

また、今年度中には、すべての連区において「基幹運動推進専従職連絡協議会」を開催いたします。そこでは、「回答書」について学ぶとともに、糾弾会において提起された課題を共有することに取り組んでいます。

布教使に対する研修にあっては、現状の研修開催方法を改善し、参加者の増員をはかるとともに、差別問題をはじめとする社会のさまざまな問題をみずからの学びとしていけるような姿勢を確立していきます。また、本山常例布教・別院等への出講に関しては基幹運動研修受講者の中から選出していきます。

糾弾会においても提起のあった宗門関係学園における研修については、教職員や管理職など対象別の協議会や研修会において、基幹運動の時間をもち、各学園における宗教教育と同和教育の推進をよりいっそう促していきます。

さらに、教団内のさまざまな組織や各団体等にも基幹運動推進の研修を徹底させていきます。

ニ　基幹運動推進者養成研修会

各教区における基幹運動推進の中核となり、将来の基幹運動を担っていく人材を養成する研修を本年度より始めました。各教区ごとに教区基幹運動推進委員会会長より推薦を受けた人々が対象ですが、本年度は七〇名の参加を得ています。この研修は二泊三日のスクーリング三回を単年度に実施するもので、前述した研修会用テキスト『御同朋のねがい』の章だてにそって研修カリキュラムが組まれています。

この研修をとおし、積極的に基幹運動を推進していく人材を養成します。

ホ　《札幌別院「差別落書き」事件に学ぶ》啓発ビデオの作成

落書き事件という陰湿な事件を根絶するためには、ねばり強い啓発と研修は欠かせません。この問題において、特に差別への怒りを共有するために、「札幌別院差別落書き事件」をビデオ化し、啓発教材として北海道教区の各組へ配布しています。さらに、各教区へも配布し、布教団をはじめ各教区内の諸団体において、これを積極的に活用した研修の開催に取り組みます。なお、研修にあたっては、「賤称語」による差別の拡散をさせないことと、部落問題の基礎的学習に資するように、補助教材も作成して配布しています。

へ　『Ｓａｔｔｖａ』等の情報誌・啓発誌の発行

基幹運動本部では、これまで「教化通信」「共にあゆむ」等の啓発・情報誌を発行していますが、とくに、人権情報誌として『Ｓａｔｔｖａ』（サットヴァ＝いのちあるもの・生物。とくに感情や意識を有するもの）を全寺院に配布しています。これは、教団内の差別的体質を教団全体で見直していくため、さまざまな情報を積極的に公開することを目的に一九九五（平成七）年七月一五日に創刊しました。年三回の発行予定です。この情報誌は問題を共有することによって、各僧侶の間に「御同朋」の連帯を広げることを目指しています。

また、『本願寺新報』『宗報』『大乗』における基幹運動のページで、僧侶だけでなく門信徒に対しても啓発をおこなっています。

今回の糾弾会を受けて、『Ｓａｔｔｖａ』第三号には、各教区の「点検糾弾会」での問題点や課題、また第四号においては、第五回糾弾会の『回答書』全文を掲載しました。とくに、第四号は、全寺院だけでなく、門徒推進員（僧侶と共に基幹運動を推進する門信徒）全員に配布いたしました。

『本願寺新報』八月二〇日号には、第五回糾弾会の報告をし、『宗報』九月号・一〇月号において、糾弾会で提起された課題を示しました。基幹運動啓発リーフレットである『共にあゆむ』の三五号には、糾弾会の席上、とくに提起を受けた「ケガレと差別」を特集しています。このように、さまざまな出版物をとおして、教団全体への周知徹底をはかっています。

さらに、これまでの僧侶研修会等で部落差別の現実を学ぶことにより、身のまわりのさまざまな差別に気づくことができました。そして、そこで指摘されたさまざまな問題を「性差別」・「障害者差別」・「類聚制度」・「法名・過去帳」というテーマに集約してまいりました。今後、それぞれのテーマの下に、順次ブックレットを発行していく計画です。その内すでに『性差別』を発行しました。続いて『法名・過去帳』、『障害者差別』も発行の予定です。

ト　本願寺同朋センターの活用

教団は、一九六一（昭和三六）年財団法人同和教育振興会を設立し、一九九六（平成八）年には同振興会の活動の拠点として本願寺同朋センターを新築しました。

財団法人同和教育振興会は、「この法人は、同和教育センターを建設し、主として同和問題に関する社会教育事業を行い、もって同和教育の振興に資することを目的とする」という趣旨で設立されましたが、一九九〇（平成二）年には、とくに、「この法人は、同和教育センターを建設し、親鸞聖人の平等の精神に基づき、同和問題に関する研究調査を行い、あわせて同和教育の振興をはかりもって同和問題の解決に寄与することを目的とする」とその趣旨を変更して、同活動が宗祖親鸞聖人の「御同朋」の心を拠り所としたものであることを明らかにし、活動を進めてきました。

とくに、センターではこれまで同朋運動を推進する活動家の養成を進めてきました。また、同朋運動、本願寺教団と部落問題に関わる啓発誌や史資料を発行してきました。

今後、教団もセンターを積極的に支援・活用しながら、同朋運動の理論や本願寺と部落問題に関する基礎的研究を進めていきます。

また、同朋運動の推進者を養成する研究会を充実させると共に社会啓発活動を進めます。本願寺同朋センターの新築を機に、教団内の各教化団体の研修会だけでなく、地方公共団体などの啓発のための研修会も行っていきます。

Ⅳ　教団における封建遺制の問題点

1　教学との関連について

①悪しき業論

このたびの連続した差別事件は、教団の歴史的な分析や教義解釈の問題性の判明によって、教団そのものがもつ差別的構造のあらわれであり、決して突発的なものではないことが明らかになりました。その差別構造を支えてきた教義上の二つの大きな問題が「業・宿業」と「真俗二諦」であります。

「業・宿業（悪しき業論）」は、社会にある差別的秩序を教学的に説明したものです。それによって、差別が本来は社会的矛盾であるにも拘わらず、個人の、それもなんの力も及ばない前世の因縁によるものと諦め、分をわきまえるという封建的道徳を生みだしました。

「悪しき業論」は、現世の身分秩序を肯定する論理であり、私たちにとって克服すべき重要な課題であります。

江戸時代まで、仏教は民衆教化の役割を担ってきました。明治維新を経て、その時代の権力構造が変わっても、仏教の民衆教化の役割は変わりありませんでした。その仏教界に対し、民衆の救済という本来の目的を離れ、宗教による秩序維持という働きが支配権力によって求められたのです。この時も「悪しき業論」が、民衆を差別的身分秩序の中に閉じこめるものとしての役割を果たしました。

親鸞聖人は、このような「業・宿業」観に陥ることなく、平等の救済を説かれたはずでした。

しかし、このような親鸞聖人の教えは、いつの間にかゆがめられ、救済を来世のみのこととし、現世は世俗の法に従うべきであり、現世の平等とは無関係であるとして、平等を切り拓く可能性を否定してきました。これが、「悪しき業論」の考え方です。

私たちは、差別の現実から目をそらさず、自身の社会的立場を深く自覚し、教団における具体的な問題の一つひとつに積極的に取り組んで行くことをとおして、差別の現実に深く埋没している自己の差別性にめざめなければなりません。また、教団・寺院の矛盾や問題性を明らかにしていくとき、その中で教団及び僧侶の体質として内在している、「悪しき業論」からの訣別の歩みを進めることが、「業・宿業」の問題において最初に取り組んでいかねばならない中心的な課題であると考えます。そして、それは同時に、反差別・部落解放という観点に立脚した「業・宿業」の再構築を可能にする道です。

門主も『教書』に「阿弥陀如来の本願力によって信心をめぐまれ、念仏を申す人生を歩み、浄土で真のさとりに至るのが浄土真宗であります。」と示しています。

念仏を申す人生を生きるとは、具体的には、まず現世における平等の社会・「御同朋の社会」の実現をめざして歩むことに他なりません。それは現実社会から遊離した教学的な営みではなく、宗祖親鸞聖人の痛み・苦しみ・怒りを相承する生き方を築く営みなのであります。

②「真俗二諦」の論理

信心は如来より賜るものであり、念仏者はひたすら往生浄土を願求すべきであって、社会の問題にかかわることは、あながち必要ではないのだという態度が教団内に根強く存続してきました。

しかしながら、現実との関わりを絶った思想（とくに宗教）は、社会におけるさまざまな事象に対応する力を失い、自ずから独善的・閉鎖的なあり方をするようになります。また、それは現実批判の根拠を失うことでもありますから、いわば碇を失った船のように、時勢の潮流に押し流されることになります。

私たちの教団も、それぞれの時代の権力が作りあげた社会の体制に流され迎合する時期が永らく続いてまいりました。

その迎合を正当化し保身をはかる論理として用いられたのが、明治初期から宗門の中で説かれた「真俗二諦論」でした。このうち「真諦」とは往生浄土の道を教えるものであり、「俗諦」とは王法・世法にしたがって生きることをすすめるものであります。しかしながら、「俗諦」すなわち王法・世法は時の権力によって規定される面が強く、たとえば、軍国主義時代には戦争協力の一翼を担う論理でもあったのです。

また、この「真俗二諦」は、事実として現実（俗諦）と信心（真諦）を切り離した教学・信心のあり方を基本としたことから、現実を決してそのまま肯定するものではないという「批判の精神」を念仏者から奪い、「悪しき業論」ともあいまって、被差別者に現実の差別をあきらめさせる役割を果たすことにもなりました。

真俗二諦論、とくに「俗諦門」は現実肯定の論理であります。したがって、それは私たちがいのちがけで守らねばならない「真諦門」と往々にして相反する面もでてきます。私たちは、「真諦門」、つまり如来の本願の立場からたえず「俗諦門」を見直すべきであり、数百年間続いてきた差別肯定の王法・世法を今こそ正すべき時なのであります。

先に述べた「基幹運動僧侶研修会」のテキスト『御同朋の社会をめざして』には、今後の課題として次のように記述しています。

一、仏法の原理（真諦）を世俗の中にいかに貫徹せしめるかという、仏教原理の本来性において真俗二諦を捉えるべきである。

二、真が俗に切り込む大乗仏教の利他行の実践の一環として、一方では過去帳における差別記載の「教学」を徹底的に撃ち砕くため、他方で差別・被差別からの解放を力強く打ち出す教学の樹立を促すものとして、真俗二諦を正しく位置づけるべきである。

このテキストを第Ⅱ期僧侶研修会においても引き続き学習することで、教団のいわゆる真俗二諦論的体質を克服する歩みを続けるものであります。

③「信心」に関する理解の問題―信心の社会性

「信心の社会性」とは、何よりも信心が大切だといいながら、一方で「過去帳」に差別記載をし、それが差別であると気づかないような僧侶のあり方に対して提起されました。つまり、「信心」は社会とは無関係だとする考え方への批判的な問いかけです。

それに対して、信心は如来より賜るもので至純であり、社会（娑婆）は煩悩にまみれた世界であるから、真宗者は社会には関わる必要がないのだという教学的態度も伝統的に支持されてきました。

また、一方において「信心第一主義」（信心万能主義）といわれる考え方もあります。

これは、「信心」さえいただければ差別問題はなくなるという考え方で、現在差別があるのは信心のいただき方が足りないからだという主張です。それは、結果的に差別が現実に存在するという認識を拒否するものです。

このような教学理解では「信心は社会とは無関係だ」という枠組みでものをみつめ、考えることになります。それは社会の諸問題に対して無関心・無関係なあり方をしながらも、それを批判し、そこから脱することができない状況、直接的には部落差別への無関心を生みだしているのです。同朋運動への取り組みのなかから、このような閉塞した教学理解への批判と論議が起こされました。

このような社会の差別構造に組み込まれ、それを批判的に克服する力を失った私たち僧侶の意識の問題性を摘発し、同時に、平等の教義を現世に積極的に実践することが「信心の社会性」という課題です。それは、差別の現実を正しく認識し、その差別の現実に立ち向かっていく念仏者の実践を確立していくことなのです。

「信心の社会性」ということに、教学的に応えるとすれば、それは「反差別の教学」を確立することです。御同朋の社会の実現を阻害しているものが「信心」と社会は無関係とする「真俗二諦」の教学理解であり、積極的に現世の差別的身分秩序を肯定してきた「悪しき業論」でありました。

「反差別の教学」のめざすところは、「差別の現実」に対して、真宗者としての真の自覚をうながすことです。浄土は、差別のない世界であります。しかしたとえ、そこでは差別の苦しみはすでに解決している問題であったとしても、その喜びが現実の差別に苦しんでいる人びとに反映するよう努めなければ、真の念仏者だとはいえないでしょう。差別は現実の世界の問題であり、今こそ解消されなければなりません。

糾弾会の席上、「親鸞聖人は『悪人』ということをどのように受けとめておられたのか?」という問いに対し、教学研究所所長より、《先ほどお尋ねになりました悪人正機の悪人という問題でございます。これは悪人というのは、経論の一般的な解釈の場合は、いわゆる『十悪五逆具諸不善』と、こうお経に書いてある十悪とか五逆罪を作ったものとか、正法を誹謗するものということでございます。ところが親鸞聖人の場合、もちろんそれは踏まえていらっしゃるのですが、もっと具体的に悪人を指摘される場合があります。それは法照禅師の『五会法事讃』の文章の中に、「但使回心多念仏、能令瓦礫変成金」という言葉があります。それを『唯信鈔文意』の中でご解釈されるのですが、そこに「具縛の凡愚・屠沽の下類、無碍光仏の不可思議の本願、広大智慧の名号を信楽すれば、煩悩を具足しながら無上大涅槃にいたるなり」といわれています。その「屠沽の下類」という言葉の釈の中で、屠というのはものの命を葬る者だ、沽というのは商いをする者だといわれています。殺生を職業としているものや、商人は、その頃の仏教の常識としては下類とみられていたわけです。不殺生戒を犯し、不妄語戒を犯す悪人とみなされたからです。ところが親鸞聖人は、そのようなものこそ阿弥陀仏の慈悲の本願の正機だとみられたわけです。当時商いをするということは、うそをいって人をたぶらかすものとみられ、社会的にも下層とみなされていた、そんな状態がございます。そういう屠沽の下類、これを「瓦礫」といわれたのだとして、「れふし・あき人、さまざまのものは、みな、いし・かはら・つぶてのごとくなるわれらなり」といい、これを黄金のごとく尊厳なものにかえなしてくださるのが、阿弥陀仏の本願なのだといわれています。ここで親鸞聖人は確かに悪人というものの具体的な視点を、そういうところに置いていらっしゃったということがわかると思うのでございます。親鸞聖人自身が承元の法難で、僧籍を剥奪されて流罪となり、流罪が赦免になっても、後々まで「流人善信」と呼ばれたような、そういう方でした。そして生涯、一介の「念仏ひじり」として民衆とともに生き、むしろこういう屠沽の下類といわれた人たちに、連帯をしていらっしゃる。それが「いし・かはら・つぶてのごとくなるわれらなり」という言葉で、そういうところに悪人というものの具体的な姿を見ていらっしゃったのではないか、そういうふうに思うのでございます》（取意）と答えさせていただきました。このように親鸞聖人のみ教えに真摯に学ぶとき、具体的な社会の現実に目を背けてみ教えを語ることはできません。今後も社会の現実から遊離したような教義理解を様々な研修をとおして、改めていきます。

2 僧侶の体質について

差別事件に対する対応の過程で指摘されてきた私たち僧侶の特権意識と傲慢さは、前に述べた教学理解に支えられてきたものです。

「信心」と社会は無関係であるとしてきた教学の構造は、一方で、僧侶を、社会問題とは関わらない、世俗とは異なる存在としてきました。このことによって、差別問題が、なかなか宗教者としての取り組みになり得ませんでした。その傍観者的態度は、外見的には、社会一般の意識と同様に見えますが、これまで述べた教学構造から見えてくるのは、私たち真宗者が差別を温存し、助長してきたということ、つまり、その差別意識を作り上げる作業の一端を担ってきたということであります。

これまでの取り組みや糾弾の中で、差別を解消する運動を進めるはずの私たちの内に、実は差別的な体質があり、しかもそれを自覚できず、差別に対する怒りや糾弾を他人事とする体質が依然として存在することが明らかになりました。

この僧侶の体質の変革を基本的な課題とした研修の取り組みについては、すでに述べてきたとおりです。

私たちは、今回の連続した差別事件に関連して問われた僧侶の体質を真摯に受け取め、今後、差別を温存・助長してきた姿勢と体質を自己変革していかなければなりません。そうしなければ宗祖親鸞聖人の遺弟を自認する私たちが、宗祖に背き、宗祖を冒とくすることになります。

そのためには、「差別の現実」に学ぶ、さまざまな分野の研修会を開催しながら、被差別の声から直接に学びを進め、深めていきたいと思います。

3　差別を温存助長する習俗について

浄土真宗の生活のあり方を称して古来「門徒もの知らず」といわれてきました。日や方角を選んだり、加持祈禱をしないということです。今このことが、厳しく問われています。単に、迷信・習俗だからそのようなことを気にしないというのではなく、その迷信・習俗が、差別を温存し支えている考え方であるから信じてはいけないのだという立場を明確にしなければなりません。

また、差別意識の根底にある「穢れ」の思想が、今日さまざまに研究されるようになりました。従来、私たちの教団では、「穢れ観」は民俗学的な、あるいは神道的な概念であるとしてきましたが、「厭離穢土、欣求浄土」と教えを説いてきた中に、穢れ意識を認めるものがなかったのかどうか、ないとすれば、仏教の「穢れ」とはなにをいうのかをはっきりさせなくてはなりません。そのことをとおして、葬儀における清め塩の使用や、火葬場が友引の日に休日を設けていることなど、行政や市民と共に話し合いの場を持ち、克服していかねばなりません。

また、日常の宗教活動の中で、結婚式や、葬儀を執り行う際、「○○家結婚式、○○家葬儀」というような名称を用い、家意識を強調してきたことも指摘を受けました。部落差別の意識の中に「家柄、血筋」というものが根強くあることを思えば、けっして見過ごしにできない事柄であります。

一九九八年に蓮如上人五〇〇回遠忌法要を迎えるに当たり、法要のテーマを『変革』とし、キャンペーンテーマを『環境、家族』として準備を進める中で、従来の家意識を脱却して真の家族のあり方を考えるべく、大胆な変革を目指します。

V 差別法名・過去帳について

1 一九八三（昭和五八）年の法名調査

全寺院を対象とした法名調査は、一九八三（昭和五八）年三月に、各寺院宛に直接調査表を送付し、①差別法名、差別墓石の実態について、②過去帳にみられる差別表示について、③身元調査の実態について、以上三点を踏まえて調査を行いました。その結果、一九八六（昭和六一）年二月一〇日までに九五％超の回収率を得ました。

さて、回収した調査表の分析の結果、調査表の中に「差別法名」そのものの報告はありませんでしたが、過去帳の「添え書き」の中に、差別を温存助長するような表示があると報告されたものが四三件あり、差別事象であると確認されたものが二一ヵ寺でした。該当の過去帳については暫定措置として速やかに「閲覧禁止」の帯封を送付して厳重に保管するよう指示するとともに、基幹運動本部を中心に諸機関と協議をしながら対策を講じました。

2　過去帳の「添え書き」にみられる差別的表示について

その調査時の「添え書き」の具体的な差別表記については、次の通りです。

歴史的な賤称語の記載としては、幕末から「解放令」発布の時期までに「革田」「穢多」「非人」「チャセン(竹細工)」「細工」「西工」「皮細工」、あるいは「下輩」「非人番」等と書かれ、さらに明治の末期までの間には「新平民」「新民」の文字が見られ、差別そのものの添え書きとして、「寺男(寺の下働きをする人)」「遊女」といった表記もありました。

また、死因の記載としては、「獄中死亡」「縊死(自殺)」「伝染病」など、偏見の要因となる添え書きがあることも判明しました。

これを契機として、宗門は一九八四(昭和五九)年二月の第二〇〇回定期宗会の議決を経て、「宗則第五号・寺院規定の一部を変更する宗則」により寺院規定(昭和二七年宗則第一五号)の一部を次のように変更し、第三〇条に次の一項を加えることとなりました。

「前項第五号の規定による過去帳又はこれに類する過去帳の取扱いについては、同朋教団の宗風に反しないよう、その取扱いについての基準を定めるものとする」〈一九八四(昭和五九)年三月九日施行〉。この「宗則第五号」に基づき、一九八六(昭和六一)年八月四日付「総局告示第一七号」として、「過去帳又はこれに類する取扱い基準」を定め、差別事象であると確認された二一ヵ寺の過去帳について、必要な措置を講じました。

一九八三(昭和五八)年から一九八七(昭和六二)年の四ヵ年における現地調査によって明らかとなった差別記載の過去帳については、「取扱い基準」の第六条(閲覧禁止)に基づき「閲覧禁止」の帯封をし厳重に保管をするよう徹底いたしました。また、著しく基本的人権を侵すものとみなされるものについては、第七条(過去帳書き換え)に基づき、その一部事項の抹消・訂正ではなく、全面的に書き換えを行い、旧過去帳については基幹運動本部の厳重な指導監督により保管する旨を指示しています。

3　差別記載に対する取り組みと問題点

この過去帳差別記載の現実の中から、備後教区、安芸教区では、「糾弾学習会」がもたれ、その学習を深めていく中で、この「糾弾学習会」をさらに発展させて、備後教区・安芸教区・部落解放同盟広島県連合会の三者がまとまり「同朋三者懇話会」として発足し、一九八八（昭和六三）年一二月から研鑽を重ねてきました。

その中で、「真俗二諦」「業・宿業」「信心の社会性」という三つの課題が提起されてきたのです。

一九九二（平成四）年度から、全僧侶を対象とした第Ⅰ期基幹運動推進僧侶研修会を全教区で実施してきたのは、これらの課題を体してのことであります。また、当時の「基幹運動計画」や重点項目三の「私と教団の差別の現実を改め、真の同朋教団を確立しよう──寺院・組における研修の徹底を──」の意義を認識するとともに、〈過去帳差別記載〉の現実から明らかとなった〈僧侶の体質〉そのものを掘り起こすことを課題として実施しました。

さて、この法名調査後の一九八四（昭和五九）年熊本県矢部町において「釈尼妙誓信奴」という差別墓石が、また一九九〇（平成二）年徳島県において「釈妙居」等の差別法名の存在が指摘・報告されました。その他、新たな過去帳の差別添え書きも報告されるなど、当時の法名・過去帳調査のあり方を問い直す事実が明らかにされています。

また、その調査時に差別添え書き等のある過去帳を持つ寺院に、結果的に「免責」という条件によって、事実の報告を求めたことは、当該寺院の差別性をこれまで見逃してきた体質を問えなくし、また差別法名調査を単に行政的・事務的なものにしてしまって、教団の体質を自ら再点検する機会を放棄するなど、さまざまな問題点も後になって指摘されています。

4 再調査について

第一回の糾弾会から、糾弾要項のなかで指摘を受けてきたように、一九八三年に行われた法名調査は充分なものとはいえず、再調査の必要があることは明白であります。このことについて、そのように明白でありながら今日まで放置してきたことを、点検糾弾会で厳しく問われました。これまでに明らかになった問題点を解決し、差別・被差別からの解放を目指すため、再度の調査が求められたのです。「いつまで差別をしたままにしておくのか」という厳しい問いかけを思えば、一日も早く取り組まなければなりません。またこの再調査が、基幹運動を推進し、御同朋の社会を目指す具体的な営みになるよう取り組まねばなりません。すなわち法名再調査は、「信心の社会性」の実践として私たち教団人に与えられた課題であります。さらにこの取り組みは、法名・過去帳をとおして差別の事実を目の前にし、私と教団の差別の体質を改め、支配・管理といったなかで失われた門信徒と寺院の信頼関係を取り戻す営みでもあります。

VI 決意

かつて阪本清一郎氏は、全国水平社の設立について「私どもの生活は彼（ニーチェ）の思想よりも親鸞の思想により親しい交渉を持っている以上、いうなれば親鸞の思想から生まれたといわれるべきものです」と述べています。そこでは親鸞聖人の教えが、差別解放への方向を示すものと理解されていたといえます。しかし、これまでにも記してきたように、その親鸞聖人を宗祖と仰ぐ私たちの教団がその内に差別体質を持ち、差別事件を幾度となく繰り返してきたことも紛れもない事実であります。反差別・差別解放の立場からは、こうした事実と教団の体質が批判されるのは当然であります。

一方、教団内にも、教団のそうした体質を批判し、変革を求め、親鸞聖人の御同朋の精神の充満する教団への回帰を目指した人びとも存在しました。一九五〇（昭和二五）年に教団に設立された「浄土真宗本願寺派同朋会」には、そうした願いを持った教団人が結集したことはすでに述べた通りであります。教団の差別的な体質に対し、基幹運動・同朋運動はこの願いと方向性を持って今日まで進めてきました。

一九八一（昭和五六）年の「同和問題にとりくむ宗教教団連帯会議」の結成の呼びかけ教団となり、初代議長教団に就任したことは、その実践の一つでした。

さらに、一九八五（昭和六〇）年、大谷光真門主が自らその具体的な実践として示されたのが、「部落解放基本法」制定要求国民運動中央実行委員会会長への就任でありました。

こうした教団の姿勢を教団内外に明らかにするために、一九九〇（平成二）年一二月に当時の藤音晃祐総長が「部落解放基本法制定を求める署名にご協力のお願い」の談話を発表したのに続き、一九九六（平成八）年一月には部落解放基本法制定要求運動の盛り上がりと橋本現内閣が発足したのを受け、特に松村了昌総長は、「部落解放基本法制定に向けて」として

先に通常国会で念願の人種差別撤廃条約が批准され、わが国もいよいよ人権面においても国際的潮流に乗ることができます。しかし国内における人権関係法を考えますとき、時限立法である地域改善対策特別事業に係わる国の財政上の特別措置に関する法律（地対財特法）は、一九九七年三月三一日をもって期限切れとなる状況にあります。

浄土真宗本願寺派は、国民的課題として部落差別撤廃を目指す部落解放基本法の制定に向け、大谷光真門主を先頭に今日までの取り組みにも増して、宗門挙げて推進していくことをここにあらためて表明いたします。

との宗派談話を発表いたしました。

また、同年二月には定期宗会で次のような決議を採択しています。

「部落解放基本法制定に向けての決議」

一九六五年一二月二一日に国連総会において、「あらゆる形態の人種差別撤廃に関する国際条約

（人種差別撤廃条約）」が採択された。

遅れること三〇年、同条約は、一九九五年の国会で締結することが承認され、一九九六年一月一四日から日本で発効した。これによって、わが国も人権面においても、ようやく国際的潮流に乗ることができた。

さまざまな問題を抱えた中での批准ではあるが、この条約の基本理念に照らすとき、あらゆる差別の撤廃に向けた国内の人権関係法の改定、並びに制定をしていくことが、その内実を明らかにすることである。

とりわけ、部落差別の現実を直視する時、その差別の完全解放への道は、未だきびしいものがある。その時にあって、来る一九九七年三月三一日をもって部落差別の撤廃に一定の役割を果たして来た「地域改善対策特定事業に係る国の財政上の特別措置に関する法律（地対財特法）」の期限が切れようとしている。

いま部落差別の完全解放の為の法的整備がまさに急務である。

よって、われわれ同朋教団を標榜する浄土真宗本願寺派宗会は、国民的課題である部落差別撤廃を目指す「部落解放基本法」の制定に向けて取り組むことを、第二四四回定期宗会において決議する。

また、同朋運動の具体的な実践の一つとして、一九六一（昭和三六）年の財団法人同和教育振興会の設立と翌年の同和教育センターの開館もあげることができます。ここでは同朋運動の実践者を養成する一方、宗教と部落問題の研究に取り組み、その成果は例えば、『同和教育論究』一～一七、『シリーズ親鸞さまと歩む道』、『宗教と部落差別 関係文献・論文目録』などとして発行されています。また、同和教育センターは一九九六（平成八）年三月には「本願寺同朋センター」として新築され面目を一新しました。

さて、こうした基幹運動の推進や同朋運動の実践にもかかわらず、教団の差別体質が完全に克服されず、すでに記したような原因と背景により差別事件が生じていること、またさまざまな矛盾や課題を内包していることは先に述べた通りであります。

こうした現状を踏まえ、基幹運動のさらなる推進に向け、基幹運動本部体制の強化と充実をはかりつつ、宗教者・念仏者としてふさわしい方策によって、教団内外に改めて部落差別を許さず、親鸞聖人の御同朋の精神を明らかにするとともに、御同朋の社会を目指す基幹運動の趣旨を徹底させたいと思います。

具体的には、今年度から今後五年間に亘り実施される「基幹運動計画」の重点項目「私と教団の差別の現実を改め、真の同朋教団を確立しよう―寺院・組・教区における研修の徹底を―」に従って、第Ⅱ期の基幹運動推進僧侶研修会等の差別の現実に学ぶ学習を進めてまいります。

さらには、今回の各教区の「点検糾弾会」で示された差別の現実に学ぶ場を大切にし、他教団や関係団体の取り組みや助言に学びながら、具体的に差別法名・過去帳の再調査に取り組みます。

また、宗派の連続差別事件を契機に、教団と僧侶の差別的な体質があらためて明らかになりました。このことは「御同朋御同行」と、すべてのものは平等であるという宗祖の教えに背いたことであります。したがって、この度、親鸞聖人に対する慚愧の念を表すとともに、差別体質の克服と基幹運動推進に向けた一層の決意を表明することを目的とした法要を厳修いたします。

私たちは、先に記したさまざまな課題を克服するための歩みを教団挙げて進めるとともに、ここに記した取り組みを、特に差別の現実に学ぶ視点を常に確認しながら、親鸞聖人の御同朋の精神の充満する教団への回帰を目指す基幹運動を推進、実践せんとするものであります。

【第三章】差別法名・過去帳調査

【1】差別法名・過去帳調査の手引き

あいさつ

私たちの宗門は、自ら同朋教団を標榜し「御同朋の社会をめざして」基幹運動を強力に推進してまいりました。その一方で、一九九三年より連続する差別事件を生じさせました。

こうした中で、宗門では宗門内の全寺院を対象に「差別法名・過去帳調査」を実施することとなりました。

さて、本年三月二〇日の「基幹運動推進　御同朋の社会をめざす法要」に際しての『ご消息』においてご門主は、

このたびのご法要を機縁に、聖人のお流れを汲む私たちは、聞法者としての自覚のうえから、宗門の過去の事実を確かめ反省するとともに、同じ

願いに生きる人々とも手を携えて、同朋教団本来の面目を発揮するように、決意を新たにいたしたいと思います。

と今後の宗門の果たす役割を、あらためて述べられ、決意を新たにされました。

私たちは、この『ご消息』のお心を体し、二度と〈いのち〉の尊厳性を損なう差別を起こすことなく、差別・被差別からの解放のために基幹運動をより一層強力に推進しなければなりません。

このたびの調査は、部落差別をはじめとするあらゆる差別を克服するための第一歩と位置づけるものであります。

そのためにも、自分自身がつくりかえられ、人びとの苦しみに共感して積極的に社会にかかわってゆく念仏者のありようを明らかにし、同朋教団としての本来の姿に回帰するように願うものであります。

一九九七年四月一日

浄土真宗本願寺派

総長　松村了昌

お願い

一九八三年、宗門は、世界宗教者平和会議（一九七九年　アメリカ　プリンストン）における部落問題に関する「差別発言」を契機として、差別法名調査を実施いたしました。

この調査は、後の「『同和』問題に関する住職意識調査」のデータが示すように、寺院住職の主体的な取り組みまでには至らず、調査後に差別法名や差別添え書きが新たに確認されるなど、大きな課題を残すこととなりました。このような結果をもたらした原因の一つとして、私たち僧侶が親鸞聖人のみ教えに背き、さまざまな差別体質を内に抱えてきた事実を覆い隠してきたことが挙げられます。

宗門は、真の同朋教団をめざして、宗門の差別構造、僧侶の特権意識を改めるために、基幹運動として同朋運動を推進してまいりました。しかし同朋運動を推進する中にあっても、札幌別院の差別落書き事件などど、宗門は連続して差別事件を惹き起こして、多くの人びとを傷つけ踏みつけてきました。

『浄土真宗本願寺派連続差別事件糾弾総括書』には、

第一回の糾弾会から、糾弾要項のなかで指摘を受けてきたように、一九八三年に行われた法名調査は充分なものとはいえず、再調査の必要があることは明白であります。このことについて、そのように明白でありながら今日まで放置してきたことを、点検糾弾会で厳しく問われました。これまでに明らかになった問題点を解決し、差別・被差別からの解放を目指すため、再度の調査が求められたのです。「いつまで差別をしたままにしておくのか」という厳しい問いかけを思えば、一日も早く取り組まなければなりません。またこの再調査が、基幹運動を推進し、御同朋の社会を目指す具体的な営みになるよう取り組まねばなりません。すなわち法名再調査は、「信心の社会性」の実践として私たち教団人に与えられた課題であります。さらにこの取り組みは、法名・過去帳をとおして差別の事実を目の前にし、私と教団の差別の体質を改め、支配・管理といったなかで失われた門信徒と寺院の信頼関係を取り戻す営みでもあります。

と記述しています。

さて、このような宗門の現状を深く反省し、差別構造を改めるための取り組みとして、中央、教区、組の各基幹運動推進委員会が一体となり、再度「差別法名・過去帳調査」を実施することにいたしました。そして今調査は、基幹運動計画に掲げている「信心の社会性」の具体的な取り組みとして位置づけて、ご住職が自己申告いただくという形で実施するものであります。

この『調査の手引き』は、今回の調査の趣旨を体して、より主体的な調査を遂行いただくことを目的に作成いたしました。

何卒、本書をご活用いただき、基幹運動の一層推進のために、ご尽力いただきますようお願い申しあげます。

一九九七年四月一日

基幹運動本部長　青地敬水

目次

◆総長　あいさつ
◆基幹運動本部長　お願い
目次
一「一九八三年差別法名調査」について
1「差別法名調査報告書」から
2 法名調査の契機
3 差別記載の報告
4「免責条項」と自己告発
二「一九八三年差別法名調査」以後の経過
1 差別法名が熊本・四州教区から発見される
2 過去帳差別記載をとおして第Ｉ期僧侶研修会の実施
3 今回の調査の意義
三　差別法名について
1 差別的記載形式および差別添え書きについて
2 差別法名
3 差別につながる過去帳の記載について
4 その他
四　差別表示（記載）のある過去帳の書き換えについて
1 過去帳の取り扱い
2 過去帳書き換えの実施
3 過去帳の書き換えをなぜ行うのか
五　差別表示（記載）のある過去帳の取り扱いと今後の取り組みについて
1 差別表示（記載）のある過去帳の取り扱いについて
2 法名を本来のあり方に取り戻す取り組みを
3 過去帳をはじめ寺院帳簿のあり方の検討を
六　調査票を記入するにあたって
七　本書を使用するにあたって
八　参考資料

『御同朋の社会をめざして　寺院帳簿（過去帳）を正しく』（＊省略）

一　「一九八三年差別法名調査」について

1　「差別法名調査報告書」から

教団の差別法名調査は、一九八三（昭和五八）年三月から実施されました。これは、三年の歳月を要して、一九八六（昭和六一）年二月には、九五・二パーセントの回収率となりました。

「差別法名調査報告書」（以下「報告書」）では、《それは三年の歳月と関係者の努力によるもので、必ずしも全寺院住職の主体的な取り組みとはいえず、同朋運動に対する認識がなお不充分であることを示しているともいえます》（五頁）とのべています。

もちろん、問題への認識の広がりや啓発への一定の成果があったとも評価しています。問題点としては、当時の教区や組を介さず直接寺院に調査依頼したこと、当時の教団において「差別法名」に対する実例を十分把握されていないこと等もあって、曹洞宗の事例を参考にしたことによって結果として教団の主体的な取り組みが希薄になってしまったことなどがあげられています。

2　法名調査の契機

当時、法名調査がおこなわれた契機について「報告書」では、《直接の契機は、前述の如く世界宗教者平和会議（注『御同朋のねがい』六一頁）での「差別発言」以降、宗教界の体質が問われるなかで「差別戒名」が多量に発見され、当教団においても差別の歴史を背負い「差別法名」が存在する可能性があったからであります》（五頁）と認識しています。

この時の調査は、世界宗教者平和会議における全日本仏教会の理事長による差別発言のショックを原因の一つにあげているように、他律的におこなわれるという限界を最初からもっていました。ですから、その調査への住職各々の姿勢もまちまちでした。そして、後の『同和』問題に関する住職意識調査」（以下「住職意識調査」）によって明らかとなるように、完全な調査をせずに回答されたものが相当な件数にのぼっていたのでした。「差別法名」などあるはずがないから調査をしなかったということが、その時の意識調査の回答にあります。本来、門信徒との信頼回復をめざしたはずの調査の内実は無残なものであったといえましょう。

3　差別記載の報告

「過去帳の『添え書き』のなかに、差別を温存助長するような表示があると報告されたものが四三件あり、直ちに現地調査を実施し、差別事象であると確認されたものが」（『報告書』七頁）、最終的には二一ヵ寺でした。

ところで、『報告書』では、強制連行され、強制労働のうちに亡くなった韓国・朝鮮の人びとについて、曹洞宗の調査での実例をあげながら、宗派において『『民族差別的付記』は、ほんとうにないのかという問題』（六頁）があることを指摘しています。そして「もし、そういう付記があっても、それを差別であると気づかなかったとしたら、そういう差別に対する感覚の欠如している私たちの体質そのものが問題になるでしょう」（『報告書』六頁）とのべています。

そのように認識される状況の中での報告は、これらの寺院住職の真剣な取り組みの成果と考えられます。

4　「免責条項」と自己告発

一九八三（昭和五八）年の過去帳調査では、寺院名を公表しないことを条件に差別記載等の報告を求めるという、いわゆる「免責条項」が暗黙の了解として存在していました。

法名調査が門信徒との信頼の回復を目指すものならば、その姿勢は必然的に「免責条項」を排するものであった筈です。この「免責条項」を出した運動本部の認識、それに安堵した僧侶の意識はともに批判されなければなりません。しかし、公表するにしろ、しないにしろ、そのような法名などありえないという意識の前には、「免責条項」そのものが意味をもちえなかったといえましょう。

それらの状況の中で、みずからの問題意識から、過去帳における差別的記載を自己告発した住職がありました。そのことは、その誠実さこそが門信徒との信頼回復の道であることを明らかに示しました。

二 「一九八三年差別法名調査」以後の経過

1 差別法名が熊本・四州教区から発見される

一九八三（昭和五八）年の調査以後に、差別法名が相次いで発見され、調査の不十分さが明らかになってきました。

一九八四（昭和五九）年一月、京都市内で開催された「部落差別と宗教研究会」の席上で、熊本県の同和教育研究サークルの会員より、「差別法名の疑い?急がれる本格的調査」との報告がありました。これを受けて教団と教区は連携して墓石並びに過去帳の調査研究を進めました。また、現地の皆さんと学習会を継続して行い、その結果、被差別部落の門徒の墓石、「釈尼妙椫信奴」という法名は、差別法名であると確認されました。墓石の「信奴」の「奴」は奴隷の奴であり、奴卑（ぬひ）の奴であり、明らかに差別文字が刻まれているのです。また墓石の法名のうち、「妙椫」の「椫」は判読の難しい文字ですが、死亡されている方の俗名が「セイ」であり、異体文字の類似の字から判断すると、「椫」は「誓」であると判断されます。過去帳には「釈妙誓信女」とあり、差別文字は用いられておりませんが、現実に墓石の前に立って、ご遺族や関係者の方の心境に思いをいたすとき、差別法名の認識を新たにすることです。この墓石は過去帳通りの法名を刻んで改製されました。

また『親鸞大系』（第十一巻）所収の論文において、四州教区において「法名としてはどうかと思われる文字が多く使われている」との指摘がありました。そこで、一九九〇（平成二）年六月、過去帳の確認と法名の分類を行った結果、「釈尼妙層」などを差別法名であると確認いたしました。

四州教区においては、「当該寺院のみの責任とは考えず、本願寺派寺院の差別構造や差別体質が、このようなあらわれかたをしたと受け止め、いたみと懺悔の心をもって、教区全寺院の問題として取り組む」ことを、共通の課題として今日に至っています。

2　過去帳差別記載をとおして第Ⅰ期僧侶研修会の実施

一九八三（昭和五八）年の調査によって、過去帳に差別記載が多くあることが判明いたしました。そうした中で広島県内の一住職から、「過去帳の中に重大な差別記載があることについて、深い反省と、部落問題解決への努力を誓う」との自己告発が、部落解放同盟広島県連合会になされました。このことから広島県に関わる備後教区、安芸教区では「当該寺院だけの問題ではなく各寺院、各住職一人ひとりの問題である」ことを確認しながら、一九八五（昭和六〇）年一〇月より、糾弾学習会が開催、継続されてきました。

この糾弾学習会は、八八年一〇月までの三年間に七回開催されました。その中で自分自身が気づかないまま差別意識を持っていること、信心が単に心の問題として観念の中に押し込められて生活とかけ離れていること、伝統の名のもとに封建教学を踏襲して差別を再生産し温存していたこと等が浮きぼりにされました。

一九八八（昭和六三）年一二月、備後教区、安芸教区、部落解放同盟広島県連合会の三者が、膝を突き合わせての取り組みと深まりを求めて、「同朋三者懇話会」が発足しました。そこでは真摯な研鑽と討議が重ねられています。その成果として、教義理解の問題として整理されたのが、「真俗二諦」、「業・宿業」、「信心の社会性」という三つの課題でした。

この三つの課題を研修テーマとして、一九九二（平成四）年度より、第Ⅰ期基幹運動推進僧侶研修会が始められ、現在では第Ⅱ期基幹運動推進僧侶研修会として受け継がれています。

3　今回の調査の意義

このたびの各教区での点検糾弾会においても、当時の回収率九五パーセントがとりあげられたとき、残りの五パーセントに問題があるのではないのかという指摘をうけた教区がありました。

調査後に行われた「住職意識調査」で、差別法名調査において「過去帳を調べずに無いと記入した」というのが、二四パーセントにのぼることが明らかになりました。このことから、まさに、九五パーセントの回答にも問題があったことは明らかです。また、未提出寺院へ対応をしなかった基幹運動本部や教区の姿勢、また記入をした各住職の取り組み姿勢は、厳しく反省されなければなりません。

現在の状況としては、熊本教区、四州教区からの新たな差別法名の報告や研修の深化により、差別法名について認識は前回より明確になってきています。

さらに、第Ⅰ期、第Ⅱ期と僧侶研修会を継続していくなかで、参加した僧侶の意識は確実に変化してきています。特に「信心の社会性」は、学びを深めれば深めるほど、その実践が問われるものでありました。その意味で、今回の調査こそ、「信心の社会性」の具体的な取り組みであることをしっかりと確認しておきたいと思います。

三　差別法名について

同朋教団を標榜する私たちの教団の歴史において、現世の差別的身分秩序を教団制度の中に取り込んできたのは明白な事実です。（『御同朋のねがい』第二章以下参照）

その私たちの歴史が刻まれているものの一つが過去帳です。調査の流れにそって、まず、過去帳の記載形式から点検してみましょう。

1　差別的記載形式および差別添え書きについて

土地台帳でありながら身分の記載も行われていた近世の検地帳などでは、初期の段階で、一冊の中に被差別部落の人びとも混在しており、身分を判別するのは肩書きだけでした。それが時代を経て、帳面末尾にまとめて記載されるようになり、最後に、別に一冊作られるようになっていきます。過去帳も、そのような形式を踏襲したであろうことは想像できます。また、一八七一（明治四）年のいわゆる「解放令」以降、表だった差別的記載ができなくなっていく中で、他の門信徒と区別する意図から印や記号がつけられた場合も考えられます。

被差別部落の門信徒として明確に認識することのできる記載形式を以下に列挙します。

① 被差別部落の門信徒の過去帳だけを別冊としてある。

いわゆる「別帳化」です。表題等に差別的記載がなくても「別帳化」だけでその差別性は明白です。

② 被差別部落の門信徒の法名を、過去帳末尾にまとめて別に記載してある。

「別帳化」の前の形式と考えられていますが、差別性は同じです。

③ 被差別部落の門信徒の法名を、各年次の末尾に一行あけるかページを変え別部として記載してある。

④ 被差別部落の門信徒の法名だけを一字下げて記載してある。

⑤ 過去帳を上下二段にわけ、被差別部落の門信徒の法名だけを下段に記載してある。

以上は、それぞれ記載の形式によって差別を明確化したものです。

⑥ 被差別部落の門信徒には、それとわかる印がつけられている。（朱点、朱の傍線など、その他、被差別部落の門信徒のみにつけられている印・特定の文字等がある。）

印や記号については、現在では、意味不明となっているものでも慎重に確認してください。

⑦ 被差別部落の門信徒であることがわかる添え書きがある。

【例】「穢多」、「新平民」、「新民」、「非人」、「非人番」、「下輩」、「下の者」、「革（皮）田（多）」、「草田（多）」、「革師」、「茶筅」、「新連」、「同連」、「長吏」、「長林」、「兆林」、「猪駄」、「細工」、「西工」、「藤内」、「皮坊」など。

その他、これらがカタカナや当て字で表記されているものや、その地方で流布している被差別身分の呼称の記載、また地区の地名（字名）が記載されている場合が報告されています。

⑧ その他の形で被差別部落の門信徒とわかる差別的記載形式がある。

2 差別法名

法名の「釋○○」という名乗りは、中国東晋の僧、道安の提唱によるといわれます。釋を姓とするのは、優波離尊者が出家されるときに語られた釈尊のお言葉（増一阿含経）からであれば、法名を名乗るのは、カーストなどの一切の差別を否定された釈尊の平等の精神を、自らの生き方とするという決意の表明でもあります。それにもかかわらず、「差別法名」がつけられたという事実があります。私たちは、それをつけてきた者の責任として、今、その事実を明らかにしなければなりません。

それでは「差別法名」とは、どのような法名を言うのでしょうか。「差別戒名（法名）」について、『部落問題事典』は次のように定義しています。

「仏門に入った者や、死者に対し、その人の生存中の社会的身分や職業などを参考にして、分け隔てて位階をつくり、とりわけ被差別者に対して悪意を込めて名づけられた仏教徒名のこと。」

差別法（戒）名と「手引書」

差別法名がその時々の寺の住職や僧侶により、思いつきで差別的な文字を用いてつけられたのではないことは、仏教界に差別法（戒）名の「手引書」があり、広く流布していたことで明らかです。その「手引書」を参考にして説明します。

各宗派における「手引書」のよりどころとなったのが『貞観政要格式目』といわれるものです。これは、室町末期の写本が現存しています。そこには、中世賤民である当時の職人層に対して「三家者位牌」として差別的な戒名（位牌）の作り方を指示しています。これを参考にして、近世当時の身分制や職業を反映させながら、『禅門小僧訓』（曹洞宗）や、『無縁慈悲集』（浄土宗）が作られていきました。

私たちの教団においては、このような「手引書」の有無はまだ確認されていません。ただし、なかったとしても、他宗派の「手引書」を参考にしながら法名をつけたことも十分に考えられます。

『貞観政要格式目』（「三家者位牌」）

「連寂　白馬開壙　某甲　革門　卜旲」

その説明では、仏教伝来の白馬寺の故事を引いて、これは、その馬の戒名であるとしています。「連寂」は運搬用の帯紐（おびひも）のことで、行商人を意味しています。「開壙」は、墓守りのことです。また、「卜」は、「僕」、旲は「霊」の異体字といわれています。

ところで、この説明では中国の故事が大仰に引かれていますが、「連寂」は日本中世の行商人の「連雀」商人であり、また「卜旲」の「卜」は「歩」の異体字で、十分の一を表しているとする説もあります。つまり、霊（仏性）が十分の一しかないということを意味するものだというのです。

『禅門小僧訓』や、『無縁慈悲集』においては、これを参考にしながら、さらに細かく職業や身分によって差別戒名がつけられることになるのです。そして、近世には、「白馬開壙」の四字が除外され、短い戒名になっていきます。

このように、差別戒名では、戒名あるいは位号の中に、賤称語や、生前の身分・被差別部落の職業等を連想させる文字が用いられています。具体的には、現在次のような漢字が知られています。

「畜」、「蹄」、「屠」、「僕」、「卜」、「僮」、「革」、「草」、「連」、「閂」

「草」は「革」のくずし字によく似ていて、「革田（かわた）」と書くところを「草田」と書いている近世の検地帳があります。「閂」は「門」の中に「一」の字を加えて「かんぬき」の意味を表しています。その他、卑しめるような意味をもつ漢字や動物を表す漢字が使われています。また、略字や異体字が多く使われています。略するということは、扱いが疎略であることを意味すると考えられます。

①「差別法名」のつけられているもの。

○「差別戒名の手引書」に由来するもの

【例】「連索・連寂（蓮に変えられているものもある）」、「開壙」

○「穢」、「悪」、「屠」、「革」、「蹄」などの差別的な文字の使用されているもの。特に、当時賤業とされた職業を連想させるような文字の使用されているもの。

【例】「妙屠」、「成蹄」、「妙蹄」、「猪貫」、「革心」

○使用されている文字の画あるいは部首などを、故意に落としてあるもの。

○他の法名に使われていない異体字が使われているもの。

＊真宗の法名は、「釈○○」または、「○○院釈○○」です。「信士・信女・居士・大姉」などの位号は用いません。しかし、今回の調査では、地域の歴史や慣習等を考慮して、位号や置き字なども含んで、過去帳に記載してある全てを調査対象としています。

②「位号」に差別記載があるもの。

○「畜」の字を用いたもの。

【例】「畜男・畜女」、「玄田」（畜の字を二つに分けたもの）など。

○「革」、「草」を用いたもの。

【例】「革男・革女」、「草男・草女」など。

○隷属的な身分にあったことを示す文字が使用されているもの。

【例】「僕男・僕女」、「撲男・撲女」、「僮男・僮女・僮子」、「僮卑・僮婢」、「穢婢女」、「隷男・隷女」

○人間性を否定するもの。

【例】「善似女」、「離畜成人」など。

○「信士・信女」などであっても、被差別身分の人びとだけに使われている場合（または、使われていない場合）

③法名の「文字数」において差別記載があるもの。

○被差別部落の法名の字数を、一般地区の字数より減らしたもの。

○被差別部落の法名の字数を、一般地区の字数より増やしたもの。

3　差別につながる過去帳の記載について

法名には、なんら差別的な文字が使用されていないのに、添え書き等の記載によって被差別身分であることが判明する過去帳があります。それは、具体的な名称であったり、または、記号であったり、その他、さまざまな事例があると思われます。その判断の基準としては、記載されている内容が知られることによって、その遺族・子孫が差別を受けたり、また、明らかに不利益をこうむると考えられるものです。(＊部落差別につながる添え書きについては、本書三―1参照)

① 差別されてきた歴史のある死因・病気等の添え書きがあるもの。

【例】「心中」、「刑死」、「獄死」、「縊死」、「癩病」、「伝染病」、「遺伝病(あるいは遺伝すると思われていた病名)」、「癲癇」、「精神の障害に関するさまざまな呼称」などの呼称。

② 国籍あるいは民族の差別的記載のあるもの。

【例】「鮮人」、「半島人」、「南鮮」、「北鮮」、「蛮人」、「蛮族」、「土人」、「旧土人」などの呼称。

③ 職業の差別的な記載があるもの。

【例】「遊女」、「女郎」、「寺男」、「開墳」、「穏亡」などの呼称。

④ 出生に関する記載のあるもの。

【例】「私生児」、または、「出生の秘密」に関するもの。

⑤ 族籍の記載のあるもの。

【例】「士族」、「平民」などの族籍。

＊特に、過去帳に一般的に族籍の記載があるのに、記載の無いものがある場合などに注意を要する。

4 その他

「差別過去帳」については、記載内容や記載形式について、以上の条件でかなり突き止めることができるはずです。しかし、現在明らかになっている事例から抽出された条件ですので、すべてを網羅しているとはいえません。

また、以上から明らかなように、法名や添え書きに必ずしも差別的な文字が使用されているとは限らず、かえってその過去帳だけに特徴的な方法で記載されている場合があると思われます。それで、他の門信徒と区別する必要性もないのに、過去帳において区別しているようなところがあるものを、みずから提起していただきたいのです。

四　差別表示（記載）のある過去帳の書き換えについて

1　過去帳の取り扱い

宗門における過去帳の取り扱いについては、一九八六（昭和六一）年に、同朋教団の宗風に反しないよう、総局告示第一七号『過去帳又はこれに類する帳簿の取り扱い基準』が制定されました。この「取り扱い基準」は、寺院の過去帳が身元調査に利用されるなどのことのないように、閲覧を禁止することと、偏見や差別の人権侵害につながるような事項を記載しないための措置として制定されました。そして身近な差別を解消する取り組みの一つとして「同宗連」の一員として、「身元調査お断り運動」を展開してきたことなどをもう一度再確認して、今後の取り組みを進めていかなければなりません。

2　過去帳書き換えの実施

前回の一九八三（昭和五八）年の差別法名調査のおり、差別添え書きのあった過去帳については、一部事項の抹消や訂正ではなく、全面的な書き換えを行いました。そして原簿は帯封をして厳重に保管するという措置をとりました。

今回の再調査においても、差別法名、差別添え書き、門地、本籍地、出生の別、及び差別となる国籍、死因等、偏見や差別の要因となる表記、その他の差別表示が明らかになったものについては、「取り扱い基準」の第七条の規定に基づいて、過去帳全体の書き換えを行います。

書き換えの実施にあたっては、基幹運動本部・教区基幹運動推進委員会・組基幹運動推進委員会が一体となって、当該寺院の住職及び組の代表者も参加して、今後の運動の取り組みとして十分に協議し、組における基幹運動推進の一環として主体的に書き換えに取り組んでいきます。

特に差別法名が明らかになった場合には、当該のご門徒には事情を説明してお詫びをすることを忘れてはなりませんし、その趣旨を十分にご理解いただく話し合いの場を設定することも必要でしょう。また、関係団体・機関、場合によっては他宗派との連携が必要になることも想定されます。

さらに、差別法名が明らかになった場合には、墓石も十分に調査確認し、差別墓石の存在が確認された場合には、ご門徒や地域関係者の方がたに誠意のある対応をし、状況に応じて改正を進めていかなければなりません。

3 過去帳の書き換えをなぜ行うのか

過去帳における差別記載は、単なる過去の過ちというものではなく、現在の教団がもっている差別とそれを温存助長する体質を表しているものであり、同朋教団の本旨に背反していることを、まず誠実に受け止めなければなりません。ですから、「古いことだから、このままそっとしておけば」ということにはなりません。

差別の事実を正確に把握し、この再調査を契機として、差別事象を根絶するために書き換えを実施します。

五 差別表示（記載）のある過去帳の取り扱いと今後の取り組みについて

1 差別表示（記載）のある過去帳の取り扱いについて

差別表示のあった過去帳は、「取り扱い基準」の規定に基づいて書き換えをし、原簿は厳重に保管をして閲覧を許してはなりません。それは、身元調査などを阻止するためであり、また寺院内部において偏見や差別を受け継ぐ恐れがあるからです。

また一方では、一部を削除したり、焼却して抹消したりして、差別の事実をかくすことなく、重く受け止めてその責任を担い、過ちを改め、御同朋御同行の精神に基づく本来の寺院に立ち返るための取り組みを進めていくためであります。

2 法名を本来のあり方に取り戻す取り組みを

「仏弟子としての法名」が「死後の名前」と受け取られ、しかも故人の生前の功績や地位や名誉を表すもののように思われ、住職もそれに応じて、正規の「釈○○」の上下に位号等の文字をつけ加えている地域もあります。

こうした教区では、教区基幹運動推進委員会を中心に十分に協議して、僧侶の認識と連帯を深め、規定通りの法名に改めていかなければなりません。また、法名を記載する位牌の問題、法名と関連する院号の問題、僧侶の場合、法名の下に「法師」や「教師」を付加する地域もあるなど、教団全体の問題として十分に検討して、本来のあり方に立ち返るよう取り組んでいきましょう。

3　過去帳をはじめ寺院帳簿のあり方の検討を

「過去帳差別記載」という過去帳の歴史とその果たしてきた役割をまず直視したいものです。そして、その背景となった教団の長い差別の歴史の反省を含めた視点に立って、過去帳の現実を見直していくことが求められております。そして、過去帳をはじめ、寺院備えつけの帳簿の本来のあり方を共に検討していかなくてはなりません。

このたびの再調査では、そういう意味で、皆さまの考えをお尋ねする欄を設けましたので、ご協力くださいますようお願いいたします。

基幹運動本部では、住職がた（または過去帳管理者）のご意見を集約して、今後の皆さまの協議に資すべく、これをもとに研究していく予定でおります。寺院の過去帳をはじめ、その他の備えつけ帳簿の本来化への整備を、ご門徒の方がたと共に話し合っていくことができるようになれば、それこそ寺院の本当の活性化といえるのではないでしょうか。

以上、私たちが今後取り組んでいかなければならないさまざまな課題は、同朋教団としての、本来性、独自性を回復すべき課題であり、「信心の社会性」の具体的な取り組みとしていかねばなりません。

六　調査表を記入するにあたって

①　調査表は、一般的な過去帳等を想定して調査の流

れを考えていますが、個別の様式のある寺院の場合は、調査表の順序にはこだわらないでください。

② 法名については、位号や置き字なども調査の対象となっています。過去帳には、二字法名だけなのに、墓石には位号や置き字が加えられている場合もあります。

③ 異体字や俗字などを具体的に記入する際は、正確にお願いいたします。

④ 本書であげました差別の具体的事例は、すべての事例を網羅したわけではありません。現在までに発見されたもの、または、現在考え得るものをあげています。本書からの学びを通して、疑問と思われるものを含めて、自主的にご記入いただきますようお願い申しあげます。

⑤ 最後に、これらの学びと調査を通じて、現在の法名の在り方、もしくは、未来の法名の在り方へのご意見・ご提言をお書きください。

七　本書を使用するにあたって

本書には、調査に利するだけでなく、「差別法名」から私と教団の差別の現実を学んでもらうために、さまざまな角度から差別語等の差別の具体的事例を列挙しています。これらの言葉や事例が被差別の人びとを傷つけ、踏みにじってきたことは紛れもない事実です。本書は差別の現実に学びながら、差別・被差別からの解放のための取り組みを一層推進するためのものです。本書が、差別の再生産や拡大につながらないためにも、本書による学習をされる方がたの慎重な取り扱いをお願いするものです。

【2】差別法名・過去帳再調査について

去る、一九八三年に実施した「差別法名調査」は、結果的に九五・二％の回収率をみました。しかし、残りの四・八％は現在まで放置したままであり、またその後の一九八八年に実施した『「同和」問題に関する住職意識調査』のデータが示すように「差別法名など無いはずなので見ずに答えた」が二四・一％もあることからも、調査の方法等に大きな問題点や反省点を残す形となりました。その後熊本教区の差別法名墓石や、四州教区内で「差別法名」が発見されたことで、先に実施した「差別法名調査」の不正確さが明らかになりました。

一方、近時連続して差別事件を引き起こした教団は、その差別体質を部落解放同盟から糾弾されるなど社会的責任が問われました。その反省と自覚の上に立って、「差別法名・過去帳調査」を再度実施することになりました。今回の調査は、前回の調査の不備な点を克服し、「基幹運動推進」を掲げて基幹運動本部、中央基幹運動推進委員会、教区基幹運動推進委員会、組基幹運動推進委員会が一体となって、教団全体の取り組みとして行うこととなります。一九九六年度の「基幹運動計画」は、「信心の社会性」を明らかにすることを掲げ、長期的な展望に立ってスタートしました。今回各教区で行う調査は、この「信心の社会性」の具体的な取り組みとして位置づけるものであります。

一九九七年度「差別法名・過去帳調査」について

一、教区における事前学習会
・期間　一九九七年五月～六月
・主催　各教区基幹運動推進委員会
・講師　中央基幹運動推進相談員
・対象　教区相談員・組長・組相談員・僧侶研修会講師団・基幹運動推進者養成研修会修了者

二、組における事前学習会
・期間　一九九七年七月〜一〇月
・会場　組内寺院、教務所、別院等
・主催　各組基幹運動推進委員会
・講師　教区主催の事前研修会受講者
・対象　住職、坊守、衆徒

三、調査
・差別法名調査方法………今回の調査は、基幹運動計画に掲げる「信心の社会性」の実践的取り組みであります。従って、基幹運動推進をはかるうえから、各寺院住職の自己申告の形をもって調査を行います。
・調査期間………一九九七年一一月一日〜末日
・各組における提出………各寺院では、所定の「差別法名・過去帳調査」報告様式にともない、各寺院住職及び代務住職の責任において記入いただき組長に提出します。

実施要項より抜粋

『Ｓａｔｔｖａ』第五号（一九九七年六月三〇日発行）

【3】差別法名・過去帳調査　教区事前学習会を終えて

各教区におきましては、本年、五月〜六月の二ヶ月に渡り、差別法名・過去帳調査教区事前学習会が開催されました。（ただし、安芸教区は七月、沖縄開教地は九月実施）

その教区事前学習会では、今回の調査についていろいろなご質問・ご意見が出されました。その中でも特に多く寄せられた質問事項と、各教区で出された主な意見を掲載しました。

〈質問の多かった内容〉

○位号についても報告するのか。位号も書き換え対象となるのか。地域によって慣習的につけられているのが現状である。今回の調査では差別性がなければ対象外となるのか。

○院号については、本山も交付しているのだから問題ないと考えてよいのか。本山における院号授与についてどう考えているのか。

○住職・坊守の法名に、法師、法尼をつけている地域があるが、どうするのか。

○女性の法名に「尼」がついている場合、差別対象となるのか。

○本願寺から「軍人院号」が下がった、この「軍人院号」も調査対象となるのか。

○他宗から転派してきた門徒の法名や位号はどうなるのか。

○膨大な過去帳の一部に差別記載があってもすべて書き換えとなるのか。

○規定以外の法名はすべて報告するのか？

○死因の添え書きはすべて報告するのか？

○屋号・本家・分家の記載は差別に該当するのか。

○軍人階級が書いてあるものがあるが、それも差別として報告するのか？

○「調査表」を提出すれば、教区からの報告書だけでなく、「調査表」を第三者に直接見せることになる可能性はないのか？

○解放同盟に報告した場合、そこから情報（寺院名）が流れることはないのか。「解放新聞」や同盟の機関誌に寺院名が公表されることはないのか。

○判読不明な文字についてはどうするのか？

○墓石についてはどこまで調べるのか？

○当該のご門徒が「そのままにしておいてほしい」と言われた場合、どうするのか。

○未提出寺院への対応はどのようにするのか。

○出版部発行の過去帳には、世帯主の記載があるが、それはおかしいのではないか。

○「手引き」三〇頁に「法名を本来のあり方に」とあるが、「本来のあり方」とはどういうことなのか？

○過去帳の管理という事柄について、書き換え終了後、封印した過去帳を基幹運動本部で保管するというが、そのような権限が基幹運動本部にあるのか？また、法的な根拠があるのか？

○自主的な取り組みという趣旨からすると、「調査表」を本部が回収するのはおかしいのではないか。

○「手引き」二一頁にある「草」「連」がなぜ差別につながるのか理解できない。

【その他意見】

○長い法名をつけることによって寺院の経済が成り立ってきたという部分がある。それを否定することは難しい。

○どれが良くて、どれが悪いのか、はっきりしないので、もっと統一してほしい。

『Ｓａｔｔｖａ』第六号（一九九八年一月三一日発行）

【4】各教区　法名・過去帳調査　事前学習会協議内容一覧

北海道教区

日時　五月二七日（火）一五時～一七時

会場　札幌別院　参加者　四〇名

○本山では院号法名をどう理解しているのか

○略字を使われていることが、必ずしも扱いが粗略であるということには結びつかないのではないか。

○前回の調査では莫大な経費を費やして粗末な結果であり、その際まじめに積極的に調査した住職に先ず責任者から謝罪があるべきなのに、そういったものも何もなく、またこのような調査を莫大な経費をともない実行することの謝罪と説明が責任者からされるのが先決ではないか。

○『調査の手引き』にある「仏門に入った者や、死者に対し、その人の生存中の社会的身分や職業などを参考にして、分け隔てて位階をつくり、」を基本にするのか、その続きである「とりわけ被差別者に対して悪意を込めて名付けられた仏教徒名のこと。」というところを基本に立つのか。

○位号のすべてを報告する必要があるのか。

○生前、寺につくした人の過去帳にその功績を書くことも差別と判断するのか。そうなれば、寺に寄進したものに名前や法名を入れるのも差別となるのではないか。

○過去帳や添え書きは、記録という意味合いで捉え、記録として死因等も書く場合もあると思うが、それは、五年後一〇年後の法話等に話させていただくものであり、決して差別の意味合いで書いているとはいえない。参考までに関係者のみが見る控えとして書いているものも差別と見るかどうか。

○『調査の手引き』の中にある、差別法名の場合に用いられる文字を悪意無く、知らずに使っている場合もあるのではないか。

○『調査の手引き』の「悪意を込めて名付け～」とあるが、今回は悪意があろうと無かろうと、将来的に差別につながっていく可能性があるものは、差別として扱うのか。
○現時点で差別につながる可能性があるものをすべて差別と判断するのは無理があるのではないか。

東北教区

日時　五月二三日（金）一一時～一五時三〇分
会場　仙台別院　参加者　二〇名

○現在推奨されている過去帳に該当しなければ、すべて書き換えの対象となるのか。
○法名に付随する「尼」の文字についてはどのように扱うのか、本山の見解は。
○他宗派から転派された方の法名についても、同様に調査するのか。
○判読不明の文字について、対応できるような機関はあるのか。
○門徒宅にある過去帳については、どう取り扱うのか。
○閲覧禁止の期間はどのくらいか。記載のあった過去帳の保管についてはどこが行うのか。
○過去帳又はこれに類する帳簿の取り扱い基準第6条（閲覧禁止）の法的措置について。
○歴史的に、戸籍に族籍を記載するよう国が指導したことがあるが、その時期の記載についてはどう考えればよいか。
○軍人院号についてはどう考えているのか。
○住職が不在、病気等によって調査不能な場合の措置は。
○「茶筅」「新連」等がなぜ差別につながるのか理解できない。もっと『調査の手引き』を具体的にできないか。あるいはもっと充実したマニュアルが作成できないか。
○同じ言葉でも、歴史・時代背景によって意味が異なるので、一概に差別につながるとはいえない。
○位号が記載されていても書き換え対象となるのか。
○女性と男性が生理的に違いがあるのであるから、法名においても多少の違いがあるのは仕方ないのではないか。
○調査は今回きりで終わりとしてもらいたい。

東京教区

日時　六月一七日（月）一三時〜一四時五〇分

会場　築地別院　参加者　六〇名

○今回の過去帳調査によって、最終的に「書き換え」をして果たして問題の解決になるのか。拭い去ることが出来るのか。

○墓石調査については、どの範囲までを調査の対象とするのか。

○「院号」「四字法名」等は、地域によっては生業として経済的な関係にあり、この問題を解決することは極めて困難である。

○今回の調査は被差別者の立場である「いつまでもそのまま放置しておくのか」という言葉を前提に論議をすべき。

○前回の調査が事務的であり、評価が相対的に悪いとの説明であったが、前回の調査によって「三者懇」が誕生し今日の基幹運動の歩みがあるのではないか。前回が駄目だから今回再度行うのは理に合わないのではないか。

○今回の調査は自己申告の形であるが、実際には悉皆調査の形で、第三者が寺院に入り込んで調査をしないと本当の意味の調査の結果は出ないものと思われる。

○前回の調査は、全日仏からの他律的な依頼によって調査をし、今回も点検糾弾会がその発端である。あくまでも外圧に左右されずに、今後は自主的な対応を望みたい。

○過去帳の書き換えが提示されているが、過去帳は寺院にとっては極めて貴重な公文書である。文書を改ざんすることは、公文書の偽造ではないのか。

○前回の調査は、二ヵ寺で「差別添え書き」が報告されたはずである。その後の対応はどうなっているのか。今回で一〇年を経過したが、何度やっても結果は同じで人間生きている間は差別はなくならないのではないか。

○解放同盟の指摘によって動くようでは本当の運動ではない。もう少し毅然たる態度で望んでもらいたい。

○過去帳は過去のものという考えもある。しかし、実際には差別を受けるケースもある。差別はなくならないと言いながら差別を作っているのが人間ではないのか。解放同盟のほとんどの人々は我が門徒であることを認識すべきであり、その現実の差別の声に耳を傾けそれを出発点としたい。
○何のための調査なのかをハッキリさせてもらいたい。

長野教区

日時　六月二〇日（金）一〇時三〇分～一五時
会場　長野別院　参加者　六〇名

○過去帳管理責任者（住職）が老齢、不在で調査を実施できない場合の対応について。
○位号について、どれが差別につながるのか判断しにくい。
○規定以外の法名はすべて報告するのか。
○何が差別につながるのか把握しにくい場合はどうするのか。
○院号について、本山も交付しているのだから問題ないと考えてよいのか。
○いわゆる被差別部落でない地域においても二字以上の法名が確認されるが、これも差別とみなし書き換え対象となるのか。
○膨大な量の過去帳の一部に差別記載があってもすべて書き換えとなるのか。
○従前発見された差別記載について、その対応は終結に向かっていると思う。今後は、規定以外の法名についての学習をしてゆくべきでないか。
○現在の規定で過去のことを調査することは、無理があるのではないか。総局告示第一七号によって、取り扱い基準が制定されて以降の調査取り組みとしてはどうか。
○A組に関しては、廃仏棄釈で揺れ動いた経緯があり、明治以降、長い法名をつけることで寺院が成り立ってきた部分もある。また位号についても、門信徒の方々の理解を得たうえで記載している。この経緯すべてを否定し、書き換えについて全門信徒の理解を得ることは不可能である。
○学習会に出て来ない過去帳管理責任者に対しては、

何か罰則でも設けなければ、調査が滞るのではないか。

国府教区

日時　六月二三日（月）一四時〜一七時

会場　国府別院　参加者　二〇名

○住職・坊守が死亡したときには院号が授与されるのに、門徒が死亡したときには何もない。本山における院号授与についてどのように考えますか。

○いま、あげられている差別語が、なぜ差別語と言えるのか、その根拠はどこにあるのか教えてほしい。

○六字・四字法名がどの程度流布しているのかということを、本山では、どの程度まで把握しているのか。

○別の教区で、ある住職が「釈〇〇」という法名に統一していこうとしたら、門徒から抗議をされたということを聞いたことがある。

○位牌にも、様々な表記があるが、それも調査の対象としないのか。

○調査の対象は門徒のものに限るのか。

○前回の調査では、死因については調査していないのか。また、法定伝染病（腸チフス等）の場合にも調査の対象となるのか。

○取り扱い基準で決められているもの以外は、すべて報告するのか。

○代務等で過去帳の所在がわからない場合はどうすれば良いのか。

○自主的な取り組みという趣旨からすると「調査表」を本部が回収するというのはおかしい。教区・組にまかせるといいながら、本部がもう一度点検するのかという疑念が残る。

○「調査表」を提出すれば、教区からの報告書だけではなく、調査表を直接第三者に見せるということになる可能性はないのか。

○「調査表」は各寺院に返却してはどうか。

○「調査表」の提出先は、教区基推会長ではなく、教務所長でよいのか。

新潟教区

日時　六月二〇日（金）一三時～一六時三〇分

会場　与板別院　参加者　二〇名

○今回の調査実施にあたり、ご門徒に対して、かかる事柄について報告を行うべきなのか。

○差別記載過去帳の調査と確認を終えた後、教区基推委常任委員会等において認定作業を行うというが、「等」とは具体的に何をさすのか。

○住職より差別記載過去帳について報告された後、組長から教務所長へは、どのような形で報告をするのか。例えば、文書をもって報告するのか、即座に電話にて報告するのか。

○報告書（組長が取りまとめるための報告用紙）様式は、事務局で作成していただけるのか。

○各寺院に配布しなければならない資料の送付は、組長の事務軽減をはかるためにも、でき得る限り一括して行っていただけるよう考慮願いたい。

○死因の添え書きは、すべて報告するのか。例えば、「チフス」「入水」といった添え書きは、今回の調査では対象となるのか。

○地域によっては位号は、習慣的につけられているのが現状である。今回の調査では、差別性がなければ、対象外となるのか。

○今回の調査では、差別の事実を覆い隠し寺院や教団の責任を回避してきた「免責条項」を取り払うということである。しかしながら例えば、寺院名の公表には協力しないという住職には、いかに対応をすべきか。

○「組の事前学習会には、参加しない」「今回の調査には、協力しない」という住職には、いかに対応をすべきか。

○過去帳の書き換えについては、差別記載が一ヵ所であっても、すべてを書き換えるのか。

○差別記載が確認された後、遺族に対して報告（謝罪）を行うのか。また具体的には、どのような形で行うのか。

○差別記載が確認された寺院名を、運動団体に対して報告を行うのか。また、調査に非協力的な寺院についての報告は、いかにすべきなのか。例えば、調査に協力いただくため、非協力的な寺院には、運動団体に当該寺院名を報告する旨、事前に報告してもいいのか。

○代務住職に対しても、調査の依頼を行うのか。

富山教区

日時　六月一〇日（火）一四時～一七時

会場　富山別院　参加者　二八名

○過去帳は第三者に見せないものであるから、住職しか見ないので、事を荒立てる必要はないのではと言う意見も出るのではないか。

○事例にないような事象が出てくると思うが、何をもって判断すればよいのか。

○士族・平民、本家・分家、屋号が記載されている場合どうするのか。

○本家・分家については、単に分類として付けているが、差別になるのか。

○門徒にその家の何代目だとか、先祖のことを尋ねられたとき、添え書きが役に立つ。差別の意志があって初めて差別添え書きになるのではないか。

○住職・坊守の法名に、法師・法尼を付けている地域があるが、どうするか。

○墓石についてはどこまで調べるのか。

高岡教区

日時　五月二三日（金）一三時三〇分～一七時

会場　高岡会館　参加者　三〇名

○調査表が組長を通じて各住職に配布されるのが、七月上旬になるということである。また、事務提要では、組事前学習会の開催期間を七月～一〇月に設定している。六月に既に組の事前学習会を開催予定であるが、調査表の配布以前に事前学習会を開催しても差し支えないのか。

○差別記載過去帳が確認された場合、当該する遺族に報告、謝罪しなければならない。もし遺族側から、「そっとしていただきたい」旨の返答があった時、いかに対応すべきか。
○報告書様式（組長取りまとめ用）は、いつ配布されるのか。
○前回調査の過ちを、再度繰り返すことはできない。調査終了後の運動の方向性を、教団は考えているのか。
○組の事前学習会開催に際し、僧侶研修会など、同朋運動関係の研修会に常時参加しない寺院に対して、今後いかに対応すべきかが課題である。例えば、罰則規定等を設けることはどうか。
○用務等でやむを得ず事前学習会に参加できなかった場合、参加一〇〇%をめざし、再度教区で開催するなどの方途を考慮すべきではないか。
○糾弾会では、差別問題を私の問題、教団の問題として受け止めてこなかった体質が問われた。高岡教区三一〇ヵ寺にいかに伝えていくかが私たち（当学習会参加者）の課題である。
○前回調査で使用した調査表と、今回調査で使用する調査表との違い（ねらい等）を教えていただきたい。
○調査表設問6の選択項目にある「使用」の概念について教えていただきたい。
○組の事前学習会の参加対象者に、門徒総代も含めるべきではないか。
○住職、坊守などの寺族の法名に関して、「法師」「法尼」という位号をつける習慣があり、また過去帳には記載されず、「法名牌」として寺院に残されている場合がある。今回の調査では、このような場合も対象になるのか。
○女性の法名に尼がついている場合、差別法名となるのか。
○位号をつける習慣があるが、調査の対象となるのか。

石川教区

日時　五月一二日（月）一一時～一四時一五分

会場　金沢別院　参加者　二一名

○戦死公報が遅れ、戦後何年か後に本願寺から「軍人院号」が下がった。この本願寺から下がった「院号」そのものと今回の調査の関係について示されたい。
○過去帳には、「疫病」「流行病」で多くの人命が亡くしたことが記録として書かれている。これらの処置をどうするのか。
○戦死にかかる「軍人院号」を含め、本願寺が戦争を肯定した在りようが問題ではないのか。前住職は一七柱の戦死者に対して、本願寺から「軍人院号」を下げていただいた。しかし、内容的には極めて勇ましい院号であり、本来的に書き換えをし、この際「院号」自体を本願寺に返還したい。
○大谷本廟には「肉弾三勇士の墓」等、戦争を賛美した体質をもっている。各教区・各組に下ろす前に、本願寺でその体質を克服するのが先決ではないか。上意下達も甚だしい。
○過去帳を書き換える場合、その経費は本山がもつのか、教区がもつのか、それとも組あるいは寺院が負担するのか。
○添え書きの例で、「本家」「分家」がそれに当たるとしているが、「本妻」「後妻」はどうするのか。
○「過去帳」（出版部）の様式に「世帯主（続柄）」とあるが過去帳には全く必要がないのではないか。
○法名に「尼」を付けているものと、女性であっても「尼」をつけない（現在の本願寺の法名に準じて）の場合はどうするのか。
○住職には「法師」とつけているが、これも書き換えの対象になるのか。
○この様な針をつつくような調査方法では、調査に応じられない住職も出てくる。「調査表」そのものを再度一考願いたい。
○江戸時代は「過去帳」は、人別帳と同時に貴重な記録台帳である。
○「過去帳」そのものの定義が理解できない。組で質問されてもどのように答えたらよいのか。「死者管理台帳」でよいのか。
○妻の法名の添え書きに「本妻」「後妻」とつけることに問題があるのなら、金沢別院には存如上人の後妻、蓮如上人の継母が安置されている。蓮師法要の資料にも「継母（ママハハ）」の記載や「後妻」の標記もされている、これらはどうなるのか。

福井教区

日時　六月一二日（木）一〇時～一四時

会場　福井別院　参加者　四〇名

○今回の調査が終了し、教区で集約がなされたら、各都府県の解放同盟へ報告するのだが、どのようにして報告するのか。

○差別添え書き等があらたに発見された場合は、行政への報告も行うのか。

○死因についても差別的でないと見なされる場合でも報告するのか。戦死、水子、病死（差別的でない病名）はどこの過去帳にも記載されているのではないか。

○差別過去帳と判断された場合、仮封印をしてしまうと年回表など作成ができなくなるのだが、何か手続きによって特例処置はないのか。

○差別過去帳と判断された場合の事務手続きが煩わしすぎるのではないか。いくら多くの過去帳といえどもすべて書き直すというのか。塗抹処置やその行の削除の処置ではいけないのか。

○当該のご門徒が「そのままで良い」と言われたらどうすればいいのか。

○墓石を改める場合、その費用はどこから出されるのか。

岐阜教区

日時　六月一七日（火）一三時三〇分～一七時

会場　岐阜別院　参加者　三八名

○境内地にある墓地はいいが、共同墓地や離れたところにある墓地すべてを調査しなくてはいけないのか？

○昔、他宗派から転派してきた門徒で信士・居士等の位号のついた墓石があるが、それも組内において意思統一をしていればそれで良いのか？

○組内での意思統一ということになると各組によって基準がバラバラになるがそれでも良いのか？

○『手引き』に「かえってその過去帳だけに特徴的な

方法で記載されている場合がある…」と書かれているが具体的にはそれはどういうことなのか？

○過去帳が二冊ある場合は、どうなるのか？　本簿と普段使用している副簿（サブ）があり、副簿を二～三年経ったら本簿に清書するという使用方法をとっている。本簿と副簿で法名が違うということはないが、添え書きについては一致しない。（本簿には記載しないから）この場合、本簿のみを調べるということで良いのか？

○書き換えはフロッピーディスクにおとすという方法でも良いのか？

○位号、信士・信女は敬称であり、差別ではないのではないか？

○過去帳とはキリシタンではないという宗門改めのところから始まっている。「過去帳の本来のあり方」と書かれているが、それが本来ということなのか？

○組における取り組みの中で、取り扱い基準をあくまでも遵守しなければならないのかどうか。例えば、記載事項を死亡年月日ではなく生年月日を記入しているという例もあげられたが、組内ではそれも可というふうに取り決めをしても良いのか？

東海教区

日時　六月一一日（水）一三時三〇分～一七時

会場　名古屋別院　参加者　五〇名

○信心は如来より賜るものだから、現世は関係がないという考え方の根底に差別があるという理解のしかたは間違っている。如来様は平等だから、信心を持つものも平等に決まっている。

○各組に調査に向けての取り組み状況を質問

鈴鹿組…取り組みはこれから

伊賀組…今月末に学習会を実施

中勢組…選挙後取り組みを

勢南組…八月末～九月はじめ

三重組…六月一七日に決定

朝明組…今月二四日に実施

員弁組…組で話し合いをしている

桑名組…一〇月二三日に研修会を持つ

名古屋組…七月後半に
額田組…今度の組会で決定を
海幡組…一〇月に行う
○転派した方の法名も報告するのか。
○戦死等の扱いについては組で勝手に決めてもいいのか。
○五〇回忌を過ぎた過去帳はすべて封印してしまったらそれでいいのではないか。
○どれが良くて、どれが悪いのか、はっきりしないので、もっと統一をしてほしい。
○過去帳の形式を統一するのであれば、本山から過去帳を支給してほしい。
○住所は書かない方が良いのでないか。
○「尼」はどうするのか。
○六字・四字法名がつけられていることは、様々に理由があるだろうから、調査表にそのようになった経緯が述べられる欄をつくってほしい。
○現在は、外国人の葬儀をすることも増えてきているので国籍は書けるようにしてほしい。外国では、外国籍の人にどのような法名をつけているのか等の情報を提供してほしい。また、未来を見据えた法名のあり方も検討してほしい。
○無住の寺院の取り扱いはどのようにすればいいのか。
○組の事前学習会の講師はどうするのか。

滋賀教区

日時　五月九日（金）一三時～一六時三〇分
会場　八幡別院　参加者　五三名
○前回の調査での回答では「該当なし」との答えに対して、今回の調査においてもし「差別記載あり」との回答が出た場合住職が糾弾等を受けるのか。
○自己申告以外の調査方法があるのか。
○今回の調査結果が何かに利用されるのか。そのことで新たな糾弾の対象となるのか。
○前回の調査は、他律的な調査に終始したとの説明だが、今回の調査も極めてすきのない厳格な調査である。その裏には、運動団体という他律的な力が働いているのではないか。

○この調査後の取り組みとして、例えば「寺院名簿」等、僧班・寺班を削除する方向なのか。
○今回の教区の学習会も、組の学習会もそれぞれ一回きりで調査に突入するが、果たして何パーセントの成果が上がるのかが疑問である。
○『糾弾総括書』の内容を見ると、全般的な流れが「責任逃れのような」感じを受けた。特に「差別過去帳」に関しては、「言い逃れ」に終始し、不信感が残る。
○例えば「過去帳」にたった一件、あるいは、たった一ページに差別記載があったとしても、過去帳の全てを書換えるのか。
○門徒の過半数が同じ姓であり、過去帳には「屋号」を記入している。この場合も、書き換えの対象となる添え書きなのか。
○「水子」の場合は、過去帳に俗名を記載していない場合がある。こういった場合はどのように指導するのか。
○住職の法名には「○○法師」、坊守の法名には「□□法尼」とつけている。また自影（前住職等）の記載はどうするのか。
○「調査表」設問一一には「過去帳・院号・法名等の本来のあり方について、あなたのご意見を自由にご記入ください」とあるが、これらの様々な意見によっては、再度の調査の可能性も出てくるのではないか。
○添え書きの「死因等」どれをもって、いつ・だれが「差別添え書き」と認定するのか。実際に「鉄道自殺」という添え書きがある。これらの添え書きをどの段階で差別と認めるのか、組の学習会では混乱は避けられないのではないか。
○法名に「尼」を付けなくなって久しいが、「尼」の法名の対応はどうするのか。この調査を機会に「書き換え」の指導がなされるのか。
○今回の調査について、基幹運動本部の傲慢さがうかがえる。今教団が力を入れるべきことは山ほどあるのではないか。今回の悉皆調査は非常にまずい。取扱いに示される「閲覧禁止」を厳守すれば、問題は起こらないはず。「添え書き」については、書き換えの必要は無いと考える。

○今回の調査結果について、関係団体のみの報告ではいけない。一般に公開されないのなら、この調査には協力できない。

○添え書きについては、今回の学習会に参加した一人ひとりの受けとめがバラバラである。かえって不信感をかうのではないか。基幹運動本部で再度、もう少しまとまった指示事項を示すべきではないか。

○今回の事前研修会は、講師として出講する事前の学習会のはずが、事務的な内容に終始し、期待を裏切った。もう少し意識の高揚がはかれるよう配慮されたい。

京都教区

日時　六月一九日（木）一三時～一六時

会場　顕道会館　参加者　二三名

○地方によって、位号に対する考え方が違う。門徒の中には、つけないのが悪いように言う者もある。位号をつけないよう徹底させてほしい。

○戦没者の院号については、真俗二諦であり、差別であると思う。

○寛永時代の過去帳に「あるき」「きどかん」等の記載があるが、いかがなものか。また、地名だけで分かるもの、「○○屋○○兵衛」等はどうか。

○住職・坊守の法名に、法師・法尼を付けている地域があるが、どうするか。

○院号・法名の付け方の規定はどこにあるのか。

奈良教区

日時　五月九日（金）一四時三〇分～一六時五〇分

会場　奈良教堂　参加者　五六名

○『調査の手引き』にある「連」（または「蓮」）は一文字だけでも差別文字となるのか。

○現行では釈尼の「尼」は付さないこととなっているが、以前に付されているものはどう取り扱うべきか。

○時代によって紙質の悪い用紙を用いている過去帳の場合、裏写り等で読み取れないものが多いが、どこまで厳密に解読すべきなのか。
○続き柄の記載は差し支えないのか。
○過去帳による身元調査を断ることで、逆に被差別部落の出身であると認めたとみなされるケースがある。どのように対応すべきか。
○屋号、または分家本家の記載は差別に該当するのか。
○判断の基準がケースバイケースでは困る。ガイドラインはより明確であるべきなのでは。
○軍人院号は差別に該当するのか。
○当該過去帳に係る遺族が絶えている場合の事後対応はどのようにすべきか。
○自分の父親は、誇りをもって表札に「新平民」と標記していた。当時の時代感覚でもって良しとしたことであり、問題はないのでは？
○忠魂碑等の記念碑と墓石の違いは？ 今回の調査は墓石にも及ぶのか？
○差別法名と認定されて書き換えが行われ、さらに墓石まで改める場合、その経費はどこで負担するのか。
○定められた調査日程では農作業との関連などから支障が予想されるため、組研修会の開催を早めてもよいか。

大阪教区

日時　六月三日（火）一八時一五分～二一時
会場　津村別院　参加者　九〇名

○前回あった免責条項については今回はなぜなくなったのか。
○集約について、また差別記載がある場合、組としてはどのような手続きをすればよいのか。
○内容について集約をしたものを公表するのか。
○教区なり中央がダイレクトに調査表を扱わなければ組として、なかったものとして扱うところが出てくるのではないか。
○今回の調査・集約期間（一ヵ月間）は、期間として短いのではないか。それだけに関わっていられない寺院も多いと思うが。
○差別を受けた当該人が、過去帳を見られないのは同朋教団としておかしいのではないか。

○新たに書き換えをした寺院はどのようにすればよいのか。また、コンピューター化を行っている寺院はどうか。
○このような調査をするにあたっての組における助成金は本当に必要なものなのか。

和歌山教区

日時　六月一九日（木）一三時三〇分～一七時三〇分
会場　鷺森別院　参加者　五五名

○寺院からの申告後、確定はどこで行うのか。
○「流行病」の添え書きはすべて駄目なのか（風邪など）
○差別か否か、住職が判断しかねるものはどこへ相談するのか。
○行年・性別・院号の記載も、今後禁止となるのではないか。
○他国籍の方の場合、俗名の記載は日本名または本名のいずれが良いのか。
○庶子・嫡出子の記載はどうなのか。また、無名児・水子・死産児の記載はどうなのか。
○『手引き』の墓石刻字の例は不適当ではないか。（過去帳との相違の理由等が不明確なため）
○本山における寺院台帳の記載についての調査確認はなされているのか（穢寺・一般寺院の別について）。
○過去に本山での帰敬式で受けた法名は草書体で、判読できないものが多い。
○調査の趣旨は納得するし、実施しなければならないということも理解できるが、最終的に過去帳を本山で保管するというのは納得しがたい。閲覧禁止措置をすれば寺院保管でもよいのではないか。
○住職の死亡時には本山から院号が交付されるが、門徒にはそれがなく、懇志の上納でしか交付されないのはおかしい。
○主体的な取り組みと言われるが、今回の調査実施は糾弾会での他団体からの圧力によるものと感じる。
○寺院にとって最重要な帳簿ともいうべき過去帳を、そうあっさりと書き換えなどしてもよいものか。
○当該過去帳の存在について申告がなされた場合、教区や本山への報告は当然すべきと思うが、他団体（行政・運動等）への報告については納得しがたい。
○大部の過去帳の中で一ヵ所でも差別記載とされた場合、すべてを書き換えるべきといわれるが、その必要はないと思うし、また不可能だと思う（手間・時間・経費等）。当該の箇所のみ切り取ればよいのではないか。
○全面的書き換えというのでは、むしろ過去の差別の事実を隠蔽することになるのではないか。
○免責条項の撤廃によって、申告の不正確さが懸念される。
○今回のこの学習会だけでは納得しきれず、組におろす自信がない。再度学習会を行ってほしい。

兵庫教区

日時　六月六日（金）一五時三〇分～一六時五〇分
会場　神戸別院　参加者　八一名

○「過去帳の本来化」とはどういう意味か。
○例えば、女性が記入されていない。直系以外が記入されていない等、歴史的に見れば人別帳と同様の性格があるとすれば、過去帳自体が本来差別的な存在なのではないか。
○地域によって位号を多用しているところがあり、全面的な撤廃は現状では不可能。また、年回法要に法名軸をかけて勤める習慣があり、この時に親戚同士で位号のあるなし、院号のあるなしによる長さ・短さを評価する傾向がある。
○人口の増加地区にあり、九州や山口方面から移住して来た門徒も多い。この場合、他宗や他派、本派ではあっても他の寺院でつけられた法名（位号・四字）等をそのままもって来られる。これらの書き換えも必要なのか。
○過去帳記入の具体例を示してほしい。出版部発行の過去帳では「性別」や「続き柄」の欄があるが、本当に必要なのか？
○「世帯主」の記載はおかしい。「喪主」ならば分かるが。
○免責条項がはずされれば、率直な報告が出ないのではないか。
○過去に、僧侶は一字名が認められていたことがあるがそれはどうなるのか。
○死因について、「戦死」の記載はダメなのか。
○基幹運動本部が運動団体に振り回されているように見える。事実報告後に教団が責任をもって対処する姿勢を明確に打ち出してもらわなければ、最終的に教区・組・寺院に責任が押し付けられそうで、安心して実施できない。
○現行の寺院規程制定以前に記載されている過去帳については、調査並びに書き換えの対象外とし、規程は適用すべきでない。
○一冊の中に書き換えを要する箇所が一ヵ所あっても、全部書き換えなければならないのか。
○閲覧禁止措置を取った過去帳は本部で保管といわれるが、過去の住職の書いたものであり、手放したくない。
○組における学習会は組長にとって負担が大きすぎる。教区からしかるべき人が出向いて説明すべき。
○前回同様、今回もいくらかは未提出寺院が生じると思うが、これに対する対応はどのようにするのか。
○時代によって本山の姿勢が変わることに不信感を持つ。かつて宗門では、過去帳が人別帳と同様の性格を持つことをむしろ誇りとしていたのではなかったか。
○連・蓮は、一文字でもダメなのか。

山陰教区

日時　六月一一日（水）一〇時～一四時三五分
会場　本願寺山陰会館　参加者　五〇名

○院号は、差別として位置づけるのか。また戦時中には、本願寺より「軍人院号」が出されていたが、今回は調査の対象となるのか。
○無住寺院、吸収合併された寺院などは、どのように対応するのか。
○今回の事柄も含め、組長の仕事が非常に多い。法務に支障をきたす原因にもなり、もう少し軽減してもらえないだろうか。

○調査表の設問九にかかる事柄について、「その他物品」とは、具体的に何をさすのか。
○今回の調査の実施は、運動団体から問題提起を受けたから行うという感じがする。教団の主体性が感じられず、前回の他律的な調査と、何ら変わりないのではないか。
○「公表」という意義（何をもって、公表とするのか）について、説明いただきたい。
○過去帳の書き換えは、一字の書き換えであっても、過去帳すべてを書き換えねばならないのか。また、書き換えは、本山が行ってくれるのか。すべてを住職が書き換えるのは負担が大きく、考慮いただきたい。
○書き換えの際、読めない字があった場合は、どうするのか。
○過去帳の管理という事柄について、書き換え終了後、封印をした過去帳を基幹運動本部で保管するというが、そのような権限が基幹運動本部にあるのか。また、法的な根拠があるのか。住職が、全く信用されていないということなのか。
○賤称語の使用に関する問題（経本などに使用）について、今後どのように対応していくのか。
○閲覧禁止（取り扱い基準第六条）について、国税局（税務署）より閲覧依頼がなされた場合、どのような対応を講じるべきか。宗派の見解を示してほしい。
○差別記載過去帳が確認された後、組基推委等において、どのように取り組んでいくのか。詳細な説明（手順など）をいただきたい。
○『手引き』では、「草田」を差別記載と考えているが、名字が「草田」の場合、差別となるのか。また、「草」一字で差別記載となるのか。
○『手引き』では、「寺男」を差別記載と考えているが、「寺院護持するもの」という尊敬の意味で使用されている場合、差別記載となるのか。
○位号は、差別記載として考えるのか。また位号の事柄と関連して、今回の調査では、設問一〇ですべてを報告しなければならないのか。
○法師、法尼は、差別記載として考えるのか。

○今回の調査を機会に、過去帳の整理（パソコンの利用など）を考えている住職がいるのではないか。本山において、パソコンソフトの開発を考えていただきたい。

○『手引き』に、「法名を…………本来のあり方に立ち返るよう…………」とあるが、本来のあり方とは、どういうことなのか。

○今回の調査が終了した後、基幹運動本部において報告書を作成するのか。

四州教区

日時　五月二九日（木）一四時～一六時三〇分

会場　塩屋別院　参加者　二五名

○法名に「信心獲得」の「獲」がつけられている。けものへんがあるが、差別法名にはならないのか。

○「カクレキリシタン」の法名は、今回の調査では対象となるのか。

○閲覧禁止（取り扱い基準第六条）について、国税局（税務署）より閲覧依頼がなされた場合、どのような対応を講じるべきか。宗派の見解を示してほしい。

○差別につながらないのであれば、過去帳に国籍を記載してもよいのではないか。（取り扱い基準第5条）

○今回の調査では、「院号」は対象になるのか。「院号」は、差別になるのか。取り扱い基準第四条では、記載すべき事項に入っていないが……。

○四州教区では、位号をつける習慣があるが、調査の対象となるのか。

○なぜ、規定外法名の有無について調査を行うのか（調査表の設問一〇）。その目的を教えてほしい。

○調査表の設問一〇には、「過去帳及び墓石における……」とある。この「墓石」とは、管理している墓地すべてを意味しているのか。例えば、公共墓地等は、対象となるのか。

○異体字については、もっと時間をかけて研究をすべきである。この事前学習会で、参加したすべての僧侶が各項目についてすべて理解できたのかが、疑問だ。

○調査報告書を教区に提出した後、再度組の基推委に対して何らかの指示があるのか。
○四州教区では、徳島において差別法名が確認されているが、今回の調査では、寺院名を公表していかねばならないのではないか。かかる取り組みについて、情報を公開いただけないか。
○子どもの法名には、よく「童子」を使われるが、「童」に、にんべんがつくと、なぜ差別法名となるのか。
○旧身分（江戸時代の水夫、海軍、陸軍など）、死因（戦死者、大正六年に大発生したコレラなど）の添え書きについては、対象となるのか。
○四国という地域性もあるが、「おへんろさん」の「行き倒れ」という添え書きは、対象となるのか。
○調査の実施の大切さは言うまでもないが、今後新たに差別法名がつけられることがないような取り組みが必要である。（僧侶の意識変革に向けた取り組みを）
○被差別部落のご門徒の法名に、「蓮」という文字を使用した場合、差別法名となるのか。
○女性の法名に尼がついている場合、差別法名となるのか。

備後教区
日時　五月二三日（金）一〇時～一四時
会場　備後会館　参加者　三五名
○境内地内の墓石等の調査はどうするのか。
○「再調査」における結果については、どのように公表するのか。
○解放同盟との連携について
・備後教区は、三者懇の取り組みの中で広島県連との連帯をしてきた経緯があり、今回の調査も県連との連携を取るべきか（広島県連と中央本部との路線の違いがあるが）
○差別法名に関する遺族への報告について
・「部落民宣言」をしている人ならそれでいいが、そうでない場合は、新たな差別につながるのではないか。
○備後・安芸両教区での三者懇の集約がなされていない段階で、今回の調査に突入するのは、いささか県連との関係が悪化するのでは。
○位号に関して
・位号の説明で、差別につながる法名との見解は、どのように受けとめるべきか。
・「位号」である四字法名を全てを差別とするのか、本願寺の見解を聞きたい。
○歴代の門主は、「院殿号」である。どう解釈するのか。
○信士・信女等の「位号」は、備後教区内の九〇％以上の寺院に付けられている。この学習会での説明では、全ての過去帳に封印することになる。「位号」を差別法名につながる法名と前提した上で調査を行うのか。
○遺族への対応の中で「御同朋の社会をめざす法要」等の厳修とあるがどういう意味か。
○「過去帳」書き換えの開始について、組長がどのように把握するのか。
○江戸時代の中期に死因「コロリ・疫痢・労咳（結核）」等が添え書きと記載されている。これらも差別記載となるのか。
○昔は土葬であったため、特に「伝染病」については行政として把握する必要があった。「同和地区」は劣悪な環境であり伝染病も多く、過去帳に記載することもあった（火葬の場合はその限りではない）。
○差別法名か否かを教区の基推委で判断するのは、教区の判断基準によってまちまちになるのではないか。
○「位号」の問題については、備後地域それ自体、存覚上人の影響を受けていることもあり、それ以降の蓮如上人の場合と歴史的な違いがある。
○公表については、個人名で名乗りをあげることであり、「組への報告」程度では納得できかねる。
○設問一〇「過去帳及び墓石における宗派の規定外の法名の有無についてお尋ねします」について
・調査表の表記には、「差別法名調査」とあるが、設問一〇では、四字法名等「位号」について差別法名と断定したアンケートになっている。誤解が生じないようにわかりやすく説明書きをつけ加えられたい。

安芸教区

日時　七月二二日（火）一五時三〇分～一八時

会場　広島別院　参加者　一一〇名

○過去帳とは、何世紀にも亘って使用する寺院の什物である。だからこそ、「死因」「戦死」「原爆死・被爆死」等の死因を記載すべきでは。

○「原爆死」については、広島・長崎で経験した極めて悲惨な出来事であり、そのことの事実を書き記すことが非戦平和を訴える意味からも重要なことではないか。

○仮に、「原爆死」と書かなくとも「八月六日死亡」で原爆死とわかる。この点をどう理解するのか。

○「原爆」で死亡した者に対する「添え書き」を肯定することが差別につながるという考え方そのものが問題である。むしろそのことを糺してゆく運動をすべきである。

○原爆の被爆者は、子孫に遺伝するといった偏見がある以上、死因に「原爆死」とハッキリ記載すべきである。そのことが、非戦平和に向けた運動であり、事実を見据えた取り組みではないのか。

○「閲覧禁止」の措置について、過去帳の本来的な姿は、閲覧を可能にすることであり、そのことが門徒との信頼関係にあるということではないのか。

○過去帳の添え書きに「小字名（地域名）」を記すことはそのまま「被差別部落」を記すことにはならないか。

○墓石調査は、どの範囲まで調査をするのか。「調査表」の項目に従えば、調査に限界が出てくる。

○過去帳書き換えに関して、いつまでに書き換えなければならないのか。

○教化を推進するため、「現在帳」は役に立つが、「過去帳」は何のために役に立つのか。

○位号の「信士・信女」等はかなりの寺院で付けられている。これは男子・女子を分かりやすくするために付けていることであり、女性に尼を付けていない。また、今後尼を付けている法名は差別法名となるのか。

○今後の方針として「院号」の問題をどのように克服していくのか。
○調査の日程が極めて性急すぎるのではないか。かえっておざなりな報告となるのでは。

山口教区

日時　六月二〇日（金）一三時三〇分～一五時
会場　山口別院　参加者　一一〇名

○今回の調査では、「位号」を差別法名として取り扱うのか。
○「過去帳」そのものの定義を示してもらいたい。
○今回の調査は、組長の役割が極めて重要である。国勢調査は調査員を公的に任命するシステムになっている。今回の調査もそうするべきではないか。
○前回の調査がズサンであったとの説明について、それをどのような形で責任をとったか。
○前回の調査に費やした経費と今回の予算について説明されたい。
○これから「法名」について、どの様にしていくか。例えば、「帰敬式」の受式の督促を促すことによって、正規の二字法名に統一できるのでは。
○信心の社会性の具体的取り組みとはどういう意味なのか今の運動理論では、信心をいただいた人は僅かしかいないことになる。
○過去帳の「閲覧禁止」と「帯封」との違いは。
○判読不明な文字についてはどの様な対応をするのか。
○示された「事務提要」を理解しないと組長としての説明が出来ない。再度組長会を開催し徹底をはかるよう要望する。
○差別法名過去帳調査によって、将来的には本来のあり方に戻してゆくことも示されてある。その点をもう少し積極的に説明されたい。
○『手引き』中の「死因」については、例えば、「戦死」「結核」等どの時代まで遡るのか出来るだけ具体的に示されたい。
○墓石の調査の範囲について、具体的にどこまで調査をするのか。
○宗派の規定外の法名とはどういうことか。また規程にある法名とは規程のどこにあるのかを示されたい。二字法名が宗門法規のどこにあるのか。また、歴代の門主や裏方に法名の規程があるのか。
○四字法名については、山口県内でも多くの寺院で付けられている。しかし、組内一致して二字法名への統一を図りながら運動を展開している。宗派もこの運動を支援してもらいたい。

北豊教区

日時　五月三〇日（金）一四時～一七時
会場　鎮西別院　参加者　二〇名

○戦時中の過去帳には、戦死者に院号が付けられており、大尉・一等兵の区別や、〇〇にて戦死との記載があるが、どう扱うべきか。
○軍人院号についての本山の責任は。
○過去帳に位号等の記載がなく、墓石にのみあった場合（門徒や石屋が勝手に付けている場合等）はどうするのか。
○県連（解放同盟）に報告をした場合、そこから情報（寺院名等）が流れるということはないか。『解放新聞』『部落解放史ふくおか』等に寺院名が公表されることはないか。
○差別性のない位号等がある場合、本当に書き直すのか。
○法名の正しい記載の指導を本山がして欲しい。
○他の教団に対して働きかけることはしないのか。

福岡教区

日時　六月四日（水）一三時～一七時
会場　大手門会館　参加者　一二〇名

○調査の手順についてわかりやすいもの（手順を図式化する等）を作成してほしい。
○手順の中で行政・関係団体へ必要に応じて報告をするとあるが、「必要」とは具体的にどのようなことを示しているのか。
○今回の調査は部落差別の調査なのか、あらゆる差別の調査なのかはっきりしてほしい。
○すべての差別を調査するということであれば、位号・院号にまでねらいを定めるのか。それでは、煩雑になるだろうから、部落差別のみに対象を絞ったらどうか。量が多いので現実的でないのではないか。
○調査表を期日までに提出しなかった寺院はどうするのか。前回、提出しなかった寺院は今回も提出しないのではないか。
○過去帳の取り扱い基準の記載禁止事項にあるものはすべて報告するのか。
○江戸時代にも二字法名が規定としてあったのか。
○軍人階級が書いてあるものがあるが、それも差別として報告するのか。
○判読できないものはどうすれば良いのか。基幹運動本部も判読の方法について検討をしてほしい。
○組長の仕事が多すぎるので、もっと問題を絞ってほしい。
○本山の方でも、院号・位号が廃止されていくような取り組みを十分に考えてほしい。

大分教区

日時　六月一〇日（火）一三時三〇分～一七時
会場　大分別院　参加者　三〇名

○少しでも疑問があれば、すべて報告しなければならないのか。
○『手引き』にある「草」「連」がなぜ差別につながるのか理解できない。意識しなければ使用しかねない一般的な文字ではないか。
○添え書きについて、どのような病名が差別につながるのか具体的に示してほしい。
○民族の差別記載について、過去「朝鮮人」は問題があるが「半島人」ならよいという指導があったことがある。時代によって許容されてきた言葉もあるがどうか。現在「朝鮮人」という言葉に差別性があるとは思えない。国籍すべてが差別につながるのか。
○「総代任期」「寺院に対する功労」等の添え書きも差別につながるのか。書き換え対象となるのか。
○亡くなった方を顕彰する事項ならば、記入しても問題ないのではないか。

○墓石の調査については、時間的・物理的に不可能である。過去帳に記載がなくて、墓石のみに記載がある場合はどう対処するのか。
○墓石の有無だけを問うのではなく、どこまで調査できたか記入できる部分を考慮してほしい。
○釋尼の「尼」についてはどうとらえるのか。
○関係団体との連絡提携は事後連絡となるのか。記載があった場合は直ちに連絡をとって、ともに学んで行く姿勢が必要ではないか。

佐賀教区

日時　六月二日（月）一三時〜一六時三〇分
会場　はがくれ荘　参加者　五〇名
○佐賀教区の当該寺院住職より、過去帳に差別記載があったことについて名乗りがあり、そのことについていくつかの質問が以下の通りあった。
＊過去帳の書き換えに期限はあるのか。
＊過去帳の書き換えは、本山でやるという方向で了解をもらっているが、今回の調査の説明では、住職が書き直すとなっており、話が違うのではないか。
＊読めない部分もあるので、自分だけではどうにもならない。本山で書き換えをしてほしい。
＊記録写真等はすでに取っているが、また同じことをやるのか。
—教区がスタッフ委員会等をつくって対応することを確認。—
○過去帳に現住所を書くことは差別につながらないのか。
○転派されてきた方の法名はどうすればいいのか。
○何年後かに、新しい過去帳のあり方ができて、また書き換えということはないのか。
○寺院の墓地台帳に族籍を書く箇所があるが、調査の対象となるのか。
○石碑も調査するのか。
○院号は残すという理由をはっきりさせる必要はないのか。
○本山で全員が帰敬式を受けるようになれば、間違いはなくなるのではないか。
○各寺院に法名の付け方を指導すればいいのではないか。

長崎教区

日時　六月二三日（月）一五時～二四日（火）一一時三〇分
会場　ホテル八千代　参加者　三六名
○戦死の記載については「戦死」とだけでなく「○○において戦死」とか、戦死当時の「階級」まで記載されているものがある。
　また、原爆による死亡の記載もあり、この場合は二世の結婚時に差し障りが生じるといったこともあった。差別法名が発見されたとしても、遺族等関係者の所在が判明しない場合はどうすれば良いのか。
○信士・信女が駄目でも性別の記載は良いのか。明治やそれ以前の時代には、女性の場合、俗名も年齢も記載されていないのが普通だ。（○○妻、○○娘等）
○当寺では法名の上に、阿弥陀如来の別称として「大応供」「大真海」「真無量」等の文字を添えている。
○位牌には位号を書き入れるが、過去帳には書いていない。
○死産児の記載はどうなのか。
○設問一〇の問のねらいがはっきりしない。規定外の法名とあるが、今回の調査の主眼はあくまでも差別法名であるはず。これではかえって調査の目的がぼやけてしまうのではないか。
○大谷本廟にも「○○法師」と刻字された墓石があったと記憶するが。
○すべての置字・位号・添え書きまで報告するのであれば、この調査表ではとても書き切れない。
○明治以前は二字法名で書いていたが、その後、近隣に日蓮宗の寺院ができたことから、門徒の離脱を防ぐ便宜的手段として、位号も含めて法名が長くなったという経緯がある。
○設問五にみる「差別につながる添え書き云々……」のつながるか否かについては住職が判断するのか。先の意見にもあったように、長崎の場合は原爆被災による死因の記載の是非という点で組の判断にバラつきがあると思う。
○寺院とご門徒宅の過去帳に違いがあるものはどうなのか。例えば、当寺の場合は親族縁者のつながりを強化する意味で、門徒宅の過去帳には、「母方は○○家」等、詳しい続き柄を書き添えており、そのことはむしろ喜ばれているが。
○設問五・七・三では調査の範囲が広がり過ぎるように思う。
○過去帳はある意味で歴史的資料でもある。諫早水害や噴火、原爆等、歴史的記録として死因を書くことはあっても良いと思う。
○死因の記載について、特に「戦死」については、原爆によるものも含めて統一基準が必要と思う。
○寺院の段階で判断のつかないものをすべて教区に上げるとなると、教区でそれだけの量のものを選別できるか危惧する。

熊本教区

日時　六月一九日（木）一四時三〇分～一八時
会場　熊本別院　参加者　四一名
○この学習会の重要性と趣旨徹底の必要性から、欠席の組はどうするのか。
○前回調査の免責条項はつける必然性があり施したこと、同じように戦中院号も付けた時代の必然性があってのことであり、それをわずか十数年で「あれは間違いだった」と後刻済ますのは疑問。また一〇年経つと今回の調査も間違いだったという可能性もあるのではないか。
○戦死・朝鮮人と記載してある場合はどうすればいいか。
○マニュアル化すると必ず記載漏れがある。時代や場所を考慮して、宗教者として良識で判断すべきではないか。
○基幹運動本部はきつい決め方をせずに、緩やかに運動を進めてもらいたい。
○戦中院号の中に「陣中院釈○○」とあり大変いやな

感じがする。これも差別法名にあたるのではないか。
○寺が出来て一〇〇年あまりの歴史であり、そういった寺院は熊本には多くある。その中で転派以前の江戸時代の禅宗のものがそのまま記載されている。他宗のものも住職の責任により調査・書き換えするのか。
○意思統一の中において、現に我々は差別しているという視点が必要。それがこれまで克服できなかった歴史の中、今回学びを深め、克服できるよう努力するという意思統一が必要である。
○本山の意志にそって調査を行うことなら出来るが、自分の意識変革の意味や、自己の差別心克服の意味なら協力しかねるというのが率直な気持ち。
○どの時代の過去帳まで調査対象となるのか。
○寺院規定で過去帳のあり方が定められているが、それに反した場合の罰則規定が何もない。長い間放っておいたことを本山はどう考えるのか。六一年以降我々は何をしてきたのか疑問である。
○過去には過去の事情があったのに、その過去の責任まで負うことが出来るのか。
○あるべき宗教者のあり方を宗門の中で位置づけるべき。我々は宗教者としてやるべきことがあるはずであり、まず手を付けなければならないことが、今回のように過去から学ぶことではないか。
○『調査の手引き』の取り扱い基準の中、「故人の法名その他の宗教上の記録」とは何を指すのか。
○故人の功労等は、もし書くとすれば過去帳以外に書けというなら、それは差別の過去帳別冊に当たるのではないか。
○墓石を見て調査表に記入するのか。

宮崎教区

日時　六月一七日（火）一三時〜一七時

会場　宮崎別院　参加者　二〇名

○公表というのは僧侶間だけのことか、それとも門徒も含めたすべてということか。
○公表は、何もなかったところに波紋を起こし、逆に差別につながらないか。

○県連に報告したら県連はどのように対応するのか。
○公表により寺院と門徒との関係が崩れるのではないかと心配する。
○差別記載を告げる場合は、組の基推で、それを担えるかが問題である。
○報告があったときにみんなで取り組めるようになることが大切である。
○記入責任者は、住職でないといけないのか。
○調査表の設問五の「五　族籍」と「六　旧身分」の違いを教えてほしい。
○各組の事前学習会で今後取り扱い基準に沿った過去帳の記載に統一できるよう話し合いをしてはどうか。
○宮崎教区全体で、位号をやめて、二字法名で統一できるように取り決めをしてはどうか。
○戦病死の記載も差別になるのか。
○二字法名を本山も強力にすすめてほしい。

鹿児島教区

日時　六月二〇日（木）一五時～一八時三〇分

会場　鹿児島別院　参加者　三〇名

○「信心の社会性」というが、信心そのものの内容をどう考えるかが重要。
○院号をどう考えるか。個人的には廃止すべきであると考えるのだが。
○体質という言葉が使われるが、体質のように改善出来るのか。または改良する方針でいくのか。
○教区基推委講師団の講師団という言葉は適当か。
○添え書きの差別には、地域性もあるといわれたが、戦中のものや位号等どの範囲まで行えばよいか。
○「過去帳取り扱い基準」の七項目以外のものを添え書きと理解して良いか。
○この際なら、どのような添え書きもすべて報告してもらうのが、原則として本筋ではないか。
○「猪」の文字が差別法名の中に入っているが、ご門徒の中には、猪（イノ）さん、熊（クマ）さん、虎（トラ）さん等の名前があり、判断が大変難しい。
○猪と熊・虎は法名上違いがあるのか。
○過去帳の記載七項目はいつ誰が決めたのか。

○他宗から転派されたかたが居るが、「〜宗から転派」という添え書きもしてはいけないなら、過去帳の必要性自体が疑問に思えてくるが。

○目の前にあるものだけに対処するのではなくて「業論」等大きな課題においても運動としてあらゆる面を捉え、基幹運動本部としてはっきりと方向を示すものを確立してもらいたい。

『Ｓａｔｔｖａ』第六号（一九九八年一月三一日発行）

【5】「差別法名・過去帳調査」の成果と課題

基幹運動本部長　石上智康

一九九八（平成一〇）年は蓮如上人五〇〇回遠忌法要にあたり、一〇期一〇〇日間に全国から四〇万人に達するご参拝をいただきました。このご法要の御満座に発布されましたご消息の中で、ご門主さまは「私どもの周辺には『いのち』の尊厳を傷つける問題が山積しています。み教えを学び、お念仏を申しつつ、自らの人生の課題として、これらに取り組んでいくことが宗門のすすめていきます基幹運動であります」とお示しくださいました。

差別法名並びに過去帳は、まさしく私たちの眼前に存在する〝いのちの尊厳を傷つける問題〟であり、この再調査は、宗門に課せられた大きな問題でありました。

そうした意味からも、一九九七（平成九）年度に実施いたしました「差別法名・過去帳調査」は、信心の社会性の具体的実践として、教区・組の事前学習会に始まり、それぞれのご寺院での調査・報告を経て集約に至るまで、文字通り宗門あげて取り組みがなされました。調査にご協力いただいたすべての皆さま方に、あらためて厚くお礼申しあげます。

このたびの調査は、一九八三（昭和五八）年の調査の問題点や反省点を踏まえて、特に各教区・組における事前学習会での趣旨徹底とともに、報告・集約に際しての教区・組・寺院の主体性が求められるものでありました。結果としましては、一九九八（平成一〇）年の『宗報』七月号をもってご報告いたしましたように、事前学習会へのが参加寺院比率八〇％、参加者総数約九七〇〇人、調査表の回収率九九・〇九％という数字が得られております。

しかし、こうした数字として見える部分もさることながら、この調査によって得られた最も大きな成果は、過去帳を通して私たち一人ひとりが、自らと教団の歴史的差別の事実を目のあたりにしたことであるといえます。言い換えますと、これで調査を終えたということでなく、この調査で明らかになった多くの課題に継続して取り組んでいくことが、今後の私たちの責務でもあります。

さらに、いま一つの成果としては、教区、ことに組基幹運動推進委員会の活性化と、運動に対する意識の向上があげられます。調査の過程では、寺院・組・教区それぞれの場で、数々の協議が重ねられてきました。過去帳を前にして行われた「差別とは」「人権とは」等々の真摯な話し合いは、私たちがこれまで気づかなかったこと、また皮相な受けとめに終始していた事柄の中に存在する、根強い差別意識を明らかにする契機となりました。

このたびの調査に結集された力が、今後の基幹運動をより一層強力に推進していく原動力となりますことを、心から念願するものであります。

『Ｓａｔｔｖａ』第八号（一九九九年二月一日発行）

【6】「差別法名・過去帳調査」まとめと課題

目　次

本書を使用するにあたって
はじめに―「差別法名・過去帳調査」と信心の社会性―
1　差別法名・過去帳調査の結果
(イ) 差別法名について
(ロ) 差別添え書きについて
(ハ) 差別添え書き（差別につながる添え書き）
(ニ) 差別的記載形式等について
(ホ) 墓地の区画
(へ) 直属寺院（別院・教堂）の過去帳について
2　差別記載の分析について
(イ) 差別法名・添え書きの分析
(ロ) 差別添え書き（差別につながる添え書き）についての分析
3　過去帳の書き換えについて
4　過去帳のあり方と公開性
(イ) 過去帳について
(ロ) 過去帳の公開について
5　規定外法名の分析と取り組み
6　法名の本来化
7　院号
8　反差別の教学
(イ) 問われた教学とは
(ロ) 何処に立つか
9　各教区・各組における取り組みについて
あとがき

本書を使用するにあたって

本書には、「差別法名」から私と教団の差別の現実を学んでもらうために、様々な角度から差別語等の差別の具体的事例を列挙しています。これらの言葉や事例が被差別の人びとを傷つけ、踏みにじってきたことは紛れもない事実です。本書は、差別の現実に学びながら、差別・被差別からの解放のための取り組みを一層推進するためのものです。本書が、差別の再生産や拡大につながらないためにも、本書による学習をされる方がたの慎重な取り扱いをお願いするものです。

はじめに―「差別法名・過去帳調査」と信心の社会性―

私たちの教団では、一九九七年度に差別法名・過去帳調査を実施しました。この調査に先だって、全教区、組で事前研修を行い、「信心の社会性」の実践として調査にあたることが確認されました。

その結果、すでに『宗報』で掲載されましたように、差別法名、添え書き、墓石、そして過半数の寺院から多岐にわたる規定外法名が報告されています。ここに私たちは、多くの差別の事実と、その差別の温床となった様々な問題を見いだしたのです。この事実に対して、私たちは徹底して取り組まなければなりません。

このことは、宗教者の社会的責務であると同時に、宗教者自身の主体的課題でもあります。なぜならば、私たちの教えの上からはないはずの差別が現に事実として報告され、その差別の温床となる様々な記載が多数の過去帳に何世代にもわたって書き継がれてきたことが明らかになったからです。こうした記載を生みだし、そのことに気づかない多くの僧侶を育ててきた教団の体質を問うためには、み教えをいかに歪めてきた私たちであったのかが検証されねばなりません。

「これからしないようにする」ためには、厳しい見直しと自己研鑽が求められます。そして差別の事実に向き合い、隠さずにきちんと「なおす」ことが緊急の課題です。

今回の調査に伴って、各教区の基幹運動推進委員会は「差別法名、墓石、過去帳における記載形式」、「差別添え書き」、「差別につながる添え書き」の認定をしました。過去帳に書かれていたことが人権の侵害に結びつく記載、すなわち今日の市民的権利の侵害に結びついたり、故人の人格が不当に貶められるような可能性を持つ記載であると受けとめたのです。それは、

「差別につながる添え書き」として報告されたものであっても、まさしく「差別添え書き」として受けとめられたことをあらわしています。「過去帳又はこれに類する帳簿の取り扱い基準」に定められているように、こうした認定を受けた記載が、そのまま放置されることがあってはなりません。

私たちは今回の調査にあたって、過去帳に記入し、過去帳を管理する立場から様々な意見を述べてきました。しかし、その一方には必ず書かれる側の立場があります。書く者の立場から「なおし」たり、また「しないようにする」のでは、書かれた者の痛みを受けとめたことにはなりません。我が非を認め、相手の痛みを受けとめることでなくてはなりません。私たちの課題を明らかにすることが、差別の重みを受けとめることでもあります。

差別記載が明らかにしたものは、寺院が身分制社会の中で、その秩序を維持するために民衆支配の手段となっていた歴史です。教えを伝える場であった寺院が、教えに背く役割を果たしてきたことに対して、今日の寺院、僧侶は、教えを受け伝えるものとしての責任を明らかにしなければなりません。

今回の調査の契機となった「糾弾総括書」の再調査について、指摘されている四点（イ、差別を放置してきたこと　ロ、「信心の社会性」の実践として取り組むこと　ハ、調査によって差別の事実を受けとめること　ニ、差別を温存することで失われてきた門信徒と僧侶の信頼関係の回復）は、私たちに宗教者としての自覚を促すものです。こうした指摘に応えられる教団となることが、現代社会に失われている宗教に対する信頼を回復する道筋なのです。

今、私たちに問われている「信心の社会性」とは、信心をいただく私たちが御同朋の社会を目指す歩みを歴史に刻むかわりに、差別の秩序を支えてきたことへの反省として提起されてきました。私たちは教団や寺院の存続する意義を、教えを伝える役割としながらも、時代社会の中で果たしてきた役割については不問にしてきたのです。こうした僧侶の姿勢によって、社会に関わりを持たない心の中だけの信心が成りたってきたのです。

報告された差別の事実から目をそらさず、後述する諸課題に、誠実に取り組むことが、私たちにできる「信心の社会性」の実践なのです。

浄土真宗本願寺派　基幹運動本部長

石　上　智　康

一九九九年四月

1　差別法名・過去帳調査の結果

(イ) 差別法名について

種別	教区	法名	概要
法名	新潟	妙穢	文政十二（一八二九）年／遺族不明
	奈良	釈　得皮	文政十三（一八三〇）年／遺族不明
	山陰	釈　妙賤	寛政二（一七九〇）年／遺族不明・墓石無し
		釈　妙革	天保七（一八三六）年／遺族不明・墓石無し
	四州	妙屠	寛政十三（一八〇一）年
		浄孝僕	大正十四（一九二五）年
		成蹄	明治十七（一八八四）年
		妙蹄	明治十七（一八八四）年
		連寂	文化十五（一八一八）年
		猪貫	享和二（一八〇二）年
		革心	天保四（一八三三）年
墓石	長野	革男等	六五基／革男・似女・連寂・卜霊・僕女・革門等
		革男等	六五基／革男・革女・連寂・僕男・僕女・革門等
	熊本	釈尼妙榁信奴	大正年間

備考

① 新潟教区の事例は、遺族が判明しないのですが、被差別者の少数点在という当該地域の歴史的状況から考慮して判断されたものです。

② 奈良教区の事例は、現在の過去帳に後に書きかえられたもので、元の過去帳が明らかでなく、誤写の可能性も否定できないということです。

③ 山陰教区の事例も、新潟教区と同様に、遺族が判明しない事例ですが、使用された文字の重さと、被差別者の少数点在という地域の歴史的状況からの判断です。

④ 四州教区の事例は、前回調査以降に発見されたものです。その後法要が行われ、現在も、書き換え等の継続した取り組みが続けられています。

⑤ 長野教区の二寺院の墓石は、他宗派（天台宗・曹洞宗）から転宗してきた門徒の戒名です。しかし、他宗派の戒名として放置できるものではなく、それぞれ宗教者の自覚的取り組みとして、法要並びに研修会が行われています。

⑥ 熊本教区の墓石は、「差別法名」問題として、地元関係団体等と連携して取り組んでいます。

（ロ）差別添え書きについて

事例	寺院数	件数	教区
穢多	四ヵ寺	七件	東京・岐阜・佐賀
革田（カハタ）	八ヵ寺	二〇件	安芸
革田新平民	一ヵ寺	一件	備後
長吏	一ヵ寺	五六件	岐阜
皮多中	一ヵ寺	一件	福岡
皮師	一ヵ寺	一件	新潟
渡守	一ヵ寺	一件	新潟
細工（さいく）	一ヵ寺	一四四件	東京
雑	一ヵ寺	二件	備後
茶筅	一ヵ寺		山口
茶セン	一ヵ寺		山口
チャセン	一ヵ寺		安芸
宮番	一ヵ寺	五件	山口
ミヤバン	一ヵ寺	三件	山口
番人	一ヵ寺	一四件	兵庫
非人	一〇ヵ寺	五九件	高岡・岐阜・兵庫・備後・安芸

			福岡・佐賀・宮崎
非人番	七ヵ寺	一八件	和歌山・兵庫
非人町	一ヵ寺	一八六件	国府
新平民	四ヵ寺		四州・備後・安芸・宮崎
新民	六ヵ寺		山陰・備後・安芸
旧八	一ヵ寺	三件	山陰
下ノ者	一ヵ寺		安芸
下人	一ヵ寺	六件	奈良
下男	一ヵ寺	六件	奈良
下輩	一ヵ寺		安芸
字名	一ヵ寺	一一三件	安芸
士族	四ヵ寺	七四件	奈良
平民	一ヵ寺		奈良
農	一ヵ寺	六六件	奈良

右記の通り、近世被差別身分を表している添え書きが多数報告されました。これらの身分表記は、それぞれ若干の地域性が見られるものの、過去帳への身分記載が、教団内で広く行われていたことをうかがわせます。「士族」「平民」「農」といった「族籍」等の記載について、奈良教区では、近代以降の部落差別を支えたものとしてこれらを捉えています。私たちの教団において、度牒の族籍記載にかかる書き換えも記憶に新しいところです。

以上のように踏み込んだ報告からも、過去帳が単なる備忘録の域を越え、差別意識にもとづく記載が行われていたことが明らかです。

備考

① 細工（さいく）、渡守、茶筅、宮番等は、それぞれの当該地域の被差別身分の呼称です。

② 旧八の「八」は、当該地域の被差別身分である「鉢屋」身分を表すものと、教区において判断されたものです。

③ 字名は「あざめい」で当該教区の被差別地域の具体的名称が記載されていた事例です。

（ハ）差別添え書き（差別につながる添え書き）

二七教区　　七七〇ヵ寺

①差別されてきた歴史のある死因・病気等の添え書きがある。

二六教区　　四三一ヵ寺

②国籍や民族の差別的な記載がある。

二三教区　　一〇六ヵ寺

③職業の差別的な記載がある。

一八教区　　一一四ヵ寺

④「私生児」などの「出生の秘密」に関する記載がある。

二一教区　　二二六ヵ寺

⑤族籍の記載がある。

二六教区　　一九七ヵ寺

⑥その他

二四教区　　一三一ヵ寺

（ニ）差別的記載形式等について

《記号付けや別冊化されている事例》

①丸印の付されているもの。（兵庫）

②俗名の下に赤い丸印の付されているもの。（安芸）

③別部にまとめられて記載されているもの。（佐賀）

④別冊化されているもの。（備後）

《その他の事例》

①「革田」を墨で消し新姓を記入したもの。（岐阜）

②差別添え書き部分を切り貼りし、新姓を記入したもの。（岐阜）

（ホ）墓地の区画

また、山口教区から共同墓地の区画における差別が報告されています。被差別部落の門徒の墓地の区画が条件の悪い所になっているというものです。

（ヘ）直属寺院（別院・教堂）の過去帳について

今回の調査では、本願寺直属寺院（四六別院・一七教堂）の過去帳についても、改めて調査を行いました。その結果、差別につながる添え書き、規定外法名などについての報告が多数出されました。

七別院・一教堂から、「士族」・「平民」等の族籍記載の報告がありました。また、職業は四別院・一教堂、出生の秘密は五別院・一教堂、死因や病気等については四別院・一教堂より報告されています。さらに、国籍及び民族の記載についても、二別院・一教堂から報告がありました。

これらについて、報告のあった別院・教堂のある教区基幹運動推進委員会と協力して取り組みを行っています。

2　差別記載の分析について

(イ)　差別法名・添え書きの分析

今回の調査では、差別法名が新たに五ヵ寺から一一件、添え書き、記載形式が五七ヵ寺より報告されています。法名は真宗の教えからいえば、浄土に往生する仏弟子としての名告りです。いうまでもなく浄土とは単に死後の世界を指すものではなく、「生の依るところ、死の帰するところ」といわれるように、生死を貫いて人間の営みをその根底で支えている意味を持っています。しかし教団は、今生の諦めと死後の往生を説いてきた歴史があります。その事実の一つは、本来信仰者の名告りであった法名に、死者の名としての性格を与えてきたことです。

このような歴史をもっている浄土真宗の法名に部落差別を表す記載をしたことは、浄土に差別を持ち込んだといっても過言ではありません。これらの差別法名は、一七九〇年から一九二五年にわたってつけられたものです。「上見て暮らすな下見て暮らせ」との封建支配に対応して「この世を宿業と堪え忍んで、差別のない浄土に往生する」という諦めの教えを支配する側から説いてきた教団による差別の行き着いた姿が、ここに現れています。差別のない浄土を説きながら、そこに差別を持ち込んでいたことは、浄土の否定に直結します。なぜなら、差別を許容する浄土は、もはや浄土とはいえないからです。この意味において差別法名は、教えを貫く営みを放棄することによって、教えそのものを空洞化させてしまった教団の歴史をあらわしています。

添え書きの中に、「穢多」をはじめとして「革田」「長吏」など、封建社会の身分を表す言葉が多用されています。報告された過去帳のほとんどが江戸時代の初期以降に作成されたものであることと併せて考えれば、過去帳は宗門人別帳とともに身分制支配に直結した成立史を持つものであることをうかがわせるものです。寺院が身分制支配に組み込まれる過程で過去帳が整備されてきたものであるとするならば、過去帳は今日も家や身分にこだわる観念を補強する役割を持っていることが頷けます。こうした観点から今日の過去帳を見直せば、伝道教化の目的に添った寺院の帳簿であるかどうかが再考されねばなりません。

(ロ) 差別添え書き（差別につながる添え書き）としての分析

今回の調査では、七七〇の寺院から「差別につながる添え書き」（本書ではこれらは本質的に差別添え書きとの判断に立つものですが、必要に応じて「差別につながる添え書き」との表記を併用します）が報告されています。これは、前回の調査結果を大きく上回る数字です。今回は全教区、組で事前学習会をもって調査に臨んだことから、調査対象についての理解を深め、また疑問点を確認して調査を実施することができました。調査が「信心の社会性」にもとづいて取り組まれてきた運動の一環として行われることを理解したことが、多数の「差別につながる添え書き」の報告に結びついたものです。

ここで留意しなければならないのは、「差別につながる添え書き」の扱いです。過去帳の記載が問題となった発端は、過去帳が身元調査に利用されてきたことによります。過去帳に記載された添え書きの内容が、今日の人権を侵害するような可能性を持つ記載であれば、これを放置したままにすることはできません。今回の調査では、このような可能性を持つ記載を死因、国籍、職業、出生に関わる事柄、族籍、その他の六項目に分けて調査対象とし、事前学習会や「調査の手引き」を通してその具体的な例を提示しています。その結果、全国各組、各教区で差別性の判定を協議した後に教区報告書が作成されています。それらは、人権の侵害に結びつく記載、すなわち今日の市民的権利の侵害に結びついたり、あるいは故人の人格が不当に貶められるような可能性を持つ記載と認められたことになります。

3　過去帳の書き換えについて

一九八六年に定められた「過去帳又はこれに類する帳簿の取り扱い基準」では、記載事項が限定されており、それ以外の内容を含む過去帳については、全面書き換えを規定しています。現在、各教区では、過去帳の書き換え作業が進行していますが、「差別につながる添え書き」については、いくつかの教区より自主的に書き換えを行うとの方針が伝えられています。この作業が円滑に進行することが望まれるのはもちろんですが、それとともに、作業終了までの間、差別性を認定された過去帳がそのまま自主性に任せるという名目で放置されることがないよう、速やかな措置が各教区の基幹運動推進委員会によって講じられるべきです。各寺院からの調査表にもとづいて差別性の認定をしたのですから、それを放置したのでは、報告寺院に対する責任を回避したことになります。

今回の調査では、「信心の社会性」の実践といわれるように、宗教者の責務を果たすことが問われているのです。私たちは、調査によって明らかにされた背信の事実が、今日の宗教者を糾していると受けとめるべきなのです。仏教の原理と宗祖の教えに背くような教団の歴史を明らかにすることが、二度と同じ差別を繰り返さないために必要なことです。過去帳を書き換えることは、罰則として受けとめるべきではないのです。過去帳に記載された事柄が人権の侵害に結びつく事態を防ぐために今しなければならないことが、過去帳の書き換えなのです。

4　過去帳のあり方と公開性

（イ）過去帳について

江戸時代の島原の乱以後、幕府によりキリシタンの禁止を徹底するため宗門改制度が実施され、寺院と檀家が行政的に結ばれました。そして、寺檀制による寺院と檀家の結合とともに、家の観念を支える祖先崇拝が強くなったといわれています。過去帳は、その宗門改制度の中で成立する宗門人別帳と表裏一体となって成立し、民衆管理と先祖供養のためのものとなったと考えられます。

そして、一八七一年に宗門改制度・寺請制が廃止されても、実質的には現在まで寺檀関係は存続しています。その上に現在の教団・寺院は成立していることから考えても、現在に至っても過去帳は寺院と檀家という関係の中で、民衆管理と先祖供養のためのものという形でいまだに機能しているのです。

しかし、今回の調査の事前学習会の中で、過去帳の「取り扱い基準」の第四条「過去帳に記載すべき事項」の「世帯主」という記述に問題があるとの指摘がなされました。この指摘は、今までの教団・寺院の家意識にもとづいた考え方に対する問題提起でした。早速「取り扱い基準」は、「世帯主」から「施主もしくは喪主」という形に改められ、あくまでも一人ひとりの門信徒の記録という位置づけが改めてなされました。つまり、念仏のみ教えに生きぬかれた門信徒一人ひとりの記録であるというわけです。

江戸時代からの民衆管理と先祖供養のためのものという過去帳から、真の意味での念仏のみ教えに生きぬかれた門信徒の記録としての過去帳への方向を持って、過去帳はどうあるべきかということを考えていかねばなりません。

また、今回の調査を通して「過去帳に、亡くなられた方の様々な情報を記載することで、後の教化活動につなげてきたのだから、個人情報を書き込むことは必要なのではないか」という意見が出されました。確かに個人の情報を把握して、一人ひとりのご門徒の苦悩に応じた教化活動が必要だということはいえるでしょう。しかし、そのような情報を過去帳に記載するということは、その過去帳を住職の備忘録として私物化することにもなりかねません。あくまでも「取り扱い基準」に従った記載内容にすべきです。

このような考えにもとづいて、個人情報を記載するもの等（「現在帳」などといわれるようなもの）が別に考えられるかもしれませんが、その記載についても、人権侵害につながらないものとしなければなりません。

（ロ）過去帳の公開について

過去帳が、念仏のみ教えに生きぬかれた門信徒の記録であるならば、その記載内容については、当該門信徒の要請にもとづいて公開・閲覧されることが望ましいのは当然です。

しかし、今日までの過去帳には差別添え書き等の差別記載がなされ、身元調査を目的とした不当な過去帳の閲覧等により、差別に加担してきた事実が指摘されてきました。その結果、現在では、過去帳は、総局告示「過去帳又はこれに類する帳簿の取り扱い基準」によって閲覧禁止措置がとられています。

しかし、このことによって起こる問題も決して見逃すことはできません。まず第一に閲覧禁止によって「私の先祖に差別法名や差別記載があるのではないか」という疑念に答えられないという点です。

本調査は、差別記載の事実の有無を調査するだけのものではないことはいうまでもありません。今回明らかにされた様々な差別記載の事実を、差別をしたまま放置してきたことも含め、関係遺族の方々に明らかにし、その差別の事実を前にして向き合い、話し合うことを通して、ご門徒の願いに応えていくものでなければなりません。その上で、関係各団体、関係遺族との連携のもと、すべて書き換えていく取り組みを教区・組全体の課題として行い、人権侵害につながらない公開・閲覧のできる過去帳にしていかねばなりません。

調査の過程で、「書き換えは、差別の事実の抹殺であり、差別隠しになるから疑問だ」といった意見も聞かれました。しかし、今回の過去帳書き換えは、前述のような取り組みを経ての書き換えであり、差別隠しというより、むしろ差別の事実をよりはっきりとさせ、過去帳に対する私たち僧侶の意識を新たにする取り組みなのです。門信徒の「事実を知りたい」という当然の求めと「差別をなくしたい」という切実な願いに応えるために、過去帳の書き換えは不可欠なことです。「当該のご遺族に記載の事実を報告・謝罪し、すべての過去帳を書き換え、原簿を厳重に保管する」という書き換え作業は、「隠蔽」ではなく事実を明らかにし、みずからが御同朋の社会をめざす主体としての、まさに「信心の社会性」の実践なのです。

また過去帳は、私たちの宗門だけの問題ではありません。今回の調査で明らかになった様々な課題を、全日本仏教会（「全日仏」）、「同和問題」にとりくむ宗教教団連帯会議（「同宗連」）等を通じ、仏教界全体の問題として共有する営みを行わねばなりません。

5　規定外法名の分析と取り組み

規定外法名

ア　四字・六字法名等をつけている寺院。

三一教区並びに沖縄開教地　五三五三ヵ寺

三一教区並びに沖縄開教地　一五八〇ヵ寺

イ　位号がついている寺院。

三一教区並びに沖縄開教地　五〇八五ヵ寺

ウ　置き字等がある。

三一教区　九四一ヵ寺

規定外法名の現状

ア　現在は宗派の規定の法名にしている。

三一教区並びに沖縄開教地　三五三一ヵ寺

イ　現在も宗派の規定外の法名をつけている。

三〇教区並びに沖縄開教地　一七二〇ヵ寺

今回の調査では、はじめて規定外法名の問題が取りあげられました。このことは、今後の運動展開に新たな影響を持つ内容を含んでいると思われますので、ここに改めて取りあげてみます。

「規定外法名」を報告した総寺院数は五三五三ヵ寺で、調査表提出寺院の五割以上にものぼります。中でも最も多いのが「位号」の五〇八五ヵ寺で、次いで「四字・六字法名」一五八〇ヵ寺、「置き字」九四一ヵ寺となります。また、「現在も規定外法名をつけている」との回答が一七二〇ヵ寺からありました。教区によっては、今なお半数以上の寺院が「規定外法名」をつけていることも明らかとなりました。

規定外法名を持つ寺院の絶対数の多さに注目してください。過半数を超える寺院から規定外の法名が確認されたことについては、法名の成り立ちにまでさかのぼって、その原因が考察されるべきでしょう。

さて、「規定外法名」がつけられてきた背景には、法名の字数が多い方が「位が高い」「ありがたい」という社会通念があります。法名の本来化を考えると、そうしたみ教えに反する価値観を肯定し安易に迎合してきた寺院・僧侶のありかたにこそ問題があるはずです。「法名に格差をつけないで、どうやって門徒の貢献にこたえていくのか」という意見からは、世俗の価値観を巧みに利用して法名に格差をつけてきた姿勢がうかがわれます。こうした行為は、浄土真宗のみ教えに反するものであるのはもちろんのこと、まさに「僧侶の特権意識・支配者意識」の表れです。字数の多い法名を求める門信徒に対して、皆等しく二字法名を名告ることのよろこびを伝えてこなかったことを反省しなければなりません。

教団レベルで「規定外法名」の実態を明らかにできたことは、大きな成果といえます。しかし、「規定外法名」を今後の取り組みの課題としてこそ成果となるのであり、数がわかっただけで後は何もしないのでは、成果どころか背信行為となってしまいます。教区によっては、「規定外法名」も書き換えの対象として取り組んでいくこととされています。

みずから明らかにした「規定外法名」に、今後どのように取り組むかが、これからの課題です。中でも「教団の徹底した指導を求める」という他律的態度や「門信徒の要望が強く本来化は困難」といった責任転嫁が、法名の本来化への最大の妨げであると受けとめていくことが大切です。

6　法名の本来化

浄土真宗本願寺派の法名は、「釋○○」という形で必ず「釋」の字をいただき、その後に二字の漢字が続きます。

「釋」の字は、本来お釋迦さまの略称であり、仏の

「姓」でもあります。インドでは、古来から、カースト（四姓）と「名字」が結びつけられてきました。お釈迦さまの僧伽に属することは、インド社会の世俗の差別（四姓）を超えることであり、「釋」の名告りは「本姓なく、沙門であり、釋迦の弟子である」（『増一阿含経』趣意）ことを証したものでもあったのです。

宗祖は二九歳【一二〇一（建仁元）年】のとき、法然上人に出会われ、専修念仏門の一人となられましたが、そのとき「綽空」という法名を法然上人から頂かれました。また三三歳【一二〇五（元久二）年】のとき、みずから「善信」と改めることを申しでられ、法然上人より許しを頂いておられます。

その後、宗祖三五歳【一二〇七（承元元）年】、承元の法難に際し、「主上臣下、法に背き義に違し、忿りを成し怨みを結ぶ。これによりて、真宗興隆の大祖源空法師ならびに門徒数輩、罪科を考へず、猥りがはしく死罪に坐す。あるいは僧儀を改めて姓名を賜うて遠流に処す。予はその一つなり。しかればすでに僧にあらず俗にあらず。」と、弾圧を加えた朝廷に対し、その行いがいかに仏法に背くかということを述べられ、朝廷から無理に与えられた名を返上しました。そして、「このゆゑに禿の字をもつて姓とす。」と、流罪以後、新たに「愚禿釋親鸞」と名告られたのです。

これは宗祖みずからが念仏弾圧の中で、それまでの国家公認の仏教が形ばかりのものであることを、はっきりと指摘されたものです。そして、仏弟子を名告る者が国家の権力を借りて念仏を弾圧するならば、それは仮の仏弟子、偽の仏弟子であると峻別されました。さらに、念仏者のみが真の仏弟子であることを、あえて「釋」の字の上に「愚禿」を姓として「愚禿釋親鸞」と名告られたのです。つまり、宗祖の名告りは鎮護国家としての仏教、戒律を守る仏教と決別し、世俗の権威からの自立の名告りだったのです。

以後、宗祖は、法然上人から許可された「善信」という名と、念仏弾圧の中でみずから名告られた「愚禿釋親鸞」の二つをみずからの名として、「具縛の凡愚、屠沽の下類」たる民衆の中に念仏門の真意を開顕していかれたのです。

御同朋の社会をめざす運動として、宗祖のお心に学び「釋○○」の名告りによって「真の仏弟子」としての道をあゆむために、後述の「院号」の問題とともに、「釋○○」法名への回帰をめざす取り組みを行わなければなりません。

7 院号

このたびの調査に関わる事前学習会、「差別法名・過去帳調査に学ぶ」研修会において、ほとんどの教区から「院号」は問題であるとの意見が出されました。

院号と規定外法名とを単純に比較すれば、院号は規定されたものですが、位号や四字・六字法名は、規定外のものです。しかし、長い法名が値打ちがあるかのごとく望まれることへの対応という面では、院号も規定外法名も同じ意味合いで受けとめられているといわざるを得ません。確かに院号は本山懇志のお扱いとして交付されるものが圧倒的に多いのですが、院号に限っていえば、懇志の納入は、院号そのものを目的としたものになっているのが実態です。これでは本末転倒のそしりを免れません。この問題についての指摘は、以前より様々な機会に論じられてきましたが、財政上の理由から早急な対処は不可能とのことで、詰めた論議には至りませんでした。

しかし、院号はその時代によって様々な意味を付与されてきた歴史を持っています。本山に寄与した人に対する褒賞として下付（現在は交付）されてきたものが、戦時中は国家への寄与を理由とした軍人院号に姿を変え、今日では教団への財政的な寄与に対して交付されるものが圧倒的に多い現状となっています。このことから、院号は形式的な一貫性を保ちながらも、その内容においては教団のその時々の都合を無原則に持ち込んできたものであると理解されます。そして、そのいずれもが世俗の権威を死者に付与するための手段として使われています。これは、法名の本来持っている平等性に明らかに反しています。

差別事件を起こす背景には、長い歴史の中で積み重ねてきた土壌があります。差別を温存助長してきた制度や慣習があります。それらを問い直すことなくして、教団と僧侶が「差別を再生産する体質」を克服して「差別・被差別からの解放へ」と向かうことができないのは明らかです。

8　反差別の教学

（イ）問われた教学とは

　浄土真宗本願寺派連続差別事件の糾弾を受けていく中で、教学的課題として「反差別の教学」が提示されたことは記憶に新しいところです。差別の現実に学び、差別に対してそれを許すことなく、「差別を許さない」と立ちあがっていけるような、教学理解が求められました。

　反差別の教学を構築していく作業の前提として、私たちのこれまでの教学が厳しく問われたのだということを常に確認しなければなりません。前回の調査を契機として、寺院の過去帳に、ともに本願に生かされた同朋の名簿とはほど遠い内容の、差別記載があることを見抜けず、差別記載の事実を目の前につきつけられたとき、それに応えることができない私たちの信心のありようが問われたのです。それは、次のようなものでした。

※差別の現実からの具体的問いかけに眼をそむけてしまう。

※自分自身を傍観者の立場におく。

※お聖教の言葉の中に逃げこんで、専門用語をしゃべってことたれりとする。

※現に解放運動をしている人を、「まず信心の獲得が大事だ、あれでは差別の本当の解放にはならない」といって引きずりおろす。

※僧侶が差別をしているという事実をつきつけられても、「僧侶はチョット違う」という殻から抜けだせない。

※教えに生きるということが、「心のもちよう（内面の問題）」という枠をでない。例えば、「煩悩心があるから差別はなくならない」ということになってしまう。

これは、「信心」は如来より賜るもので至純であり、社会（娑婆）は煩悩にまみれた世界であるから、念仏者は社会に関わる必要はないのだという教学態度です。また、一方において、「信心」さえいただければ差別問題はなくなるという「信心第一主義（信心万能主義）」の考え方があります。現に差別問題があるのは、信心のいただき方が足りないからだという考えです。

いずれにしても、「信心は社会とは無関係だ」という枠組みでものを見つめ考えることになります。それは社会の諸問題に対して無関心をよそおいながら、社会を批判するという無責任な態度を生みだしました。部落差別に対しても、当然傍観者でありつづけようとするのです。そこには、あらゆるいのちに共感していくという教学的営みはありえません。

(ロ)　何処に立つか

６で述べましたように、「愚禿釋親鸞」という宗祖の名告りに込められたおこころをともにいただいていくことが、法名にかかわる教学の営みです。浄土真宗の特色の一つに「悪人正機」があげられますが、それこそ宗祖みずからが、自分が何処にたって念仏していくのかという、自己の位置づけを規定された命題でありましょう。

『浄土真宗本願寺派連続差別事件糾弾総括書』の中で、「悪人」についての新たな学びが提示されています。

《先ほどお尋ねになりました悪人正機の悪人という問題でございます。

これは悪人というのは、経論の一般的な解釈の場合は、いわゆる『十悪五逆具諸不善』と、こうお経に書いてある十悪とか五逆罪を作ったものとか、正法を誹謗するものということでございます。ところが親鸞聖人の場合、もちろんそれはふまえていらっしゃるのですが、もっと具体的に悪人を指摘される場合があります。それは法照禅師の『五会法事讃』の文章の中に、「但使回心多念仏、能令瓦礫変成金」という言葉があります。それを『唯信鈔文意』の中でご解釈されるのですが、そこに「具縛の凡愚・屠沽の下類、無碍光仏の不可思議の本願、広大智慧の名号を信楽すれば、煩悩を具足しながら無上大涅槃にいたるなり」といわれています。その「屠沽の下類」という言葉の釈の中で、屠というのはものの命を屠る者だ、沽というのは商いをする者だといわれています。殺生を職業としているものや、商人は、その頃の仏教の常識としては下類とみられていたわけです。不殺生戒を犯し、不妄語戒を犯す悪人とみなされたからです。ところが親鸞聖人は、そのようなものこそ阿弥陀仏の慈悲の本願の正機だとみられたわけです。当時商いをするということは、うそをいって人をたぶらかすものとみられ、社会的にも下層とみなされていた、そんな状態がございます。そういう屠沽の下類、これを「瓦礫」といわれたのだとして、「れふし・あき人、様々のものは、みな、いし・かはら・つぶてのごとくなるわれらなり」といい、これを黄金のごとく尊厳なものにかえなしてくださるのが、阿弥陀仏の本願なのだといわれています。ここで親鸞聖人は確かに悪人というものの具体的な視点を、そういうところに置いていらっしゃったということがわかると思うのでございます。親鸞聖人自身が承元の法難で、僧籍を剥奪されて流罪となり、流罪が赦免になっても、後々まで「流人善信」と呼ばれたような、そういう方でした。そして生涯、一介の「念仏ひじり」として民衆とともに生き、むしろこういう屠沽の下類といわれた人たちに、連帯をしていらっしゃる。それが「いし・かはら・つぶてのごとくなるわれらなり」という言葉で、そういうところに悪人というものの具体的な姿を見ていらっしゃったのではないか、そういうふうに思うのでございます

（『糾弾総括書』三一一頁～三一二頁）

宗祖は悪人を「十悪五逆具諸不善」と捉えてきた伝

統的な解釈にとどまらず、「れふし、あき人、様々なものは、みな、いし・かはら・つぶてのごとくなるわれらなり」と、具体的な人間に見ておられたのです。しかも、それに続けて、その悪人が、阿弥陀如来の本願によって黄金のごとく尊厳なものに変えなされていくという視点が示されています。

ここにおいて、「愚禿釋親鸞」は、みずからがだれとともにあったのかを示す名告りと受けとることができます。この名告りは、「十方衆生」から自己を切り放つものではありません。むしろ、十方衆生に「私はこのような悪人としての存在なのだ」と、ともにあゆむことを宣言する意味を持つものでした。

今回の調査によって明らかになった差別法名、添え書き、規定外法名の実態は、宗祖の名告りとはまったく異なった考え方が法名の名づけに混入し、その考え方によって過去帳が記載されてきたことを裏づけるものです。その異なった考え方とは、世俗の権威を様々な形で付与することが法名の価値を高めるとするものでした。これは宗祖の、下層、下類のものをつくりださずにはおかない世俗への批判原理としての名告りに背くものです。

悪人を具体的な視野の中に捉えた宗祖にとって、「愚禿釋親鸞」という名告りは、十方衆生に対するみずからの悪人であることの表明に他なりません。

反差別の教学を今回の調査を通して模索するならば、まず宗祖の名告りにその原点を見いだすとともに、名告りに込められた批判原理がなぜ見失われてしまったのかを教学の課題として明らかにすることが大切です。

9 各教区・各組における取り組みについて

今回の調査では、一人ひとりの住職が、差別を見抜こうとする観点から改めて過去帳に向かい合う営みを持ちました。そこで私たちは、かつて封建制身分制度を補完し、今日まで基本的人権を侵害する様々な記載を放置し、その上身元調査に加担してきた差別の現実に向き合うことになりました。

とくに、組や教区の主体性・自主性を尊重して行われたことにより、これまでは「一部の人の」「上意下達の」取り組みと理解されがちであった運動が、個々の住職が差別と向き合い、どうそれを克服していくかを明らかにしていく端緒となる、まさに宗教者としての取り組みのスタートとなるものでした。今回の調査を通して一人ひとりが学んだ差別の現実を、組、教区、そして教団全体のものへと広げていけるよう、今後も各教区・各組での取り組みが重要です。

また、今回の調査は、調査表に記入されることのない多くの「気づき」を得られる機会となりました。それは、例えば過去帳の記載形式が男性中心の家長制度をいまだ引きずった「家意識」そのものであるということや、過去帳自体が僧侶の門徒支配の象徴ではないのかといった指摘となって報告されています。また、院号を問題視する声が、全教区に共通していることも明らかになりました。

「信心の社会性」の実践として行った今回の調査を、「調査のための調査」で終わらせてはなりません。そのためには、事前に確認されている「教区・組で自主的・主体的に取り組む」方向を継続することはもちろんですが、他の教区・組の具体的取り組みに学ぶ姿勢をおこたることなく、明らかにされた差別の事実に一人ひとりがどう取り組んでいくのかを今後の運動の核にしてこそ、調査を宗教者としての主体性あるものとできるのです。

あとがき

差別法名・過去帳調査についての総括を行い、私たちにとって、様々な課題が明らかとなりました。本書では、とくに共有されるべき課題を中心にまとめています。いうまでもなく、これらの課題は、一人ひとりの差別の現実から出発するということでなければなりません。その支えによって、それぞれの課題が具体化されていくのです。

そして、その取り組みは、「同朋教団として本来の姿に回帰する営み」として、差別体質を抱える宗教者として常に問われてきたことです。

今回の調査は、その真摯な報告にありますように、私たち一人ひとりにとって、具体的にその方向を模索し、考えることのできる契機となりました。

ただ、それは、過去への思慕による「回帰」ではないことだけは確かです。というのも、私たちの営みは「本来化」という名の下に実は、まったく新しい関係を築くことに他ならないからです。

【第四章】
基幹運動計画書

【1】一九九一（平成三）年度　基幹運動計画

浄土真宗の宗祖親鸞聖人は、いのちあるすべてのものが阿弥陀如来にひとしく救われてゆく往生浄土の教えを示してくださいました。この教えに生きるとき、私たちのいまここに生きる意味とその方向が明らかになり、人間相互の信頼を回復し、互いにいのちの尊厳を認めあい高めあうことができるのです。そこに「御同朋」の生活が開かれてきます。御同朋とは、如来の本願をよりどころとして苦難にあえぐ人びとと共に生きられた親鸞聖人の人間平等の精神を表しています。私たち念仏者はこのこころを基調として、御同朋の社会の実現をめざすものです。

現代の社会をかえりみるとき、近代文明の発展が私たち人間に多くの利益をもたらしてきています。しかし一方では、人間のもつ自己中心的なあり方が、他者を自らの支配下におこうとする思想を強めてきています。それは単に個人にとどまらず、国家や民族が他を支配し抑圧することにまで及んでいます。そのために、人権侵害をはじめとする差別の現実をもちつづけ、さらに戦争の脅威、環境の破壊など人類絶滅の危機を生みだしています。

私たちの教団は同朋教団を標榜しながらも、部落差別をはじめとする社会の差別構造を教団自身に反映して、自らのもつ差別性をいまだ克服しえず、また、社会の問題にも消極的なあり方を示しています。

私たちはこのような社会と教団の状況を直視し、教団のなかのさまざまな活動をひとつひとつ点検して、自らと教団の差別性を改め、積極的に社会の問題に取り組み、教団本来の姿を回復して御同朋の社会の実現につとめなければなりません。そのためには、いのちあるすべてのものの救済を願う信心の真の姿を見失い、単に個人のこころの問題に閉ざしてきたあり方を問いなおすことが必要です。

御同朋の社会をめざして、基幹運動（門信徒会運動・同朋運動）を推進することは、全員が聞法し全員が伝道して真の信心の行者になるとともに、全人類の課題を自らのものとして担う念仏者としてのいとなみです。

Ⅰ　目　　標　　御同朋の社会をめざして

Ⅱ　スローガン　　念仏の声を　世界に　子や孫に

Ⅲ　重点項目

①み教えに学び、信心のよろこびに生きる念仏者として、人びとにみ教えを伝えよう。―浄土真宗聖典による学びを―

②お寺を活性化し、人びとの悩みに応える活動を展開しよう。―組基幹運動推進態勢の充実を―

③私と教団の差別の現実を改め、真の同朋教団を確立しよう。―寺院・組における研修の徹底を―

④平和・人権・靖国をはじめとする社会の問題に取り組み、いのちの尊厳をまもろう。―生活の場を通じての学習と実践を―

【第五章】

僧研ノート

【1】基幹運動推進僧侶研修会の開催にあたって

一、本僧侶研修会の課題が提起された背景

一九七九（昭和五四）年にアメリカで世界宗教者平和会議が開かれた際、その席上で全日本仏教会の代表者が差別発言を行いました。そのことをきっかけとして日本の宗教界の差別体質が明らかになりました。

その後、全日本仏教会からの要請を受けて、私たちの教団も全寺院を対象として、一九八三（昭和五八）年から約三年間を費やして、墓碑・法名・過去帳の記載事項についての全国調査を行いました。（その調査表の回収率は九五・二パーセントでした。）その結果、私たちの教団においても、過去帳に「穢多」・「非人」・「下輩」といった添書（そえがき）をはじめとした様々な差別記載があったことが判明しました。それらの添書の大半は江戸時代のものですが、明治以降のものもありました。

この調査の後に、広島県内の一住職から部落解放同盟広島県連合会に対して、「自分の寺院の過去帳のなかに、重大な差別記載があることについて、深い反省と、部落問題解決への努力を誓う」という自己告発がなされたのです。これを契機に、備後教区・安芸教区では「当該寺院だけの問題ではなく、各寺院・各住職一人ひとりの問題である」という認識に立ち、一九八五（昭和六〇）年より約三年間にわたって、部落解放同盟広島県連合会から「糾弾学習会」を受けてきました。その後、備後教区・安芸教区・部落解放同盟広島県連合会の三者の方々が、先の「糾弾学習会」を発展させた「同朋三者懇話会」という場を設け、今日まで過去帳の差別記載の事項をめぐって膝を交えて討議を深めてこられたのです。

二、問われた僧侶の体質

話し合いは次のような事柄を中心に、一九八五（昭和六〇）年から約五年間にわたって続けられました。

●差別の添書をしてきた誤りに対する厳しい批判や指摘を、自分自身の問題としてどのように受け止めるか。

●外部から指摘を受けるまで、差別の添書を自らの問題とすることができなかったのはなぜか。

●差別の添書があったという事実から、どういうことが明確になってきたか。

この話し合いを通して、かつての封建社会体制の上にあぐらをかき、差別の問題を含めて社会の様々な問題に目を向けようとしなかった僧侶の体質が浮かび上がってきました。具体的には次のような事柄です。

●自分自身が気づかないまま差別意識をもっていること。

●「信心」を単に〝こころの問題〟として受けとめてきた結果、ご法義が生活や社会の問題とかけ離れたものとなっていること。

●ともすると、教学が抽象的理解に終始し、伝統の名のもとに封建教学を無批判に踏襲して、差別を温存し再生産してきたこと。

このような体質ではたして仏教者・念仏者といえるのかということを自問自答しながら、話し合いは仏教や浄土真宗の教えにまで深く掘り下げられていきました。その結果、先の僧侶の体質を形成してきた一因は、今までの教義の理解の仕方に問題があったからではないかということが明確になってきました。その教義理解の問題として整理されたのが、後に述べる「真俗二諦の問題」、「業・宿業の問題」、「信心の社会性」という三つの課題でした。

その課題にじっくりと耳を傾けてみると、それはそのまま僧侶一人ひとりが抱えている問題であることに気づかされます。私たちの教団が本当の同朋教団に脱皮し、各寺院が人々の悩みや苦しみに応える寺院となっていくためには、私たち僧侶が今回提起された課題を自分自身の問題として考え、私と教団の体質を改めていかねばなりません。そうした立場から、一九九二（平成四）年度より、教団あげて基幹運動推進僧侶研修会が開催されているのです。

【2】信心の社会性

一、問題の提起

信心の社会性とは、真実信心に生きる念仏者（信心の行者）が現実の社会にかかわる実践を問う教学の課題として、提示されてきたものである。そこには従来の教学（伝統教学）における信心の観念化、個人化に対する反省と批判があり、また欠落していたものを補完するという意図がある。浄土真宗における信心は、一切衆生の平等の救済を願う如来の願い（本願）を信受することであり、そこには永遠の真実、普遍の真理を見い出し確信しているのである。そうしてこの真実に生きるところに、念仏者としての主体性が確立する。その主体性がひとしく如来の真実心を根本・本質としていることはいうまでもなく、これが真実信心といわれる所以である。

この信心に生きる念仏者は、なによりもまず第一に如来の真実心を人生を照らす光として仰ぎ、それを人生の原理とするものでなくてはならない。信心の社会性は、この信心に生きる念仏者の社会性を問うことと同じである。念仏者は現実の社会、この娑婆世界、一切群生の中をいかに生き、何をなすべきかを、念仏者としての主体性をきびしく自己に問いただしながら、明らかにしていかねばならない、というのが念仏者の社会性を問うことである。そうしてこの問いに答えることは、信心に生きる道を、現実の社会において確立していくことにほかならない。大切なことは、これが現代の教学に求められている中心課題であるとともに、そこに教団の再生がかけられていることである。

「信心の社会性」ということは、教団が同朋教団であるという教団人としての自覚とその自覚に立った教団の社会的責務を果たす実践を広く教団に呼びかけ、「御同朋の社会をめざして」すすめている基幹運動において、早くから提示された問題であった。最近、同朋三者懇話会（以下三者懇）が『「同朋三者懇話会」のまとめ』を発表し、そこにおいても教学のもっとも重要な課題として取りあげ、それをより徹底して明らかにするよう強く訴えている。広く宗教、信仰とは、何よりもまず自己を問うことから出発する。信仰によって自己の生が問い正され、浄土真宗的にいうと、罪悪深重の凡夫である自己の姿が自覚せしめられる。しかしこの自己は現実の生においては他者から全く切りはなされた存在ではない。歴史的にも社会的にも一切のものとの深い関係の中において存在している。したがって自己は孤立した、閉ざされた存在ではない。また自己の生きる場は、まさしく歴史と社会の現実そのものにある。そこで自己を問い、自己を明らかにすることは、歴史と社会の現実そのものを問い、明らかにすることと別なのではない。われわれの目の前にある事実、その事実の真相から目を背けることは、自己を問い、自己を知り学ぶことから全く背反するのである。このような現実から目を背けている自己をとりもどすことが、「信心の社会性」を明らかにする教学の第一歩なのである。

「信仰は個人の心の問題であり、社会の問題とは別である」という信心の受けとめ方があり、その声をよく聞く。しかしこれは自己閉鎖型の信仰であり、また歴史と社会の現実とかかわろうとしない現実逃避型の信仰である。そうしてこのような信仰の立場を正当化するために、とくに明治以来定着した真俗二諦における論理、すなわち世俗の真理と信仰の真理とを二元的にとらえ、その両者を並列して融和させる論理（二諦相資の論理）が巧みに利用されたのである。このような信心理解、あるいは信心の受けとめ方に立つなら、信心の社会性はまったく論外のこととされるのであって、従来の伝統教学はこの傾向が強く、歴史や社会の現実を問題にしない教学にこそ教学の純粋性があるとすらみられてきたのである。

ところで、信仰者が信仰に生きる場は、まさしくこの現実の世界である。娑婆世界であり、煩悩熾盛の凡夫の世界、無明性、煩悩性に貫かれている世界、一切群生海の世界である。浄土真宗の信心がこの世界にいかに働き、信心の行者の主体性をどう変革していくか、みずからの主体的取り組みによって明らかにしていくことこそ、信心の社会性のポイントとなる課題である。そのためにこの現実の世界から目を背けることなく「歴史社会の視点から信心を問いなおし、さらに信心の具体性をあきらかにしていく」ことから始めていかなければならない。

ところが現実の伝統的教学においては、この視点がとかく見失われがちであった。というよりこの視点に立とうとしなかった。そのために、従来の教学においては、歴史的社会的現実の中に生きる信心のありようがほとんど明らかにされていない。したがって現実の諸問題について、浄土真宗の信心の立場から取り組む教学は、ほとんど見られず、未開拓といってよい。たとえば、人権と差別、戦争と平和、政治と宗教、国家と教団、医療と生命、自然と人間、環境と生活、習俗と俗信など、現実の社会においてかかえる重要かつ深刻な諸問題について、念仏者の立場から取り組み、学んでいく教学は、皆無といってよい。したがって社会から浄土真宗に意見や考えを求めることもほとんど見られない。

教学的にみても重要なことは、これら社会の諸問題（それらは全人類が担う課題といってもよい）に念仏者として取り組むことにおいて、信心のダイナミックな意味が明らかになり、信心の具体性をもったはたらきが知られ、現実に生きて輝いてくるということである。教学が抽象的に取りあげられ、信心が観念化されてしまうのは、このような認識や自覚を欠くためであって、それでは信心は現実から切り離され、遊離していく。信心のダイナミックな生命が失われ枯渇してしまう。われわれの信心の受けとめ方が見直されねばならないと、強く反省を求められる理由も、まさしくここにあるのである。

また信心の社会性は、現実の社会における苦悩をみずから担い、その解決をめざして、一切衆生といたみや苦しみを共感しながら、教えに問い、聞き学んでいくところから出てくる。この苦悩をもたない教学のいとなみでは、信心の社会性は全くといってよいほど問題となって浮かんでこない。そこでは信心とは、全く個人の心の問題として受けとめられてしまっているからである。たとえば、業・宿業の従来の受けとめ方において、そのことは顕著にあらわれている。すなわち業・宿業は個人における内面的な受けとめであって、他人に押しつけるべきではない、という理解である。いいかえると、業・宿業の身というように、業・宿業は自己を内観する中味としていわれている、というのである。このような理解は信仰を個人の心の問題として考える立場からは、きわめて妥当な解釈であると見られよう。しかしこのような理解は、業・宿業を個人の心の問題に閉じこめてしまうために、歴史・社会の中に厳然として存在している矛盾や苦悩に目を向けさせないのである。現実にある矛盾や苦悩をみずから担い、解決していかねばならず、そのことにおいてこそみずから業・宿業から解放される道がある、という視点が大切である。

「宗祖は、歴史的社会的共業（＝苦悩の現実）を自己の課題として担う中で、逃れがたい自己の保身（自己中心性）を見極め、徹底して批判していかれた。その歩みの中から、歴史的社会的課題を担い続ける〈親鸞一人〉という自己の誕生と、〈われら〉として共にいきる人々との連帯を獲得していかれたと思われる。あくまで「共業」と「不共業」は二つの業ではなく、業の受けとめ方の側面である。」（『三者懇』まとめ、四〜五頁）

ここに、業・宿業を自己一人の内観とすることによる陥りやすい誤り、すなわち「課題を担うのは〈一人〉の自覚であるが、それが今までは社会性・歴史性の喪失とすりかわってしまっていた」（同、七頁）ことへの徹底した見直しによって明らかになった大切な視点が提示されているのである。

この業・宿業の受けとめ方についての批判は、そのまま信心の味わい方、受けとめ方についてもあてはまる。第四回全国布教使大会における法話において、即如ご門主は、「ちなみに、宗門の基幹運動であります同朋運動が私たちの宗門の中でなかなか本当の成果を上げるにいたっておりません。いろいろな角度から考えることができると思うのですけれども、一つの角度から見ると、お念仏の教えが、ただ信心を得てお浄土に参るという心の中だけの問題になってしまったといえないでしょうか。そのとき、他の人々がどういう生き方をしているのか、どういう苦しみを抱えているかということが見えなくなる。関心が及ばなくなる、という信心の味わい方そのものに、私たちは目を向けなければならないということを感じるのであります。そういう意味でも、単に同朋運動そのものの改善だけではなくて、その根本にある私たちのお念仏の受け取り方そのものに、もう一度目を向けて、掘り起こしていく必要もあるということを感じます。」（「布教団通信」第七号）と述べられているが、われわれの信心の受け取り方、味わい方についての指摘は、まことに大切な点を押さえられたものといえる。

従来、とかく教団の教学において、現実を視野に入れることなく、抽象的な教学理解と議論に終始しがちであった。そこにはまさしく現実を問題にする信心のあり方、すなわち信心の社会性は欠如していた。したがって信心の社会性がいわれるところには、当然のことであるが、従来の抽象的観念的な教義理解に対する反省と批判とが含まれている。現実に視点をおいて教義を見直していく必要性がとくに強調されるのである。その重要性は、「信心の社会性こそまさに浄土真宗の再生をかけた問いであった」（「三者懇」まとめ、一九頁）と押さえられるのであって、念仏者の実践のあり方に対しては、次のように指摘する。

本願および他力の宗旨において、何が徹底的に〝暴かれる〟かといえば、それは以上見てきたように「宿業」が明らかにする自己自身の実存の姿である。

ところが従来〝いったい宿業とは何のことなのか〟が問われにくい状況があった。おそらく〈罪悪深重〉〈無始已来の罪業・悪業〉などという領解をせまられるのであるが、じつはこの説明が曖昧である。仏智に対しては〈はからい〉を捨ててひたすら信順、聞法が強制された結果である。己の「宿業」には殆ど関心を払わないという、この曖昧さがまさに本願への甘えとして存在してきた。

我々は、〈本願にさからう〉ことをわが身の罪と押さえ、「罪業」と呼んできたと思うが、この〈本願にさからう〉という内容こそ何であったろうか。

衆生救済の願いは衆生の生きる場においてのみ意味を持つ。したがって、如来に願われた世界とはこの娑婆世界のことであり、我々の側から言うなら、〈遠い過去から願われ続けた私の生活において〉逃げ回ることは何であったかである。

ともすれば〈仏〉という虚像を観念し、〈本願の救いをたのまない〉ことが罪であると聞くことによって、我々はひたすら〈本願の救い〉という抽象概念（来世往生等）へ己の信順を〝振り向ける〟。しかし、そのことはますます娑婆世界を遊離する意味で、〈本願に願われた世界〉から遠ざかる事にしかならない。『誹謗正法』＝正法にそむくものを救わない。難化の機、難治の病と戒められた中身はこのことであったと思う。わが身を励まして信心ぶりに向かうことを教学では〈自力＝賢善精進〉と押さえている。

本願に願われていた筈の〈本来なさねばならぬこと〉を確立しえず逆らい続けて（逃げ回って）いたこととは何か。我々で言えば、〈業・宿業〉とは、人生において主体を確立させえなかった〈抑圧〉（部落差別からくる疎外）のことである。念仏が抑圧を解きほぐすことで自覚されてきた〈部落に生きる〉という現実に気づかしてもらわねばならない。念仏者の実践とは、迷う事なく社会的現実に立ち向かい、ごまかすことなく各々生まれついた自己の生（＝宿業）を全うすることである。」（「三者懇」まとめ、二四〜二五頁）

この指摘はまことに適切であって、念仏者の社会的実践のあり方を徹底して掘り下げている。教団の再生のために、この指摘のとおり、一人ひとりが念仏者としての主体性に立って、これを受け止めていかなくてはならないであろう。

第I期基幹運動推進僧侶研修会『研修資料』

【第六章】答申・提言

【1】「戦後問題」検討委員会答申

一九九六年一月二四日

基幹運動本部長　豊原大成　様

「戦後問題」検討委員会委員長　赤松徹真

「戦後問題」検討委員会答申

一、はじめに

敗戦から五〇年、冷戦後という「新たな戦後」過程の一九九五年四月一五日に、本刹御影堂において、ご門主ご親修のもと「終戦五十周年全戦没者総追悼法要」が勤修された。ご門主は、「省みますと、私たちの教団は、仏法の名において戦争を肯定し、あるいは賛美した歴史をもっております。（中略）この事実から目をそらすことはできません。仏法の名において戦争に積極的に協力していった過去の事実を仏祖の御前に慚愧せずにはおれません。」と、教団の過去の戦争に関わる事実に誠実な目を向けられ、慚愧のお心をあらわされ、続いて、「私たちは、常に阿弥陀如来の大悲・智慧のお心に立ち返り、世界の人々が強い信頼で結ばれ、本当の平和がもたらされることを念願せずにはおれません。（中略）世界の各地で争いの絶えない今、すべての『いのち』を尊ぶ仏教の精神を身につけ、実践していくことこそ、私たちの課題であると申せましょう。」とお示しになった。

この本刹での法要は、基幹運動本部が「各教区における全戦没者五十年追悼法要」の勤修を呼びかけ、それに応えて一九九三年一〇月の鹿児島教区を皮切りに、九四年、九五年と全教区で勤修された、非戦平和の願いを結実したものであった。各教区の法要は追悼だけでなく、平和の集い、講演会・シンポジウム・スライド・一人芝居・パネル展・法要冊子の作成などに取り組み、さらに各教区が積極的かつ自主的に教団及び教区、そして日本に関わる戦争の歴史を掘りおこし、参加者は先の一五年にわたるアジア太平洋地域での戦争が日本の侵略・植民地支配によるものであることを共通に認識し、教団の戦争協力に対するさまざまな事実を直視して、その責任を共にして非戦平和への取り組みの大切さを新たにした。そして全教区における参加者総数は、約五万人にのぼっている。

さまざまな困難な状況のなかで継続して来た、これら非戦平和に向かう教団の営みは、教団の過去の事実に覆いをかぶせたり、目をそらすことなく、私たちの教団にかかわる戦争責任の所在を明らかにし、すべてのいのちの尊さに目覚める信心に基づく、平和な社会の実現を願ってのものであった。

しかしながら、ご門主の「ご親教」のお心とお示しになられた課題や千鳥ヶ淵法要の願い、あるいは教区の追悼法要、平和の集いなどが積極的に取り組まれているにもかかわらず、私たちの先の戦争に対する認識や、戦争に協力した責任に関わる課題はいまだ明らかにされたとはいえない。すなわち私たち浄土真宗の教えに生きる者が、総力戦下の社会のなかに埋没してしまい、いのちを奪い、いのちの尊厳を踏みにじる戦争という行為に加担し、積極的に協力して来たのも、私たちの教団の歴史であることへの懺悔を教団を構成する僧侶・門信徒が全体として共有していない現状であり、「過去の清算」は充分なものではない。

本「戦後問題」検討委員会は、教団の戦争に関わる史実と責任の所在を明確にすることを通して、今日の課題を答申することを目的として、「終戦五十周年全戦没者総追悼法要」後の本年七月に設置された。すでに、宗門では一九九一年二月二七日の第二二五回定期宗会において、「戦前・戦中を通じて、軍部を中心とした国家の圧力があったとはいえ、結果的に戦争に協力したこと、また教学的にも真俗二諦論を巧みに利用することによって、浄土真宗の本質を見失わせた事実も、仏祖に対して懺悔しなければならない。」との「平和への願い」を決議されているが、本委員会はこのような宗会の決議の精神を継承し、直面する具体的課題を答申するものである。

二、教団の具体的戦争協力について

「戦後問題」検討委員会では、あらためて一九三一年の柳条湖事件から一九四五年の敗戦に至る日本が主導した一五年にわたる戦争に関して、原因と結果に関わる歴史的事実に向かい合い、それが日本の侵略・植民地支配に貫かれた戦争であり、アジア太平洋諸国との関係において加害者であり、戦争責任を負うことを共通の認識とした。そして、その戦争に積極的に協力して来た教団に関わる史料の調査収集・事実確認を積み上げ、具体的な戦争協力の実態を概略的に次のように列挙できる。

第一に、「ご門主消息・裏方訓諭、執行長訓告、達示」によって「国体」の護持と侵略戦争を正当化し、翼賛への教導を行い、身をささげて国家に仕えることを教団の指針とした。

第二に、日本教学研究所・思想研究会・戦時教学指導本部などによる教学の刷新、「戦時教学」の形成にいわゆる「教学者」が深く関わり、教学的に戦争行為を肯定した。

第三に、大量の教団関係出版物による戦時翼賛の啓蒙・啓発活動を活発に行った。

第四に、仏教婦人会・仏教青年会・仏教少年会など教化団体が、戦時奉公活動を担った。

第五に、従軍布教ならびにアジア太平洋地域諸国に別院・寺院・布教所を開設しての「海外開教」が軍隊・兵士を支え、また植民地支配地域の宣撫活動の役割を担っていた。

第六に、集会（宗会）での議員による「戦時報国教団」に向けた建議は、戦争を推し進める国策に協力する教団の対応を促進した。

第七に、戦時状況に同調して宗門組織を改革し、「時局奉公事務所」「戦時宗門統監部」などを設置し、事実上、教団の国家付属化へ傾斜せしめた。

第八に、教団は文部省の所轄下に公認を受け、また宗教団体法の法統制下で法律の問題性を直視せず、国家を絶対化していた。

第九に、教団は明治以来の天皇制国家に随順し、「神道は宗教ではない」と国家の主唱する神道非宗教説に基づく国家神道を容認してきた歴史を有し、侵略戦争を正当化し、「国体」護持を教団の社会的役割の一つとしていた。

第一〇に、教団の基本的方針を教学的に保証していたのが「真俗二諦の教旨」であり、宗祖の教えを「護国の思想」「護国の念仏」というように国家主義的に理解していた。

私たちはこのような教団の戦争協力の実態を、敗戦後から長年にわたって意識にのせないようにして来た。なぜなら総力をあげて戦争に協力したこと、戦争の加害者であること、仏教、浄土真宗の名のもとでそれらを行って来たことに、すぐには誠実な目を向けることが出来なかったといえよう。とくに教団の戦争責任を意識にのせることを困難にした一因は、戦時教学の骨格でもあった「真俗二諦の教旨」であり、敗戦後の本格的な教学的検証を等閑視したことが背景にあった。しかし私たちは宗祖親鸞聖人のお心に立ち帰り、戦争の原因とそれがもたらした結果を率直に、そして真摯に直視することを通して、加えて、今なお戦争の傷跡に苦しむアジア太平洋諸国の人々の告発―朝鮮人・中国人の強制連行や強制労働及び従軍慰安婦など―から認識されるようになり、そして教団が社会的にそれらのことに関わる取り組みの第一歩を踏み出したのは、「千鳥ヶ淵全戦没者追悼法要」からであった。

三、教団の今日的課題について

当委員会は、今日教団に寄せられる期待に応えるにも、戦争に関わる「過去を清算」することが前提条件であり、したがって未来を開くためにも避けて通れない課題として、次のように答申するものである。

第一に、教団の戦争及び国家・社会との関係のありようを基礎づけてきた「真俗二諦の教旨」の問題性を直視し、宗祖親鸞聖人のお心に立ち返ろうとする教学の営みを共有するべきである。そのことは、現実認識を国家にゆだねることなく、浄土真宗の立場に基づく教団の固有の現実認識を可能にし、私たちの社会的課題が明らかになるからである。

第二に、「終戦五十周年全戦没者総追悼法要」でのご門主の「ご親教」及び千鳥ヶ淵法要の願いの精神と課題を教団の全体に徹底するため、それに必要な研修条件を整備し、実質的に戦時下の「ご門主消息・裏方訓諭、執行長訓告、達示」などの適切な取り扱いに取り組むべきである。

第三に、お聖教の不拝読の「心得通達」は、教団の皇室及び戦争賛美に関わる過ちにほかならず、失効すべきである。

第四に、聖徳太子尊像安置をめぐる「達示」（「達示甲第二二号」一九三九年九月三〇日付）は、宗祖の聖徳太子敬慕を「国体」護持の太子像へと変容するものであり、失効すべきである。

第五に、仏教婦人会・仏教青年会などの活動内容、そこでの「国体」護持・奉公を尊んだ「画一的な人間像」が、敗戦後においても継承されているのかどうかを検証し、現代の平和と人権に関わる多様な女性・青年・少年少女などの課題を関係機関が協議すべきである。

第六に、「海外開教」については、さきに親鸞聖人御誕生八〇〇年・立教開宗七五〇年記念として『海外開教要覧』（一九七四年三月）が発刊されている。本書ではアジア太平洋諸国への「開教」を「開教使」の活動とともに無前提に美化・称賛し、民族差別が内在していた侵略戦争に加担したことへの反省がみられない。したがって、「海外開教」の全容を明らかにしつつ、関係機関は早急に新たな改訂版を発刊するとともに、アジア・太平洋諸国の人々との交流に取り組むべきである。

第七に、教団が自らの戦争協力に関わる史料を収集し、公表することにおいて、教団の戦争に関わる社会的責任を果たすため、「平和センター」（仮称）を開設し、平和問題に取り組むべきである。

第八に、「千鳥ヶ淵全戦没者追悼法要」の趣旨、「終戦五十周年全戦没者総追悼法要」の「ご親教」の精神に基づいて各教区では引き続いて、教区基推や組基推を中心として平和の集いなどを開催し、非戦平和に向かう取り組みを強化すべきである。

私たちは、教団が以上のような諸課題を担い、実践することを通して、歴史的転換期の今日、教団に寄せられている期待に応え、教団のあるべき道を開いていかなければならないと考えるものである。

四、「戦後問題」検討委員会取り組み経緯

◎第一回
○日　時　七月二〇日（木）一四：〇〇〜一七：〇〇
○場　所　宗務総合庁舎　三階　会議室五
○協議概要　・年内に委員長答申をまとめ上げるという本委員会設置の目的の確認と、委員長互選が行われた。

委員長を中心として、今後の具体的取り組みについての協議がもたれ、その結果、一九三一年〜一九四五年までの一五年間に時期を限定し、下記のような担当で答申の事実関係の根拠を網羅的に押さえていく作業を進めることとなった。

○門主消息・裏方訓諭等・執行長訓告、達示……大西委員
○その書名、著者、出版社、発行所……野世委員
○教団の組織改革（婦人会、青年会等教化団体）
（図を含めて年月日まで）……赤松委員長・後藤委員
○集会（宗会）……後藤委員
○教学「刷新」（内容と機関と年月日）……大西委員
○開教関係……野世委員
○政府・文部省から教団に対する通知……楠　委員
○法制度（国内法と教団の宗制）……楠　委員

◎第二回
○日時　九月五日（火）一三：三〇～一七：〇〇
○場所　宗務総合庁舎　三階　会議室四
○協議概要　・前回決定した各担当ごとに、研究資料を提出し、中間報告がなされ、それに基づく協議が進められた。

今後、各委員がさらに補充・調査を進め、問題点・課題を明らかにしていくこととなった。

◎第三回
○日時　一〇月九日（火）一三：三〇から一六：三〇
○場所　宗務総合庁舎　三階　会議室三
○協議概要　・前回の報告に加えて、さらに補充された内容の詳細な説明が各委員よりなされた。今後「答申」としての課題・問題点を挙げていくことが確認された。

◎第四回
○日時　一〇月二六日（木）一三：三〇～一七：〇〇
○場所　本願寺参拝部　二階　会議室
○協議概要　・担当委員より、さらに追加された内容の詳細な説明がなされ、答申の骨子に関する意見を出し合い、課題・問題点をまとめる作業にはいった。

また、答申の基礎資料となる各委員が収集した史

料を、答申に添付する方針が定められた。

◎第五回
○日時　一一月二一日（火）一三：三〇～一六：三〇
○場所　宗務総合庁舎　三階　会議室三
○協議概要　再度、答申の骨子について検討をし、次回委員長答申を提示し、最終的な協議・決定がなされることとなった。

◎第六回
○日時　一二月一四日（木）一三：三〇～一七：三〇
○場所　宗務総合庁舎　三階　会議室一
○協議概要　これまでの各委員よりの、詳細な調査・研究に基づき答申案を提出し、各委員の合意により「戦後問題」検討委員会答申としてまとめられた。

以上

「戦後問題」検討委員会委員名簿

赤松　徹真　奈良
大西　修　大阪
野世　英水　福井
楠　眞　岐阜
後藤　法龍　熊本

（編集註：組・所属寺は略）

【2】提言書～教団の男女共同参画をすすめるために～

男女共同参画を考える委員会

一．はじめに

委員会設置の目的

このたび設置された「男女共同参画を考える委員会」の提言書提出に当たって、まず、その目的と趣旨を明らかにしなければなりません。

私たちは、基幹運動への取り組みを通して、あらゆる差別に関わるとき、差別する側とされる側の両者の立場以外は存在しないことを学んできました。そして、このことは常に差別されている人びとからの指摘によって明らかにされてきたのです。それは、傍観者であり続けようとする差別者に対して、被差別者の怒りと願いをぶつけ、傍観することが実は差別そのものであったとの気づきを促すことによってなされてきました。

このことに学べば、「男女共同参画を考える委員会」の役割は、私たちの教団の現状が性差別を容認、助長するものであることを明らかにすることでなくてはなりません。

私たちはまず、差別されてきた女性の立場からの怒りと願いを教団が受け止める場として、この委員会を設置するものです。

次に、この委員会は性差別を克服する原理を宗教者の立場から明らかにすることが、現代の教学の課題であることを確認するものです。

そして現状分析を通して提起された多様な問題に対する具体的な改革の方策を提示することが、本委員会の役割でありましょう。

教団の変化と男女共同参画の必要性

私たちの教団では、ここ数年来さまざまな分野で性差別に関わる課題に取り組んできました。それは、一つには、従来男性が圧倒的多数を占めてきた僧侶のなかで、多くの女性僧侶が活動するようになってきたからです。今日、寺院の後継者、あるいはそれに準じた役割を果たすためにではなく、もっと多様な動機から僧侶になる女性が、着実に増加しています。ちなみに、一九九九年四月一日現在の女性僧侶は八五〇一名を数え、全僧侶の三分の一に近づいています。一九七二年には三五四九名（一六・二％）、一九八五年で五八六四名（二二・五％）となり、全僧侶に占める割合の上でも増加傾向を示しています。

また、門信徒のあり方も多様化し、その意識も大きく揺らいでいます。古くからある、寺院の門徒総代をつとめている女性は、ごく少数にとどまっていますが、二二年前に誕生した門徒推進員については、その数においても比率においても年々女性の増加を見ることができます。一九九九年一一月一日現在の性別数は、男性二四八三名に対して、女性一八〇三名を数えるに至っています。

このように、教団を支え担っていく人材に多くの女性が参画するようになってきたにもかかわらず、教団組織の中で女性がリーダーシップの役割を持つことに対しては、いまだに性差別の障壁があると言わざるを得ません。このことを含めて、教団の制度や組織、またすべての教団人の意識においても早急な改革が求められています。すなわち、私たちの教団は男女共同参画という新たな問題に直面しているのです。

こうした状況のなかで、各教区の基幹運動推進委員会に女性と門信徒の参画が進められてきました。また、基幹運動本部の専門部会でも性差別をテーマとしたブックレットが作成されています。女性僧侶の増加と、坊守や女性門信徒の活性化に対応した意識的な取り組みが、近年になってやっと立ち上げられてきたのが現況と言えましょう。このことはまた、私たちの教団のみならず、各宗派においても形態はさまざまですが、数年前より一斉に取り組みが始まっている状況にあります。

ところで、こうした各宗教教団の男女共同参画の取り組みは、女性を巡る社会的な変化が先行した結果と言えましょう。一九九九年より施行された改正男女雇用機会均等法、男女共同参画社会基本法などに象徴的に表れている、女性の地位向上を導くための施策は、世界的にはグローバリゼイションの潮流によってもたらされたものです。そして、この流れを国内で決定付ける要因として、高齢少子社会への急速な移行が指摘されています。すなわち、日本における男女共同参画の流れは、男女平等という理念の実現を基調としたものではなく、急速な人口の高齢化を既存の社会システムが支え切れなくなってきたことを補完する役割を女性の社会進出に求めようとするところに成り立ってきたものです。私たちの教団の女性僧侶の増加と、その動機の多様化はこうした状況と複雑に結び付きながら進んでいると推測されます。過疎地域での兼職住職の増加は、坊守による僧侶資格の取得を促す要因となっています。少子化の進行は、女性が住職になる可能性を増大させるものです。また、それと同時にこのような社会の変化によって、今後ますます、教団活動への女性の参画が求められてきます。

しかし、この時代社会の変化に対して、私たちの教団は今までその時どきの対応を持つにとどまっていました。勤式や組織上のさまざまな改善策が講じられてきましたが、共同参画という観点からの継続した取り組みには至らず、女性の主体性が発揮されるような取り組みにはなっていません。むしろ社会の変化のなかにあって、伝統を重んじ変化を拒み勝ちな体質を持っているのが、私たちの教団を含む宗教界のあり方です。

ところで、宗祖と恵信尼は、共に家庭生活を築かれたことによって、男女共々に求道聞法の生活を営むことの可能性を、双方の身をもって実証されました。そして、この選択を原点として、私たちの教団は僧侶の妻帯に関わる社会的な認知をも受けてきた伝統を持っています。その点においては、男女共同参画の実践に踏み込む歴史的な下地と教学の裏付けが最も整っているはずでした。しかし、教団の現況はそのいずれの面でも、封建的な体質から脱却した組織や教学を構築するに至ってはいません。

従って、今回「男女共同参画を考える委員会」を設置し、現状分析に基づいた今後の方向を策定する場合、この作業が社会の変化を単に受け止めるだけに終わるような他律的なものに終始してしまうことがないように、充分留意することが必要です。そのためには、男女平等の原則が、男女共同参画の方策の根底に、常に貫かれていく営みでなくてはなりません。

御同朋の社会をめざして

かつて、「解放令」に基づいて身分制が撤廃され、身分制度から脱却したと言われる私たちの社会は、実は同時にそのことによって生じた諸矛盾の全てを、それ以前に被差別身分に置かれていた人びとに負わせてきました。この無責任な政策が、百数十年を経た今日に至ってもなお、差別を温存助長していることにさえ気づかない社会構造の定着をもたらしたのです。すなわち、差別をした側が、自らに差別性を克服する営みを課すことがなければ、差別はなくなりません。前述のように、男女共同参画社会への取り組みが、高齢少子社会への移行を背景としてなされるとき、その諸矛盾の全てを女性に負わせることによって進められる可能性があることを見逃してはなりません。

従って、男女共同参画の取り組みは、女性の主体性を軸として、男性はその問題提起をごまかさず、逃げず受け止めていくことによって進められるべきです。そのためには、まず男性主導によって運営されてきた教団の歴史が、検証されなければなりません。性差別の視点から教団の歴史を洗い直すことによって、教団の本来性と、時代の制約を明らかにすることが、現状分析の裏づけとなるからです。

そして、教団組織のさまざまな部分に根づいている性差別の実態が、「性による役割の分化」というフィルターを排して、問い直されねばなりません。役割とは単に性的、身体的機能に還元されるものではなく、その役割を担う主体の創意と自発が十全に発揮されるところに成り立つものだからです。その意味においては、性別を優先した役割づけではなく、個人の創意と自発によって選択した役割に応じて、性差からくる特性が発揮されるようにすればよいのです。役割の適、不適を性差に一元的に還元させることによって、男性による役割の独占を合理化してきた現実が問われるべきです。

このことに関連して、すでに多岐にわたる意見が本委員会に集約されています。それは、先に述べた、役割の適、不適を性差に一元的に還元させることによって、男性による役割の独占を合理化してきた教団の現実のなかで、女性であることにこだわりを持ち続けながら教化活動を継続してきた委員からの問題提起となっています。

さらに教団は、封建社会に組み込まれてよりこの方、宗務機構、各寺院、門信徒との関わりの上のみならず、それ等全体が社会に対して閉鎖的な構造であり続けてきました。この閉ざされた構造によって、教団は現代社会に提言すべき立場を失い、かえって立ち後れてきたことを、宗教の批判原理を放棄した問題として受け止めるべきでありましょう。本来、宗教の持つ普遍性は、時代社会の支配的思想や価値観を相対化し、そこに生きる人びとの営みを再構成することによって、人生の意義をより根底から肯定する働きを持つものであるはずだからです。

そしてまた、基幹運動の現場においても、その組織構成や人材の養成など、男性偏重の現実を問い直し、多面的、かつ早急な変革が率先して求められなければなりません。このことについては、すでに持続した取り組みをめざして活動を開始している教区からの報告もあり、これらの情報を集約し、全体化する役割を基幹運動本部が持たなければなりません。

これらの諸点を現状分析として把握した上で、宗教者の責務として性差別を克服する方策を、伝道教団の原理を回復する道筋に位置付ける取り組みが、教学の課題です。なぜなら、本来「伝道教団」であった私たちの初期教団の形成過程に成り立っていた「御同朋、御同行」のつながりに、社会的な身分や差別に対する批判原理の実践を見ることができるからです。すなわち、『歎異抄』に示された宗祖のお言葉には「一切の有情はみなもつて世々生々の父母・兄弟なり」（『註釈版』八三四頁）とあり、念仏をいただく人びとを「老若男女」の分け隔てなく、「とも同朋」（『註釈版』七四二頁）と親しんでおられます。この立場は、そのまま「豪貴卑賤」、「賢哲愚夫」という社会的な身分や差別にもとづいた選びや隔てを否定し、同じ門徒という立場を原理とした結びつきが念仏者のあり方であることを示されています。また、自らは「愚禿親鸞」、「愚禿善信」と名のられ、念仏を弾圧する世俗の権威を否定した「非僧非俗」の立場を歩まれています。この精神は、教団の形成に関わった人びとに、「いし・かはら・つぶてのごとくなるわれらなり」（『註釈版』七〇八頁）という自己規定をもたらしました。そして、その「われら」に一味の連帯を促す働きが、如来より信心をいただいた者の営みとして求められていたことを表しています。

私たちの教団は、「御同朋の社会をめざして」、「念仏の声を世界に子や孫に」伝えることを目的とした僧伽なのです。だからこそ、宗祖と共に歩まれた念仏者の「一味平等」のつながりが、今日の教団に回復するための取り組みを進めなければなりません。

また、こうした教学の確立と共に、組織や制度、そしてそれを規定する教団の法制の見直しを提言することが、本委員会の役割です。今後、男女共同参画の方策は、組織や制度の改革を契機として具体的に提示されなければなりません。しかし、それらの方策が宗務機構、各寺院、門信徒との関わりの上に具体化される過程で、さまざまな障害や問題が起きてくるでしょう。これらの障害や問題は、組や教区、あるいは宗務現場での性差別の課題として捉え直すことが必要です。そしてさらに、この課題を組織論や儀礼論へのアプローチとして性差別に関わる教学の問題に取り込む中で、女性の視点による教学の見直しが新たな取り組みとして考えられます。

「女性と門徒にやさしい教団になってほしい」という一委員の言葉を、この作業に携わった全委員の総意とし、本委員会はその具体化に向けた取り組みを、以下の通り提言いたします。

この提言の作成に当たっては、教団で伝統的に使用されてきた「門信徒」、「僧侶」、「住職」、「坊守」、「寺族」などの呼称を用いていますが、男女共同参画の視点から見ると、この呼称によっては的確に表すことができない、多様な立場があります。補足的な説明で補いのつかない場合には、前後の文脈から判断できるように配慮しました。実態を反映した的確な呼称がないこと自体が、教団における女性参画の遅延を象徴していると思われます。

二．教団の性差別の歴史

宗祖と恵信尼

宗祖親鸞聖人と恵信尼とは、生涯、ともに求道・聞法の道を歩みました。『親鸞門侶交名帳』（西念寺本）によれば、宗祖面授の門弟のなかに、〈尼恵信御房〉として恵信尼の名前が記載してあり、しかも尼恵信御房は、三人の弟子を持っていたと記されています。この記載は恵信尼も他の門弟と同様に、積極的に教化活動を行っていたことを明らかにするもので、宗祖と恵信尼とが、互いに協力しながら伝道教化を行っていたことを示します。宗祖は、女性を差別される存在として理解していたのではなく、ともに本願を仰ぐ存在として受けとめていたことがうかがえます。

役割分担の始まり

しかし、こうした宗祖の考え方が、正しく受け継がれたとはいえません。恵信尼の消息が公表されて以後、男性のあいだで「宗祖は教化に専念し、恵信尼は陰で宗祖を支えた」という見方がされていたことは、男性僧侶の優越性を高めようとする意識と結びついています。このような見方は、宗祖の子孫が歴代宗主と留守職に就任するようになった血脈相承のはじまりと、時期をほぼ同じくしてきたのでしょう。

このころから以後、教化にたずさわる立場は男性僧侶が中心になってきました。また剃髪・得度を受ける者も男性が圧倒的に多かったこともあって、女性は次第に男性僧侶の教化を受ける立場におかれるようになりました。しかも宗祖や蓮如上人が「一切の有情はみなもつて世々生々の父母・兄弟なり」「信心一致のうえは四海みな兄弟」などと述べたにもかかわらず、宗門の男性僧侶たちは、性に対する不当な差別を看過してきました。また女性には五つの障りがあるために仏にはなれないとする〈五障〉と、父と夫と息子との男性に従うべき〈三従〉があるとしていた考え方が、とも同朋であったはずの私たちの教団にも影響を与えています。

蓮如上人の女性観

蓮如上人自身は、〈在家止住の男女たらんともがら〉という表現で阿弥陀如来の救済は老若男女の別を問うことはないと述べました。しかし『御文章』のなかには〈五障・三従の女人〉〈男にまさりてかかるふかき罪のあるなり〉〈三従のあさましきもの〉など、性差を強調した表現も用いられています。このことは、『御文章』を頂戴した門弟とは主として男性であったということと、また、女性を救われにくい存在として位置づけていた宗教界の状況がうかがえます。こうした表現は、私たち教団でもふかく吟味されることなく、かえって女性をおとしめる方向にむかったという点で、存覚上人『女人往生聞書』などとともに問題を残すことになりました。

男性が女性を軽視していたということは、江戸時代の妙好人の事例からもわかります。慈悲・正直・勤勉などが妙好人としての条件でしたが、女性の場合はこれに孝養・貞節が条件として加わりました。このことからも〈三従〉が女性の生活規範のうえに大きな影響を及ぼしていたことがうかがえます。

女性僧侶の誕生

近代になって教団には女性僧侶が誕生しました。最初の得度は一九三一（昭和六）年に行われましたが、太平洋戦争の時、戦局の緊張がたかまるにつれて女性の得度や教師資格の取得は広がってゆきました。

しかしこの場合も、性に対する差別が問題提起されて女性僧侶が誕生したわけではありません。住職の出征は教団の存続の危機に直結してゆきます。この危機の回復のために、坊守など寺院に住む女性が住職に代わって、法要・儀式を行う資格が与えられたことになります。こうした事情からはじまった女性の得度・教師資格は、今日に至っても補佐的に受けとめられがちです。また坊守の役割についても、宗法で〝住職を補佐して教化の任に当たらなければならない〟と述べるにとどまっているのが現状です。

一九四八（昭和二三）年、嬉子裏方は「新憲法は婦人を解放し、その地位を高めて男子と平等であると規定しました」として、〝今後は男性とともに新日本の再建と文化国家建設への貢献を期待する〟と語りましたが、男性僧侶中心であったわが教団では、迅速な対応はなされませんでした。こうして戦後になっても、女性僧侶・坊守などに対する軽視意識だけではなく、戦前と同じように、門信徒（特に女性）を軽んじる傾向が続きました。

このことは仏教婦人会のあり方を見ても明らかです。教団では一九六二（昭和三七）年から、全員聞法・全員伝道の重要性が指摘されていたにもかかわらず、今日でも男性僧侶が企画の中心にたって教化を行い、仏婦会員は聴聞するというスケジュールが疑問なく組まれています。男性僧侶主導の運営は、女性の能力発揮を阻止することにもつながってゆきました。

一九九九（平成一一）年四月から施行された改正男女雇用機会均等法は、雇用の分野で男女の均等な機会と待遇の確保を図ることを目的としています。宗教界にあっては、このほか、長年にわたって女性を蔑視してきた意識の改革をめざさなければ、男女共同参画社会の実現にむけて鋭意努力しているとは認められません。

まず、これまで女性と男性は生まれついた性差があって、そのために女性は劣っている存在だといって軽視することに、なんらの疑問も抱いてこなかった男性僧侶の姿勢が、社会や教団の女性から問われていることに気づくことが必要でしょう。そして、門徒・僧侶・坊守などの立場の違いはあっても、同じ輝くいのちを持つ女性に対して、男性僧侶が、能力発揮を阻止しなかったたか、ともに協力してきたかなど…多方面にわたって、女性を中心とした詳細な再点検が行われることが必要です。今日、男性僧侶の真摯な対応が一日も早く求められていることに気づかなければなりません。

三　性差別の現況報告

イ　門信徒組織

自明のことですが、私たちの教団は出家者の集団ではありません。僧侶と門信徒を仏との関係で隔てる決定的な要素は本来存在していないのです。原理として念仏者は同じ信心をいただく御同朋であることを認めたところに教団は成り立ってきました。

にもかかわらず、両者を分つ壁を僧侶はつくってきたのです。それは、教えに基づいた役割分担としてではなく、時代社会の認知に寄り掛かって自らを教化者として位置づけ、既成事実化してきたのです。封建社会においては身分制を維持する側に立つことによって、また、近代では、宗教法人の管理運営者として、社会的な認知を拠り所に僧侶という立場を門信徒と分け隔てて上位に位置づけ正当化してきました。

この負の歴史は今日も継続し、組活動の現場で組会にさえも門信徒の参画を受け入れようとはしない組も見られる体質となっています。連研のスタッフに門信徒を受け入れる組も増えてはいますが、まだまだ企画運営を含めた指導的な立場を等しく担うまでには至っていません。

さらに、女性門信徒については、社会の性差から来る男尊女卑の慣習をそのまま教団内に持ち込む形で、男性よりも一歩下がることを美徳とするような教化のあり方が定着しています。お寺の寄り合いや食事の世話から、教化団体の役割分担、話し合い法座の司会や発表の役割も、女性は控えめに振る舞うことが暗黙の前提となっている場合が大勢となっています。私たちの教団の組織構造やその運営に対する男女共同参画の視点は、女性と門信徒、この二重の不平等を照らし出すものなのです。

さまざまな教化団体の中で、女性が女性であることの立場や視点を最も発揮しやすい組織は本来仏教婦人会であるはずです。しかし、ここにおいても、企画、運営に携わるスタッフや研修講師の問題、あるいは坊守と門信徒との関係などに、女性の主体的な運営を阻害する要因があることが指摘されています。また、仏教婦人会は、教化組織の中で最も古い伝統を継承してきた歴史を持つ組織です。しかし、今日家庭の形態が変化し、多様な価値観を持つ女性が増加していることに対応した仏教婦人会活動の意義を十分に打ち出しているとは言えません。

また、他の教化団体においても、構成員の性別比率に応じた代表者の選任が行われているとはいえず、男性による代表者が大勢を占めているのが現状です。

そして、女性門信徒の側にも、女性を代表とすることへのためらいを持ったり、女性僧侶や坊守を男性僧侶の補佐役として受け入れる意識があります。こうした意識自体が、女性よりも男性を、門信徒よりも僧侶を偏重してきた歴史によってもたらされたものです。

ロ　一般寺院

宗門を構成する各部分のうちで、一般寺院といわれる個々の寺院では、女性が僧侶、坊守として、時代や地域性を反映した多様な役割を求められています。個々の寺院は、教団が社会と接し、また門信徒と共に活動する場であればこそ、現在性差別に関わるさまざまな問題を最も多く抱える現場でもあります。

ここでまず問題となるのは、女性僧侶、ないしは坊守及びそれに準じた立場の女性が男性僧侶に比較して、女性であることを理由にその活動領域に制約を受けるということです。その多くの場合は、法要行事の導師、布教伝道の場での布教使、さまざまな研修会の講師などリーダーシップを発揮したり、指導的な役割を女性が持つことへの男性僧侶や、門信徒からの抵抗感となって表れています。例えば全僧侶の中に占める女性僧侶の割合は二八・一パーセントですが、布教使の場合をみると三二〇〇名中一六四名であり、五パーセントにとどまっています。（一九九八年）

ある役割に求められる能力は、その役割をもつ機会を多く与えられることによって育まれるものです。豊かな能力を潜在させていても、その能力を磨く機会を持たなければ、発揮されないままに過ぎていきます。しかし、社会通念としての性による役割分担を、私たちの教団はそのまま受容して今日に至っています。この役割分担を越えて多様な活動を指向する女性に対しては、多くの場合、男性の補佐的役割を持つことにおいてしか、その活動は認められてきませんでした。

このような性差別を前提として、一般寺院で坊守などの女性が果たす役割は、男性住職を補佐するものと定められてきました。寺院における女性には、直接教化活動に携わるのではなく、門信徒に対する家庭生活の規範を示すとか、良妻賢母としての人格が期待されるなど、時代の制約を受けた社会規範を忠実に具現化する役割が、あたかも教化活動に準じた内容として求められてきたのです。今日、坊守の立場を継承する女性が「お寺の奥さん」を忠実に演じることは、精神的、身体的に並外れた苦痛を伴うことでありましょう。

この役割分担を見直し、今日のそれぞれの寺院の異なった条件のもと、その役割を再構成することが、一般寺院での男女共同参画の内実となります。この見直しはまた、寺院運営の閉鎖性を改め、門信徒に対して開かれたお寺となっていくことを意味するものです。

また、組単位で男女共同参画を課題とした研修をする場合、門信徒と共に研修することが必須の条件です。それは、ひとつには一般寺院での女性僧侶、坊守の役割を見直すためには門信徒との共通理解が必要不可欠だからです。また、多くの既得権を持っている男性僧侶が、自らの立場を見直すためには、より厳しい場面に自らを晒すことが欠かせないからでもあります。

ハ　宗務機構、本山及び教区・組

私たちの教団は、長い伝統と一万余りの寺院、そこに所属する多くの門信徒の繋がりによって成り立っています。この大きな組織を運営するために立て割りに関係づけられたものが、かつての本山―末寺組織であり、現在は本山宗務所―教区教務所―各組によって構成されています。いわば、教団はこの繋がりによって組織としてのまとまりが保たれているのです。

したがって、男女共同参画の流れを教団組織の課題とするなら、この立て割りの機構のなかでの女性の活動領域を拡大することが、組織全体の共同参画を進めるために、重要な位置を占めていると言わねばなりません。
この観点から男女共同参画の現状を見れば、まず現在の組織構成は、職制として採用される人材と、各組や教区を代表する役割として位置付けられる人材とに分割されています。職制として採用される人材のなかには、女性の絶対数は近年に至って次第に増加の傾向にありますが、管理的職域を任されている女性は圧倒的に少数であり、確固たる増加傾向を見出すことは出来ません。しかし、管理的職域に登用される人材が性によって格差を生じている現状では、女性にとって魅力的な活動分野にはならないでしょう。今日の女性の意識は、身につけた能力を、性差にかかわらず十分に発揮できる職場こそが、第一の選択要素となっているからです。ちなみに、各職域における課長以上の管理職への男女共同参画の現状は、宗務所事務職全体で三六六名中一一九名の女性職員のうち、管理職の男性六六名に比較して女性はわずか三名にとどまっています。(二〇〇〇年現在)
また、各組を代表する職分としての組織上の立場は、組長、副組長、相談員、教区会議員などですが、ここでも、女性の参画は、ごく少数にとどまっているのが現状です。この分野における対等な男女共同参画の促進は、僧侶一般、ないしは住職の男女共同参画の取り組みに対する共通理解の形成が前提となります。ちなみに現状を概観すれば、一九九九年度からの任期を持つ各役職者については、組長については全員が男性によって占められ、副組長について一〇名足らずの女性が数えられるに過ぎません。
一方、この組や教区の代表者としての職分における女性参画に対する、女性自身の意欲とその必要性は明らかに増大しています。それは、主要には、女性僧侶の増加と、坊守などが連研やビハーラ活動等、教化面での参画の頻度が増大していることに起因しています。つまり、教団全体の教化活動の活性化を図ろうとするならば、女性僧侶や坊守の参画を推進すべきであり、この推進を確固たるものにするには、女性の立場から組織の運営に関わる管理的職域を受け持つ女性が求められるということなのです。

そして、いずれの分野においても女性の参画を推進するためには、制度として男女共同参画を確保する方策と、男女共同参画への共通理解を形成する研修と啓発が同時平行して取り組まれなければなりません。

二　社会に開かれていない教団

一般社会から私たちの教団を見た場合、旧態然とした形態が、その制度や組織から受ける印象でありましょう。地域社会においては、僧侶が尊重される場面もまだ数多くあります。しかし、そのような場の多くは、近年になって成立したものではなく、その地域に伝統的に保持されてきたものです。そうした場においては、能力や人柄以前に、家柄や性別などが重視されています。

しかし、現在ではかつての伝統的な慣習を尊重する人びとによってのみ、地域社会が構成されているわけではありません。むしろ、寺院とのつきあい方を含むそれぞれの地域の因習や家風を踏襲することにためらいや抵抗感を隠そうとしない若い世代の人びとによって、今日の地域社会や家庭は成り立っているのです。そしてこの傾向は、今後とも増大することはあっても減じることは予想できません。したがって、多くの地域で、その地域社会における伝統的な役割を保持しようとしてきた人たち全体が、実は今日の地域社会から遊離し、軽視されつつある傾向を見ることができます。つまり、これまでの檀家制度を拠り所にすることが、地域社会の変化に対応することを困難にしているのです。

総じて、男女の僧侶、男女の門信徒、それぞれの関係は、一般社会の人間関係よりも因習や伝統的な価値観に基づいて成り立っていると言えましょう。寺院の運営に携わる門信徒の選出に女性が発言権を持つことはまれなことです。儀礼の執行についても、女性であることからさまざまな制約を被ることも多い現状です。本堂の内陣に女性が入ることを禁ずることさえ、未だ平然と行われている場合もあります。

さらに深刻なことは、このような状態が改善すべき課題であるとの認識を持つ男性僧侶が今なお少数にとどまっていることです。むしろ、伝統の保持を建前にして、宗教界には一般社会とは別のルールがあるかのような意識が見受けられます。しかし、こうした立場が一般社会に対する説得力を持っているかと問えば、むしろその立場に固執することがかえって説得力の低下に結びつくものであると言わねばなりません。

また、坊守の意識として、一般門信徒と住職の中間に自らの坊守としての序列を位置づけようとする傾向も見られます。こうした意識は、決して宗教的内実に裏づけられたものではなく、住職のマネージャーであり寺院の管理者である立場から来たものでしょう。

寺院が伝道の道場であるためには、時代社会に対する発信機能を持つべきなのですが、現状はその能力に欠けていると言わねばなりません。性差別の観点から見た教団の現状は、時代の水準から取り残された人間関係に依拠して運営されていると言えないでしょうか。

ホ　運動のなかの性差別

今日、基幹運動の取り組みの中で「信心の社会性」という課題が問われ続けています。それは、「真俗二諦」という伝統教学を規定する枠組みとしての信仰理解が、時代社会の急速な流動化の波に晒されて、死語と化したことと表裏一体の関係にあります。現実の諸問題から信心を切り離すことによって、私たちの教団は差別と戦争の時代を生き延びてきました。そのことが、今、問われているのです。

世紀末といわれる時代の急速な変容は、それまでの社会規範を解体しました。伝統的な価値観や社会秩序は形骸化し、人びとの生活様式も変わり続けています。こうした状況が、現代の混沌を生み出しています。この混沌に踏み込み、現実の諸問題に対応する念仏者の姿勢を示すことが出来なければ、教団はその存在意味を失ってしまいます。

基幹運動は、被差別者の痛みと願いを受け止め、教団の本来化を求める念仏者によって担われてきました。また、この運動は、生活のなかで「法に問い、法を依りどころとする」生き方を追求してきました。それゆえに、近年より性差別についても積極的な取り組みを推進し、文書啓発や男女共同参画を目的とした組織作りに取り組んできました。しかし、これらの取り組みは時代の変化に対する即応性としてなされてきた限界を持っており、教団全体に波及する流れを作り出すには至っていません。

ここ数年来、各教区の基幹運動推進委員会に女性、門信徒委員の参画を促してきましたが、それらの委員が基幹運動の一角を占める存在にはなっていません。このことは単に量的な不足を補うという面ばかりだけではなく、参画がどのような意識と内容を持って進められてきたのかが問われているのです。女性にしても、門信徒にしても、共同参画という内実を獲得するためには、まず共通の目的意識を持つことが前提となります。そこを起点とした働きかけによって、男性の現状認識が変わらなければ、共同参画の取り組みは進むものではありません。

部落差別における糾弾の意味は、差別を外に見ていた差別者自身が、自らの内に差別している自身を見出し、そんな自分であってはならないとの気づきと目覚めをもたらすところにあるのです。男女共同参画の中身は、差別の解消にあります。基幹運動の現状は、男性僧侶が女性や門信徒の参画に理解を示すことはあっても、自らを差別者と認識し自己変革の指向性を持つまでには至っていません。従って、男性の自身に対する気づきを促すほどの踏み込みが、運動の現場に持ち込まれなければなりません。

一九九九年度の各教区の基幹運動推進委員会の男女別、僧侶、門信徒別の内訳は、一一五一名中女性が一一四名、門信徒は一三一名です。また門信徒の性別は男性八八名、女性四四名となっています。このことから、門信徒以外の坊守や、女性僧侶は七〇名であることが分かります。これらの方がたが、それぞれの立場を生かして仲間を作り共同参画の流れをつくるためには、その役割に対する運動上の位置づけも、また委員数においても不足している現状を率直に認めることが、まず必要です。

四．今後の課題

イ　制度の是正

前述（一．はじめに）で述べたように、今日の男女共同参画の流れは、高齢少子社会の到来を前提として、その社会的負荷を女性の社会進出によって補おうとする目的をもって推進されてきた経緯があります。私たちの教団においても、高齢少子社会の影響を免れることはできません。だからといって、私たちがこの流れを無批判に踏襲することは、男女共同参画の取り組みから念仏者としてみ教えに学ぶ視点を欠落させるものです。私たちは、この共同参画の方策を教団護持の目的に収斂する対策的な取り組みとしてではなく、同朋教団をめざす男女平等の理念に基づいた取り組みとして進めねばなりません。

この立場から言えば、制度や組織の見直しは、まず男女共同参画を推進するきっかけをつくる意味を持つものとなります。そして、この取り組みを足がかりとして、私たちの教団が性差や立場の差によって人を分け隔てすることのない教団になるために、自らが変わっていかなければならないのです。すなわち、同じ信心をいただいた同朋の自覚を持つ者の社会に関わる実践課題として、性差別の現実を問うことから始めるなかで、現状の矛盾の解消にとどまらない制度や組織の見直しがなされなければならないのです。

したがって、是正に関わる提言は、組織や制度の矛盾を解消する方向に向けられるのではなく、むしろ矛盾を見抜く感性を備えた念仏者の出現を促すところにあると言えましょう。そのためには、この問題が専門委員のような限られた役職者に分担されるのではなく、ひろく門信徒のなかに提起される取り組みとならねばなりません。ここにおいて男女共同参画の取り組みは、組活動におけるあらゆる教化活動の現場で、最大限に追究され、発揮されるべきものです。ここに焦点を見据えた取り組みが継続される中で、教団の質的転換を構想することが、基幹運動における男女共同参画の課題なのです。

この観点から教団の制度や組織を検証すれば、前述

(三) 性差別の現況報告) の (イ) ～ (ハ) の分野で既に多くの女性が、多様な活動を展開しています。しかし、これらの活動を教団の今後の方向性を規定づけるものとして位置づけるためには、まず男女共同参画の意識が浸透するための研修体制を確立することが急務です。そして、男性中心の制度とその運営を見直し、女性の自己主張が発揮できるような環境整備を進めることが必要です。現状において制度や組織の改革を先行させることは、内容よりもその形態を整えることを優先する手法に陥ることになります。それでは、女性の内発性をかえって阻害することになってしまいます。したがって、男女共同参画の啓発を課題とした研修を進めることが、制度の是正を内容の伴ったものにするための前提となります。

また、教区や組の教化活動に、女性門信徒の立場を反映させる方策が求められます。そのためには、次節末尾に列挙した諸課題を具体化するための、制度や組織に関わる見直しを、まず基幹運動本部をはじめ、教団内の諸機関、各教化団体、諸団体と、教区基幹運動推進委員会のそれぞれで早急に進めることが必要です。

ロ　量的拡大の方途

男女共同参画に関わる教団の長期展望を、宗祖の七五〇回大遠忌を目途とした具体性のある取り組みとしなければなりません。そのためには、広範な人材の育成が不可欠となります。この取り組みは、各宗務機関を軸としたものでは教団全体への波及力に欠けたものになってしまいます。一般寺院や門信徒に開かれた運動の取り組みが進められなければなりません。そのためには、共同参画の推進の現場を組におく必要があります。各組の基幹運動推進委員会の設置率は九割を越えています。ここに、坊守、寺族女性、男性門信徒、女性門信徒がそれぞれ複数名で参画することができるような施策を採るべきです。また、その場合、組の基幹運動推進委員会が、各教化活動の企画、運営に中心的な役割を果たさなければなりません。

さらに教区基幹運動推進委員会でも、組に加わった新たな委員を中心とした参加者による男女共同参画の研修体制を整え、教区単位での研修と啓発を率先して実施することが求められます。そして、本山で現在行われている基幹運動に関わる各種の研修内容に男女共同参画を課題として取り入れ、組活動における取り組みを促進する必要があります。

こうした施策を確実なものとするために、まず、基幹運動計画に、女性、門信徒の共同参画を位置づけるべきです。

また、この取り組みは、組活動のみならず一般寺院においても総代の選出方法の見直しや、住職と坊守、寺族の関係を含めた、宗教法人の運営のあり方を総合的に考察する中に位置づけられる必要があるでしょう。このことは、宗教法人が門信徒に対して開かれていく道筋をつけることにもなります。今後の宗教法人法の運用が、住職、寺族が法人役員の多数を占めている現在のあり方から、門信徒の参画を促す方向へと変化するであろう流れを先取りし、伝道、教化の役割を鮮明にした寺院運営をめざすべきなのです。

そして、この観点から、従来の坊守規定の見直しを進めなければなりません。現状は、住職の配偶者であり、補佐役としての性格づけが為されています。しかし、そうした位置づけに見合うような研修や活動の場が保証されているとは言えません。「宗勢要覧」には、住職、僧侶の動静については多様な角度からの集計がなされていますが、坊守については一言も触れられていないのです。

坊守を、住職の配偶者とする観点を一旦切り離し、寺院の運営、教化機能に関わる役割として改めて規定づけ、その役割を担う人材としての坊守を教団が養成する制度を確立する必要があります。僧侶や、住職については、得度、教師といった研修資格が規定されていることと比較すれば、坊守についても、同様な資格として扱える制度を整備する事も検討されるべきでしょう。

これらの各問題に取り組むに当たっては、まず、自己診断が必要となります。教区基幹運動推進委員会が軸となって、まず各組相談員が、男女共同参画の観点から、坊守ないしはそれに準じた立場の女性、女性僧侶、女性門信徒の参画状況、そして、教化活動への門信徒参画の可能性についての現状を把握し、その報告に基づいて教区基幹運動推進委員会で教区の現状についての集約、課題化し、さらに基幹運動本部において全体集約の上、運動推進上の課題化をすることが必要です。

以上の観点から提示できる課題は、次の項目となります。

1. 教団の男女共同参画の具体的な取り組みを実現するための総合的な施策の策定。
2. 男女共同参画の取り組みでは、教団を構成するあらゆる立場の見直しが伴う。この見直しと運動して、門信徒参画の推進が不可欠となることより、門信徒参画に関わる現行の教化組織の見直しや教学上の問題整理。
3. 従来の教学上の性差別の問題を教学の課題として明らかにするとともに、今後の男女共同参画の取り組みを支える御同朋の教学の形成。
4. 教団の歴史における、女性僧侶、坊守、女性門信徒の関わりの変遷の調査。
5. 女性門信徒の参画について、その現状把握と参画促進の方策の提示。
6. 坊守の実態調査を行い、宗勢要覧等に公開。
7. 男女共同参画の観点からの現状分析に基づいた、現行の坊守規定の見直し。
8. 女性僧侶を対象とした、教化活動に関わる各種資格の取得の均等性を保証する施策の策定。
9. 本山、各教区、各組の基幹運動推進委員会における、男女共同参画をテーマとした、門信徒と僧侶の共同による研修の実施。
10. 各教区基幹運動推進委員会、および教化組織全般における男女共同参画の取り組みの促進。
11. 各教区における男女共同参画に関わる問題の対応部署の明示、ないしは専門部会等の設置。
12. 各教区、各組の基幹運動推進委員会への、男女共同参画並びに門信徒の参画の促進。
13. 宗務所、教務所の職階における、性差による不均等の是正。

ハ　教学の取り組み

浄土真宗の根本経典である『仏説無量寿経』には、「十方の衆生」（『註釈版』一八頁）「あらゆる衆生」（『註釈版』四一頁）と「生きとし生くるもの」いのちあるものすべての救いが説かれています。また、『仏説観無量寿経』には、韋提希夫人の救いが説かれ、『仏説阿弥陀経』には「善男子・善女人」（『註釈版』一二四頁）とあり、『浄土三部経』にはともに性別をこえた救いが説かれています。

このことは、法然上人の「男女貴賤、行住坐臥を簡ばず」（「撰択本願念仏集」本願章）というお言葉にも聞いていくことができます。もちろん、親鸞聖人も「顕浄土真実教行証文類」信文類（本）の大信嘆徳文に「おほよそ大信海を案ずれば、貴賤緇素を簡ばず、男女・老少をいはず…」（『註釈版』二四五頁）と示されています。

これらのことは、伝統的な宗学において根本的なものと認められているものばかりです。しかし、現実にはすでにあきらかにしたように女性は、阿弥陀如来の摂取不捨の救いをいただきながら、その性差ゆえに現実には差別を受けているのです。

差別の現実に立って教学を考えてみる時、当然、差別を正当化してきた教学が問われることになります。教義そのものに差別はなくとも教学そのものに差別性はないといえないのです。布教や日常の現場とはいえ、さまざまな俗信や世俗の秩序を支える教学があったことはすでに、基幹運動の取り組みの中で明らかにされています。

つまり、差別そのものをなんら問題としないで、差別・被差別を本人の責任にすりかえてしまう差別の業論が第一に考えられます。それから、現実（世俗）の問題を仏教的課題となし得ず、無批判に世俗秩序を受け入れ、正当化してしまう真俗二諦の考え方です。

もちろん、以上の課題に取り組みながらも、仏教・真宗が本質的に性差別を内包しているのではないかという疑問はつねにつきまといます。

しかし、親鸞聖人も蓮如上人も救いの限界を望んでおられたのでしょうか。もちろんそのようなことは決してありません。なぜなら、そこには、あくまでも阿弥陀仏の救いの普遍性や絶対性こそが強調されているからです。

性差別が、歴史的現実の中に厳然と残り、そして今なお克服すべき問題であるとするならば、それは、宗祖や蓮如上人の責任ではなく、み教えを受け継ぐ私達の課題であるはずです。み教えを現実の生活の中に、具体化し共有し得ない私達が問われるべきである、ということです。

すなわち、歴史的、社会的に形成されてきた伝統的な「家」制度に見られる男性中心主義の下に築かれた教学を、性差を克服した形で再構築しなければならないということです。

さらにいえば、性差別は、宗教者の克服すべき課題、「ケガレ」としても提起されているのです。だからこそ、教学の検証が必要となります。

しかし、そこでは、それまでの教学的営みとして、教学的体系から導き出されるという手法そのものが批判されなければなりません。なぜなら、差別の現実に立つ時、阿弥陀仏のねがいがどのように受け止められ、具体化されていくかが大切だからです。単に、教学体系からの演繹的救済で事足れりとするのなら、そこにはなんの現実も関わらないといっても過言ではありません。

現場でのさまざまな取り組みのなかで教学が構築される、そのような営みこそが課題の克服に必要なのです。そこで、生み出される教学こそ、「御同朋の教学」と呼びうるのではないでしょうか。もちろん、そこには宗学者や僧侶といった伝統的に教学をする者の独善はありえません。御同朋の教学とは、これまで教団や社会の中で差別され、抑圧されてきた女性や被差別部落の人びと、さらに門信徒とともに課題克服に向かいながら構築されていくものであるべきです。

その上で、以下の課題を克服することが必要となりましょう。

1. 『浄土三部経』の上にみられる文言についての検討
2. 七祖聖教の上にみられる文言についての検討
3. 宗祖の聖教の上にみられる文言についての検討
4. 歴代の聖教の上にみられる文言についての検討
5. 業・宿業の問題
6. 真俗二諦の問題
7. 「女人正機」と「悪人正機」に関すること
8. 親鸞聖人伝絵で説かれてきた問題
9. 妙好人伝に説かれてきた女性観
10. 変成男子について（「三十二相」説と「三十五願」）
11. 五障三従の問題
12. 布教現場での諸問題

五. おわりに

一般社会での男女共同参画の現状は、バブル経済の崩壊による雇用の悪化によって停滞、もしくは逆進の様相を呈しているように見えます。しかし、この停滞は、今まで共同参画を押し進めてきた外的な要因の変化によるものであり、決して女性自身の選択に基づいたものではありません。

すなわち、国家や企業にとっては、秩序の維持や、利益の追求が優先課題としてあり、この目的に合致する範囲で男女共同参画を進めているに過ぎないことが、バブル経済の崩壊によって逆に証明されているのです。しかし、男女共同参画を求め、性差の矛盾に目覚めた人びとは、決して退くことはありません。今や、家庭やどんな職場でも、あるいはどのような活動領域においても、性差を意識させるものに対して問題を提起する女性の出現を止めることはできないのです。

私たちの教団は、この動きが単に時代の趨勢によってもたらされたものではなく、実はみ教えに基づいた一味信心の同朋教団の本来の姿に立ち返っていく営みの中に位置づけられるべきものであることを認めねばなりません。私たち念仏者は、時代社会への鋭い問題提起を、長い間なし得ませんでした。しかし、「真実」の左訓に「いつわらずとなり、へつらわずとなり」と記された宗祖の視点は、性を差別の手段として助長、容認してきた教団の姿勢を照らし出すものです。本提言は、教団の男女共同参画に関わる諸問題が、より明確に顕在化することを促進する第一歩になることをめざすものです。

この取り組みは、やっとその端緒に付いたばかりです。しかし、時代や社会の変化は加速しています。この時期に私たちの教団の隅々に至るまで男女共同参画に関わる問題を掘り起こすことが、まず求められています。今回提起された諸課題への取り組みの進展に応じた、提言の段階的な見直しと平行しながら、その課題を研修テキストとして具体性を持たせ、さまざまな教化団体の研修に組み込むなどの方策を通して、問題意識の浸透を進めねばなりません。そして、この取り組みの全教区的な高まりの中で、男女共同参画の推進を理念的に明らかにする憲章や宣言を制定することが望まれます。

ここに掲げられた諸課題の受け手は、一人ひとりの門信徒、僧侶、坊守など、教団を構成する全ての人びとであり、更に社会に向けた教団の姿勢を表すものでもあります。そうした意味で、同朋運動五〇周年を迎えた私たちの教団が、男女共同参画、そして門信徒参画という新たな課題を自らに課すことは、決して故無きことではないのです。み教えに生きることは、すなわち御同朋の社会をめざす営みに他ならないと明らかにしてきた運動の継続そのものが、男女共同参画教団の出現を希求しているのです。

「男女共同参画を考える委員会」取り組み経緯

●第一回　日時　一九九九年五月一〇日（月）
　　　　　　　　一三：三〇〜一六：〇〇
　　　　　場所　宗務総合庁舎二階 研修室三〜四

●第二回　日時　一九九九年　七月一二日（月）
　　　　　　　　一三：三〇〜一六：〇〇
　　　　　場所　宗務総合庁舎二階 研修室三〜四

●第三回　日時　一九九九年一〇月一四日（木）
　　　　　　　　一三：三〇〜一六：〇〇
　　　　　場所　宗務総合庁舎二階 研修室三〜四

●第四回　日時　二〇〇〇年　一月二一日（金）
一〇：三〇～一六：〇〇
場所　宗務総合庁舎二階 研修室三～四
●第五回　日時　二〇〇〇年　三月　二日（木）
一〇：三〇～一六：〇〇
場所　本願寺同朋センター三階 ホール
●第六回　日時　二〇〇〇年　五月三一日（水）
一三：三〇～一六：〇〇
場所　宗務総合庁舎三階 研修室三～四
●第七回　日時　二〇〇〇年　七月一三日（木）
一三：三〇～一六：〇〇
場所　宗務総合庁舎三階 研修室三～四
●第八回　日時　二〇〇〇年　八月二九日（火）
一三：三〇～一六：〇〇
場所　聞法会館三階 研修室三
●正副委員長打合せ会
日時　二〇〇〇年九月二二日（金）
一一：〇〇～一六：〇〇
場所　宗務総合庁舎三階　会議室五

●第九回　日時　二〇〇〇年九月二八日（木）
一三：三〇～一六：〇〇
場所　宗務総合庁舎二階　研修室三～四
●第一〇回　日時　二〇〇一年二月八日（木）
一四：〇〇～一六：〇〇
場所　本願寺同朋センター三階 ホール

男女共同参画を考える委員会委員名簿

	氏　名	教　区
1	内本　紀子	大　阪
2	沖井　智子	東　北
3	佐々木みどり	熊　本
4	三宮　義信	滋　賀
5	鳥羽　聿子	岐　阜
6	中堂薗潤子	宮　崎
7	西山　蕗子	東　京
8	新田　光子	安　芸
9	野村　康治	大　阪
10	毛利壽恵子	山　陰
11	石田　慶和	兵　庫
12	福井　照真	東　海
13	松野尾慈音	東　海

（編集註：組・所属寺は略）
（一九九九年四月一日）

【第七章】記念式典

【1】「差別・被差別からの解放を―私の立っているところから―」

設立二五周年で―多彩な記念行事

一九四九（昭和二四）年、戦後の混乱期の中から再出発した同朋運動は、漸次、各教区に支部が設置され、一九六〇（昭和三五）年の二月二日、本部同朋会は中央委員会を開いて「同和問題を広く社会に推し進め、又同和問題の画期的飛躍を目ざすために同和教育会館の設置」を図ることを決議しました。先輩各位の血のにじむような努力の末、九月一四日に同和教育振興会設立の発起人会が開かれ、翌（一九六一）年一二月に文部省より設立の認可を受けました。

以来、同和教育センターが建設されて二五周年、内部にあって努力された先生方は、その活動の微弱さを歎かれるが、本願寺の同朋運動と連携しての活躍は今にして見ると着実にその成果を上げて来たことは周囲の認めるところであります。

中央研修会による相互研鑽はやがて研究会を生み出

し、その研究会は若い研究者を養成して、その研究成果をまとめて、『同和教育論究』として発行して来ました。また、センター活動の報告紙『センターだより』が刊行されています。図書の充実、借出し、研究者の相談事業等、日常活動も活性化して来ました。

この活動を更に飛躍して発展させ、この二五周年を意義あるものとするため、センター運営委員会を中心として計画が練られ、次の様な記念行事が開催され、事業が持たれることになりました。

関係諸兄にはこの事業の意義を再確認されまして、お忙しいこととは存じますが、是非御参加下さいます様御案内申し上げます。

〝差別被差別からの解放を―私の立っているところから―〟をメインテーマに、来る一一月二八日、午後一時より御門主を迎え、宗務所大会議室で開会式が行われ、行事の幕を開けます。続いて研修会場で池坊短期大学の秋定嘉和氏による記念講演を開きます。次に「真宗と人間解放―現実の生活から―」をテーマにパネルディスカッションが開かれます。参会者と共に討議を進めるのですが、パネラーとしては、部落差別については仲尾俊博氏、ハンセン病差別については藤井善氏、性差別については源淳子氏を迎えてそれぞれ提言を頂きます。

実りある討議になりますよう諸兄の活発な御発言も期待しております。

閉会の後、懇親の場をもちます。

翌二九日には「振興会の歩みと展望―同朋運動とかかわって―」と題して座談会を開きます。田中松月先生を始めとする、振興会設立当初の先生方と、これからの進展についても現在のセンター運営委員、専門委員、研究員も参加してもらって話し合って頂きます。

写真・資料展記念出版も

一般啓発事業としてセンター分室の二階に会場を設営して、インド仏教徒の人びと、差別を支えたイデオロギー、同朋運動の歩み、差別墓石調査報告、かくれ念仏調査報告、センターの成果等をテーマにして、写真のパネルや報告書、出版物等を一一月二七日から一二月一〇日までと一月九日から一六日までの二期にわたって展示します。

　更部研究に資するために『論究』の記念号を発刊し、記念出版として「ひかりといのち」と題した論文集の記念図書を出版することになりました。

　センターの前面には、同和教育振興会設立二五周年記念「差別・被差別からの解放を─私の立っているところから─」、主催・同和教育振興会、同和教育センター、協賛・浄土真宗本願寺派の横看板を掲示します。諸兄の御参加をお待ちしております。


『センターだより』改題第三号（一九八六年一〇月二〇日発行）

【2】『同和教育センター』竣工記念事業にかかる趣意書

『財団法人同和教育振興会』は、我が教団における「御同朋」の実践と徹底を活動目的とした同朋会の提唱によって、親鸞聖人七百回大遠忌を契機として、一九六一（昭和三六）年九月一八日に設立されました。

　当初の設立趣意書には「特に社会教育の中において同和教育が如何に位置づけられるかの研究も未だ不十分の感を強うする現状から、社会教育の研究と推進を期して同和教育振興会を結成する」と謳っていることから推して、歴史的伝統から醸造された根強い差別の現実を打破せんがための基礎的研究と、これによる教育的効果を期することを、所期の目的としたことが知られます。

　しかしその後、御同朋を標榜する我が教団において依然として差別体質は継続し、差別事件が頻発する現状を注視した本会は、設立趣意書の改定を余儀なくされるのであります。一九八八（昭和六三）年四月に改定された新趣意書では、「当会では、その活動を活性化・多角化することによって、差別の原理とその構造を総合的・科学的に究明するとともに、浄土真宗の精神に則り、反差別の啓発の充実を図っていくために、ここに新たにこの趣意を策定し、部落解放実現のために、差別・被差別からの解放がなされ、人間が人間として生きていける社会の実現を目指して一層活動を深化・前進させていきたいと考えます」と、差別の原理と構造の総合的・科学的視点からの究明と浄土真宗の精神による啓発活動の充実を明文化します。その上で、本会の目的は「同和教育センターを建設し、親鸞聖人の平等の精神に基づき、同和問題に関する研究調査を行い、あわせて同和教育の振興をはかり、もって同和問題の解決に寄与する」ところにあることを鮮明にしたのであります。

この趣旨に沿った我が教団は、第二四二回定期宗会において、同和教育センターを本刹門前に新築することを決議し、また当会財源の充実を図るために、大幅な宗派助成金の支出を決定いたしました。これら一連の措置は、同朋運動が教団の基幹運動そのものであることを再認識した具体的行為であることを、私達は認識しなければなりません。

多くの先達や先輩による血の滲むような長年の努力と研鑽が、教団をあげて取り組む同朋運動の今日をあらしめていますが、一方では許しがたい差別事件を抱える痛ましい私たちの教団でもあります。かかる重大な時期に同和教育センターは竣工いたします。親鸞聖人を宗祖と仰ぎ、「御同朋よ」と呼びかけられた聖人の行動に学ばんとする遺弟たちは、心を引き締めて同和教育センターを維持存続させなければなりません。

今日ここに、人権啓発の拠点と生命尊厳の礎が竣工されるに当たって、些かの記念事業を遂行いたしたく、心ある方々の参画と絶大なる協賛を切に望むものであります。

【3】同朋運動四〇周年　趣意書・親教

趣意書

本年は、同朋運動が教団内外に提唱されて四〇周年を迎えます。

すなわち、一九五〇（昭和二五）年四月一日、水平社運動にかかわってきた教団人、一如会の運動に携わってきた人々、そして敗戦後設立された部落解放全国委員会の活動に参加していた教団人等が中心になり、浄土真宗本願寺派同朋会（以下同朋会）が設立されました。

同朋会は、その規約に「同朋教団の本旨に則り、左の綱領の下に同朋運動を提唱して人類相愛の精神を宣揚し、自由と平和とを、基調とする文化社会の建設に寄与することを目的とする」と定め、部落差別の解放を目指して同朋運動を提唱しました。

そして、「一、同朋主義を徹底して人類平和の障害を廃絶する。一、同朋精神を強調して自由と人権を侵害する社会事象を払拭する。一、同朋意識を顕揚して文化社会の建設を推進する。」の綱領の下に同朋会はさまざまな取り組みを同朋運動として展開してきました。

例えば、同朋会は同朋運動の推進のために支部の設立を働きかける一方、教団内の差別事象・差別構造の変革を求め、また教団の人々の啓発に努めてきました。それは啓発図書の発行だけでなく、同朋会独自の研修会や部落解放運動団体と共催しての各種研修会や催しなど多様なものでありました。

さらに、同朋運動の実践者の養成や教団と部落差別に関わる研究活動を展開し、それは、一九六一（昭和三六）年の財団法人同和教育振興会の設立、一九六三（昭和三八）年の同和教育センターの開館として結実しました。

こうした成果をあげてきた同朋会は、一方で教団人に対し、部落問題にかかわることが決して教団の一部の人々、被差別者の課題ではなく、ましてや同朋運動が社会運動ではなく、それは、一人ひとりの教団人が念仏者として生きる生き方の問題であることを明らかにし、すべての教団の人々が担うべき運動である事を訴えてきました。

その主張は、「同対審答申」「特別措置法」の制定といった社会的状況や、大乗別冊差別事件に取り組んだ教団内の運動の高揚の中で、一九七一（昭和四六）年の同朋運動本部の設置として実現しました。

そこで同朋運動を提唱した同朋会は、この同朋運動本部が設置された翌々年、運動の集中のため発展的に解散しました。

しかし、同朋会の解散は同朋運動の終りではなく、新たな出発でもありました。それは同朋運動本部が、設置されると直ちに『同朋運動の理論と実践』を発行し同朋運動とは、特に同和問題に取り組む運動とその課題を一層明確にしたことに如実に示されています。

今日、教団は同朋会の伝統と教訓を受け継ぎ運動の進展がめざされ、ご門主が会長である部落解放基本法制定要求国民運動中央実行委員会の提案する部落解放基本法制定要求の署名運動では、一〇〇万余の賛同署名を集める成果をあげました。

また、同朋運動は部落差別に取り組むのはもちろん、諸差別をも視野にいれた運動として展開され、さらに海外の被差別者と連帯する運動としても進められています。

とはいえ、同朋運動が取り組んできた部落差別を取り巻く教団内外の状況を見たとき、同和対策事業が進展し、環境改善等の成果も見られますが、他方「ねたみ差別」が生じたり、「これで同和問題が解決した」と矮小化する等の傾向もつくりだされ、また、差別事件も依然として多発しています。

このような風潮は教団内に部落差別をはじめ差別問題は信心には関係が無い、あるいは信心を深めれば差別問題は無くなると、さらには差別問題に取り組むことを回避しようとしたり、差別問題に消極的な教団人を根強く存在させています。

さらに、業問題等に象徴されるように教団・教団人のあり方が問われながらもいまだ未解決の課題も山積みされています。

このような状況を顧みるとき、同朋運動は一層強力に展開推進されねばならないことは明らかであります。それは教団が歴史の中で犯してきた差別に対する責任を明らかにすることであり、同時に現代社会に教団が果たさねばならない役割でもあります。

同朋運動四〇周年の催しは、そうした状況の中で自らと教団の体質を改めるために、同朋運動の願いをもう一度すべての教団人が確認しあい、その歩みに学びながら、今日における課題を明らかにすることを目的とするものです。

ご門主ご親教

本日、同朋運動四〇周年に当たり、お勤めされました総追悼法要におきまして、有縁の皆様とご一緒に、阿弥陀如来のお徳を讃え、同朋運動推進に心血を注がれた方々をはじめ、有縁の方々を偲ばせていただきますこと、まことにありがたいことでございます。

日本の敗戦後間もない一九五〇年に同朋会が設立されて以来、今日まで四〇年、多くの方々が同朋運動を推進し、教団の体質を改め、社会に自由と人権を確立するために、お力を尽くして下さいました。

設立にご尽力下さった方々で、すでにお浄土へ還られた方々も多くなった今日、当時の方々の願いを改めて思い、私たちに課せられた責務を確認することは、時宜にかなったことであります。

同朋会では教団内の差別事象、構造の変革を求め、人々を啓発するために、さまざまな活動が続けられました。財団法人・同和教育振興会の設立、同和教育センターの開設という成果も挙げました。

一九七一年には同朋運動本部が設置され、今日、宗門の基幹運動として位置づけられています。

親鸞聖人はすべての人が等しく救われて、お浄土で仏の悟りに至る道をお開き下さいました。内乱と飢饉、差別と迷信俗信が渦巻く時代に、すべての人々は阿弥陀如来のお慈悲の中にあって平等であること、南無阿弥陀仏をいただいてこそ、自分のいのちに責任を負って生きる道が開かれることを教えて下さったことは、画期的なことでした。

しかし、親鸞聖人を宗祖と仰ぐ宗門は時代の波を克服することができず、さまざまな差別体質を内に抱えてきました。

中でも、政治権力によって制度化された部落差別を批判する目を持たないだけでなく、内側から支えてきたことは、まことに悲しい歴史であります、このことに目覚め差別撤廃のため力を尽くして下さった方々の願いを決して忘れることはできません。

親鸞聖人が如来より賜わる南無阿弥陀仏一つで救われると教えて下さった背景には、政治的・経済的、あるいは個人の能力において、恵まれたものが大切にされる社会への批判がありました。

師である法然上人は「もし布施をもて本願とせば貧窮困乏のともがら、さだめて往生ののぞみをたたむ」(『西方指南抄』)とおっしゃっています。自分を他人と比べて一喜一憂する姿こそ、親鸞聖人が凡夫と悲しまれたところです。

昨年、私は「真実の喜び」「本当の喜び」について、しばしば述べました。「おかげさま」という美しい言葉が、うっかりすると自分に都合のよいことを喜び、感謝する言葉になっているからです。他人の不幸と比べて安心するような「おかげさま」では、心の窓は閉じられてしまい、真の人間同士のつながりを築くことはできません。

阿弥陀如来がご本願を立てずにはおられなかった、そのお心を聞かせていただくとき、私の思い上がりの心、人間の恐ろしさに気付かされます。

そして、お慈悲の中に「御同朋御同行」と手を取って歩まれた宗祖親鸞聖人のお心を実践する道が開かれます。

今日、差別撤廃・人権擁護は世界的な課題になりました。人権をなおざりにして、経済力を誇ることのむなしさを感じます。本当に大切なものは何かを、生活を通じ人生を通じて明らかにしてゆかねばなりません。

阿弥陀如来のご本願は、生きるためには悪いこともする私、この世のものは皆移り変わると知っていながら、自分だけは変わらないと思い違いしてしまう私、この私を救わずにはおかないとたてられたのです。

しかし、それは私が何をしてもいい、何もしないでいい、ということではありません。反対に阿弥陀如来がついていて下さるから、大切なことを精一杯やりましょう、ということではないでしょうか。

何もしないのも、自分のしていることに疑いを持たないものは、仏法に心を向けることもありません。

ご参詣の皆さまとともに、先に往かれた方々のご苦労を偲びますとともに、真実のみ教えをわが身にいただき、実践することによって、そのご苦労に応えたいと思います。

【4】御同朋の社会をめざす法要

基幹運動推進

御同朋の社会をめざす法要を厳修

　ご消息発布　差別撤廃に取り組む姿勢を

宗門では三月二〇日、御影堂で「基幹運動推進　御同朋の社会をめざす法要」をご門主親修のもと厳修し、引き続きご消息発布式が行われた。ご門主は、ご消息のなかで「ことに、現在、国内にあるさまざまな差別の中、部落差別は封建制身分社会より引き継がれ、市民的権利と自由を侵害する深刻な社会問題」であるとして、「宗門にとって法義上、歴史上、避けて通ることのできない重要課題」でありながら、「宗門には、因習による偏見のもと、時代の波を克服することができず、差別を温存してきた歴史があり、今なお、差別が残存していることは、念仏者として、仏祖のおん前に慚愧せずにはいられません」と述べられ、

「私たちは差別を根絶するために取り組んでこられた先人の努力の足跡を学び、差別の現実に学んで、その撤廃に積極的に取り組む自らの姿勢を築きあげなければなりません」と、念仏者として歩むべき道を示された。宗門では、一九九三年以降、連続して差別事件が起きており、すべてのものは平等であるとの宗祖親鸞聖人の教えに背き、私たち念仏者が本当にお念仏を依りどころとした生き方をしてきたかが問われている。こうしたことを踏まえて法要が営まれたが、ご消息を受けて、宗門にかかわるすべての人が、差別体質の克服と基幹運動推進に一層の決意を新たにする法要となった。

二〇日午前一一時二〇分から御影堂で厳修されたこの法要には、部落解放同盟中央本部役員、同盟都府県連関係者、『同和問題』にとりくむ宗教教団連帯会議（同宗連）関係者のほか全国の僧侶・門信徒、宗会議員、輪番、教務所長、布教団役職者、門徒推進員、各教化団体役員、宗門関係の学園長・理事長など約二千五百人が参拝した。

法要に先立ち、基幹運動本部長の青地敬水総務が法要の趣旨を述べた。

法要（正信念仏偈作法）では、ご門主が表白のなか「人はみな平等ないのちを与えられていますが、現実には差別・被差別の関係によって、痛み、苦しみ、悲しみをもって苦悩の人生を過ごしておられる同朋同行がいます。このことに思いをはせる時、私たち宗門人は責任を明らかにし、差別の撤廃に向けより一層の努力を重ねなければなりません。ここに、あらためて宗祖聖人のおこころに立ち返る決意を表し、よって御同朋御同行と人生を歩むための基幹運動が、さらに徹底されていく機縁となりますよう念じてやみません」と述べられた。

法要では、松村了昌総長が主催者を代表して焼香した後、能邨英士真宗教団連合理事長（大谷派宗務総長）、上田卓三部落解放同盟中央執行委員長、大西正義同盟顧問、村越末男部落解放研究所理事長、脇坂眞同宗連事務局長（議長代理）に続き宗派の要職者が、それぞれ焼香した。

法要に引き続いて、ご消息発布式が行われ、満堂の参拝者の中でご門主が親読された。

この後、ご門主からご消息を拝受した松村総長が趣意演達を行った。

松村総長は「この法要は私たちが御同朋の教えに反し、差別の立場にある人々とともに歩もうとせず、むしろ差別を温存助長してきたことに対する慚愧の念を表し、差別体質の克服と基幹運動の推進に一層の決意をするためのご消息でした。一人ひとりが差別撤廃に向かって新たな決意をしたいと思うことです」と話した。

この後、恩徳讃を全員で唱和し法要を終えた。

宗門では一九九三（平成三）年の東海教区住職差別発言、札幌別院差別落書きなど、連続して差別事件を起こしてきた。

これらの差別事件に対して、宗門は一九九四（平成六）年から昨年八月までに部落解放同盟中央本部と五回にわたり糾弾会を実施。その間、九五年一一月にはご門主をはじめ、総局、宗務所管理職六二人が大阪の西成地区における現地学習で学び、また全教区において「点検糾弾会」が開かれた。

これらの経過を踏まえ、今年一月には「連続差別事件糾弾総括書」が出されたが、この法要を契機に、ご消息を体して、差別の現実に学ぶ視点を常に確認しながら、聖人の御同朋のおこころに立ち返るべく、基幹運動を推進・実践していくことになった。

『本願寺新報』第二五八四号（一九九七（平成九）年四月一日発行）

【5】同朋運動五〇周年　趣意書

敗戦の混乱もようやく落ち着こうとしていた今から五〇年前の一九五〇年、水平社運動、一如会運動に関わってきた教団人や、敗戦後設立された部落解放全国委員会の活動に参加していた教団人が中心になって浄土真宗本願寺派同朋会（以下同朋会）が設立されました。

同朋会に結束した教団人は、教団内外に存在する部落差別や教団の差別的構造という、差別の現実を克服するため、教団あげて同朋運動を実践していくことを、内外に提唱しました。その願いの実現のために、同朋会は、各教区・各地に支部の設立を働きかけ、運動のすそ野を広げる活動を展開する一方、一九五六年には、第一回全国同朋大会を本山において主催し、翌年の第二回大会においては、「同朋運動の御消息」が発布されました。

また、一九六〇年には、第一三五回定期宗会において、宗祖七〇〇回大遠忌法要記念事業としての同和教育会館の建設についての建議書が採択され、その翌年、財団法人同和教育振興会の設立、一九六三年、同和教育センターを開館しました。これらは、同朋会による同朋運動推進のための人材育成や啓発活動の、大きな成果であります。

とくに、一九七〇年の『大乗』臨時増刊号差別事件への取り組みは、同朋運動の重要性に対する多くの教団人の意識を喚起し、運動推進の大きなうねりを呼び起こしました。この具体的な取り組みが、翌年、一九七一年、同朋運動本部を設置する力となりました。

そして、一九八六年には、同朋運動が教団における基幹運動として位置づけられ、基幹運動本部が設けられると同時に、各教区・組には基幹運動推進委員会が設置され、中央・教区・組と連携した体制によって、運動が推進されるようになりました。

一方、一九八五年には、大谷光真門主が、部落解放基本法制定要求国民運動中央実行委員会会長に就任され、教団あげて部落差別の解決のため、全国の同じ願いを持つ人びとと同朋の輪を広げる運動を進める決意を教団内外に明らかにされました。また、一九九六年二月には、第二四四回定期宗会において、部落解放基本法制定に向けて取り組むことを、満場一致で決議しました。

さらに、教団は、部落差別の克服を目指して活動する全国の宗教教団が一九八一年に結集し設立した『同和問題』に取り組む宗教教団連帯会議」にも積極的に参加し、問題解決のために連帯の輪をひろげてきました。

こうした中にあって、一九九四年の札幌別院における差別落書き事件をはじめ、相ついで部落差別事件が発生しました。これらの事実から、また基幹運動推進僧侶研修会や各数区で取り組んだ点検糾弾会の中で、改めて、基幹運動推進の課題の検証を通して教団の差別の現実が再確認されました。すなわち、同朋運動の教団化が、その実質を伴うものであったかが検証されたのです。

さて、一九九七年には、「基幹運動推進　御同朋の社会をめざす法要」が営まれ、ご消息が発布されました。ご消息の中でご門主は、

《……現在、国内にあるさまざまな差別の中、部落差別は封建制身分社会より引き継がれ、市民的権利と自由を侵害する深刻な社会問題であり、その解決は国民的課題であるとともに、宗門にとって法義上、歴史上、避けて通ることのできない重要課題であります。しかしながら、宗門には、因習による偏見のもと、時代の波を克服することができず、差別を温存してきた歴史があり、今なお、差別が残存していることは、念仏者として、仏祖のおん前に慚愧せずにはいられません。私たちは、差別を根絶するために取り組んでこられた先人の努力の足跡を学び、差別の現実に学んで、その撤廃に積極的に取り組む自らの姿勢を築きあげなければなりません》

と述べられ、同朋運動への取り組みの決意が、教団

内外に高らかに表明されました。

その高揚の中で、信心の社会性の実践として差別法名・過去帳の再調査が行われ、過去帳を通して、同朋運動の課題を僧侶自らの課題とする取り組みへと展開していきました。この調査に、教団の一万余ヵ寺が参加したということは、五〇年前にごく一部の教団人が提唱して始まった同朋運動が、ようやく全教団の課題となったことを示すものであり、これこそ、同朋教団の本旨に一歩近づいた姿でありましょう。

と同時に、同朋運動の進展とともに、また新たな差別事件も生じてくるという現実は、差別を見抜く力が養われつつあることを示す反面、教団の抱える問題の重さと根深さを表すものであります。しかし、五〇年にわたる運動の推進は、その取り組みの中で、差別の現実が、僧侶一人ひとりの課題として受けとめられるようにもなり、全国で同朋運動を基幹運動として推進する四〇〇〇人の門徒推進員の誕生としても結実しています。

同朋運動の目標は、差別・被差別からの解放です。一〇年前私たちは「このような状況をみるとき、同朋運動は一層強力に展開推進されねばならないことは明らかであります。それは教団が歴史の中で犯してきた差別に対する責任を明らかにすることであり、同時に現代社会に教団が果たさねばならない役割でもあります」という決意をもって、同朋運動四〇周年を迎えました。その後一〇年間、私たちはこの決意のもとに、教団あげて基幹運動としての同朋運動を推進してきました。私たちはこの熱い願いと決意の継続を改めて確認し、次の世紀に向けて歩もうとするものです。

同朋運動五〇周年の取り組みは、先人の苦難の歴史からの学びを確実に自らのものとし、僧侶・門信徒がともに御同朋の社会をめざす我々の決意を明らかにすることを目的とするものです。

二〇〇〇年 三月 八日

浄土真宗本願寺派　総長　蓮　清典

【6】財団法人同和教育振興会設立四〇周年を迎えるにあたって

財団法人同和教育振興会は、一九六一年一二月一四日、文部省より設立認可がおり、この二〇〇一年をもって設立四〇周年を迎えます。

設立趣意書には、

> 当会では、その活動を活性化・多角化することによって、差別の原理とその構造を総合的・科学的に究明するとともに、浄土真宗の精神に則り、反差別の啓発の充実を図っていくために、ここに新たにこの趣意を策定し、部落解放の実現のために、差別・被差別から解放され、人間が人間として共に生きていける社会の実現を目指して一層活動を深化・前進させていきたいと考えます。

と謳っています。

この趣意書のもと、当会は、部落解放をめざし、同朋運動を推進・継続してまいりました。昨年迎えた同朋運動五〇周年において、そのスローガンである「御同朋、続けていくから未来がある」とは、まさに、私ども振興会のあゆみと願いを表すものであります。

財団法人同和教育振興会設立四〇周年を契機として、ここに、同朋運動のいっそうの推進に取り組み、念仏者の力を結集して、差別・被差別からの解放をめざしていくことを決意するものであります。

二〇〇一年四月一日

【7】同朋運動六〇周年　宣言

宣言

同朋運動は六〇周年を迎えた。

顧みるとこの六〇年は、常に教団内の差別主義との闘いの歴史であった。本願寺教団が内包する差別の現実を批判することで始まった同朋運動にとって、その闘いはむしろ必然であった。

阿弥陀如来と親鸞を平然と差別に利用してきた差別教団の中で、差別・被差別からの解放という念仏の教えの真実と被差別の立場から人間の尊厳を喝破した親鸞を私たちの元に取り戻そうとする同朋運動は、多くの誹謗中傷と悪意に満ちた無理解の中にさらされてきた。

しかし、その苦難の闘いの中で、「反差別こそが念仏者の生き方である」という同朋運動は、この六〇年の間に教団内外において多くの同志を生んだ。「一部の人の運動」と呼ばれた運動は、今日では自覚的な一人ひとりの念仏者によって担われる運動となり、「同朋教団の確立」は今や運動の具体的な目標となっている。

かつて私たちは、同朋運動五〇周年において、その高揚に歓喜した。だがそれは、苦難の闘いの歴史をもつ同朋運動にとって「ぬるま湯」の時代であったのだ。確かに、運動の成果を教団人全てが享受することで運動の教団化は一気に進んだが、しかしそれは、本来、同朋運動が持つべき批判性や闘争性を弱体化させた。そしてそれを待ち望んでいたかのように教団を私物化・貴族化しようとする差別主義者たちは、「同朋運動の役割は終わった」と嘲笑い、弾圧した。

その弾圧の中で六〇周年を迎える今日の同朋運動を「冬の時代」という人もいる。

しかしこの一〇年は、同朋運動にとって新たな時代を切り開いた一〇年でもあった。すなわち教団組織の中の運動であった同朋運動は、今や私たち念仏者一人ひとりの自立と連帯によって担われる運動となった。

運動が弾圧される中で勝ち取ってきた成果を、私たちはこの一〇年で、これからを生きる糧とし、無くてはならない「いのちの水」へと昇華させたのだ。

ここに同朋運動の六〇周年を迎えるにあたり、私たちは、差別・被差別からの解放の願いを自らの心に深く樹て、この「いのちの水」によって連帯する新たな同朋運動の萌芽とならんことを宣言する。

二〇一〇年一二月一四日

同朋運動六〇周年記念大会参加者一同

『振興会通信』第九六号(二〇一一年一月二五日発行)

【8】(財)同和教育振興会設立五〇周年事業趣意書

二〇一一(平成二三)年は、当会設立五〇周年にあたります。

今日の社会状況は、人権確立のための取り組みが広がる一方で、社会全体に貧困と差別の実態が深刻になりつつあり、親鸞聖人の「平等精神」の意義を明確にすることはその設立時以上に求められています。

同朋運動の目標は、差別・被差別からの解放であります。当会設立五〇周年の節目にあたり、これまでの先人の差別・被差別からの解放を願う足跡に学び、被差別部落を取り巻く今日的な宗教事情を知り、当会五〇年・同朋運動六〇年の歩みを点検・総括し、同朋運動の一層の進展に邁進する決意であります。

(振興会と同朋センターの歩み)

教団内外の部落差別の現実を鋭く見つめ、それが宗祖親鸞聖人の熱き願いに真っ向から逆行することを知った念仏者が結集して、部落差別の解放と同朋教団の再生を願い一九五〇年に同朋会が組織され、同朋運動を提唱・推進しました。その運動は、今日では基幹運動として教団全体のものとして取り組まれています。

その同朋会が、同朋運動を教団内外に一層浸透させ、同朋運動がさらに飛躍することを願い、一九六〇年二月、「同和問題を広く社会に推し進め、また同和運動の画期的飛躍を目指すための同和教育会館（仮称）の設置」を図ることと決議をします。同年の第一三五回定期宗会において、宗祖七〇〇回大遠忌法要記念事業として同和教育会館建設の建議書が採択され、その翌年一二月一四日、同会館を建設する為に当会が設立されました。一九六三年には、その会館は右京区山ノ内の地に同和教育センターとして開館されました。そして当会はセンターの運営を担いながら同朋会と共に同朋運動をさらに推進するという使命をもってその活動を始めました。

その後当会は、その活動の拠点を山ノ内の地から本願寺の門前へと移し、一九九六年には、本願寺前に新たに建設され、その建物は一般公募で「本願寺同朋センター」と命名され、そこを活動の実質的な拠点と定めました。

ついで同朋運動五〇周年にあたる二〇〇〇年には、前年、本願寺ウィスタリアガーデンの増築への協力を機に、老朽化の進んだ同和教育センターが解体され、全面的に活動拠点を本願寺同朋センターに移します。同年三月二七日には、発祥の地である山ノ内に「同朋センターの果たした役割と意義を永く後世に伝え、宗門の同朋運動の道標」とする記念碑を建立しました。

さらに二〇一〇年の同朋運動六〇周年の記念すべき年に、時あたかも教団では親鸞聖人七五〇回大遠忌法要が修行されます。この法要に伴う教団の長期振興計画の一環として、また現今の同和問題を始めあらゆる人権問題の解決に対応する人材養成の急務なること等を受け、本願寺同朋センターが旧あそか診療所跡に新築されました。それに伴い当会も設立五〇周年を迎えるこの時、新たな活動拠点においてその諸活動を推し進める事となりました。

そして今や、この本願寺同朋センターは、教団の基幹運動である同朋運動の活動拠点としての役割を果すだけでなく、教団内外の差別解放を推進する人びとの活動を支える拠点として、さらに中核的推進力としての役割を果しています。

〈振興会のあゆみ〉

当会五〇年の活動を振り返ってみると当初の設立趣意書には「この（同和問題）解決には物心両面の生活条件をととのえることを必要とするが、わけても啓蒙によって国民全体が共同の責任を持つものであり、国民が皆の問題として取り上げるまでにもってゆかなければならないことであると共に地域住民の自発的な自覚向上意欲をもりたてることが必須の要件となっている」と示されています。その趣意に則り、広く社会同和教育に資するために、部落解放諸団体との共催も含めた各種研修会の開催、啓発図書の頒布、関係資料の収集及び閲覧、講師派遣等の活動を行うと共に、教団がすすめる同朋運動と密接な関係を保ち、運動を進めるための資料の提供、実働者のための教育機関及び研究員の養成機関としての役割を果してきました。

また、研究の分野では「宗教と部落差別」に関して数多くの業績を積んできました。まず、敗戦後全国で唯一の全国同和地区宗教事情の実態調査を実施し、一九六八年にはその報告書を公表し、その後の宗教と同和問題の研究に大きく貢献してきました。また、定期発刊物である『同和教育論究』は今日では三〇号を超えるに到り、差別の業論批判、「穢寺帳」の発掘、インド被差別カーストと仏教復興運動などの成果を公表し、そうした取り組みは御同朋の願いに応える教学の樹立への基盤ともなっています。さらに、一九八九年より始めた月例の研究会は今日では二二〇回を越え、また二〇〇五年より設置した連続講座も毎年その講座数を増やすなど研究・啓発の成果を着実に積み上げています。

設立二五周年を迎えた一九八六年には、設立二五周年記念大会を開催し、大会とともに開催したパネルディスカッションにおいて「ハンセン病差別法話問題」が提起され、教団をあげた取り組みに発展しました。

そうした活動を進める中で、振興会はその活動の原点をより内外に鮮明にする為に一九九〇年には、設立趣意書に「親鸞聖人の平等精神」をおりこみ、浄土真宗の財団法人である当会の特色を明確にする改定を行いました。

当会はその設立時より、部落解放を求めるあらゆる人たちと連携し、部落問題について幅広く情報を収集すると共に、特に宗教と部落差別について、『「宗教と部落差別」関係文献・論文目録』など総合的な情報を教団内外に発信しています。

二〇一一年三月

【第八章】

同朋運動をすすめる七者協議会

【1】近畿同朋運動推進協議会創立五〇周年記念大会宣言

思えば五〇数年前、宗祖親鸞聖人の御同朋御同行の精神に生きようと願う近畿各府県の念仏者たちは、教団内外に起こった部落差別の厳然たる事実に悲嘆と憤りを込め、差別・被差別からの解放を求め「浄土真宗本願寺派同朋会」を設立し同朋運動を提唱しました。

同朋運動の推進はもとより容易ではなく、差別の現実が課題とされることなく、人権擁護の叫びも届かないという教団内外の状況にあって、本願念仏をよりどころとし真の同朋教団の実現をめざす多くの念仏者にとって、連帯はむしろ必然でありました。

差別・被差別からの解放への自覚と、その実践をする念仏者のこのような連帯こそ、親鸞聖人の御同朋御同行とかしずかれた道を歩むことと確信した先駆的人びとにより、一九五四年「近畿同朋運動推進協議会（近同推）」の前身「同朋会近畿教区連絡協議会（近連）」が誕生しました。

近連から近同推五〇年の歩みは、同朋運動への幾多の誹謗中傷・無理解に対する批判と啓発の歩みでもありました。そして、今日この同朋運動の推進と実践は、同朋教団の真の姿を実現する唯一の方途であると確信すると同時に、先人の熱意と悲願を受け継ぐ念仏者の輪も広がりつつあることは、疑う余地のないことであります。

しかし、教団内外に現存する部落差別やさまざまな差別・人権侵害に対し、それを肯定し差別社会の存続を死守しようともがく人びと、差別の現実を見過ごし自ら差別を再生産する人びと、さらにはこれらの問題に無関心な人びとがあることも厳然たる事実であります。

私たちはこうした現状にあっても、五〇年前の先駆的人びとの悲嘆と憤りを受け継ぎ、差別・被差別からの解放を願う歩みに学びつつ、同朋運動を実践することこそ、真の念仏者としての証であることを確認するものであります。

今、「近畿同朋運動推進協議会」に結集する私たちは、あらためてここに差別・被差別から解放された念仏者となり、その念仏者が集う真の同朋教団をめざし、今後さらにその輪をひろげ御同朋の社会を実現するため、同朋運動の中核となって邁進することを宣言いたします。

二〇〇四年一一月三日

近畿同朋運動推進協議会創立五〇周年記念大会

参加者一同

（一九五四年設立）

【2】財団法人同和教育振興会設立趣意書

世界人権宣言が国連第三回総会において採択されてから四〇年、この間、国連を中心に国際的な人権擁護、平和維持の潮流は着実に前進してきました。また、わが国においても憲法一一条・一四条で法の下に自由と平等が保障され、その実質化が図られてきました。

しかしながら、人間差別の現実は根強く、戦争が各地で頻発し、国内においても部落差別をはじめ女性差別・障害者差別・民族差別等が依然として現存しており、人権確立と民主主義の具現の域には至っていません。

同和問題については、部落解放をもとめる広範な人びとの運動により、一九六一年に「同和対策審議会」が設置され、一九六五年に「同和対策審議会答申」が出され、同和問題は人類普遍の原理である人間の自由と平等に関する問題であり、憲法で保障された基本的人権にかかわる課題であり、その早急な解決は国の責務であり、同時に国民的課題であると位置づけられました。

この答申にもとづき、一九六九年に「同和対策事業特別措置法」、一九八二年に「地域改善対策特別措置法」、一九八七年に「地域改善対策特定事業に係わる国の財政上の特別措置に関する法律」が施行され、同和問題に対する法的措置は一九年が経過して同和地区の生活環境はある程度改善されてきました。

一九六一年設立された当会は、親鸞聖人七〇〇回大遠忌法要を契機として同朋会が提唱し、行政や運動関係の協力を得て、当初の目的であった同和教育センターを一九六三年完成させました。その後、同センターの維持運営、同和教育の調査・研究、関係文献・資料の収集、部落解放のための図書の作成・頒布、同和教育・同和行政・部落解放運動関係者の相互研鑽、宗教と部落差別との係わりの研究等を通じて、同和教育振興、部落解放のための啓発に寄与してきました。

しかしながら、部落差別はなお依然として現代社会に現存しています。差別事件はあとを絶たず、いまだに制度的保障を受けられない同和地区もあり、差別肯定の考え方も広く存在し、人権思想・権利意識も正当に定着しているとはいえません。

こうした、人権擁護と民主主義実現のための啓発が強力に展開される一方で、部落差別がいまなお克服されない現状を正しくとらえ分析することによって、総体として同和問題を解決する方途を見出すことが今日的課題であるといえます。

そこで、当会では、その活動を活性化・多角化することによって、差別の原理とその構造を総合的・科学的に究明するとともに、浄土真宗の精神に則り、反差別の啓発の充実を図っていくために、ここに新たにこの趣意を策定し、部落解放の実現のために、差別・被差別から解放され、人間が人間として共に生きていける社会の実現を目指して一層活動を深化・前進させていきたいと考えます。

（一九六一年設立／一九九九年変更）

【3】九州・沖縄同朋運動推進協議会結成宣言
（呼びかけ趣意書）

九州・沖縄の全念仏者よ、結集せよ。

一切のいのちの尊厳と平等を願いとする、我々、浄土真宗の念仏者は、混迷をきわめる現代社会のただ中にあって、絶対無碍の一道を明らかにすることを使命とするものであります。

そして今日、日本の部落差別をはじめとする人権の問題が、二一世紀へむかう全人類にとっての重要な課題となり、さらには沖縄や長崎、そして水俣が映しだす諸課題の中から、人類の近代そのものが問いとされる時代を迎えています。

しかるに、その時代の要請にこたえるべき教団の全体情況は、連続する差別事件とその後の糾弾会の取り組みに象徴されるごとく、山積する諸課題を前に、踏み出すべき一歩についての共通理解すら明確にしえない隘路の中にあります。

そこに、それぞれの地域の事実に徹底的に根ざし、そのことをこそ浄土真宗の課題として明らかにしていく、新たな同朋運動の確かな歩みの始まりが求められる所以があります。まさに、親鸞聖人が示された「世をいとふしるし」を現代に問い、さらにその意味を鮮明にすべき時を迎えているのです。

事実の中から問い、み教えの学びを深め、ともに連帯していく、その新たな同朋運動の明確な一歩を、九州・沖縄から提起せんとする。そのことこそ、我々が今、九州・沖縄において同朋運動推進協議会を結成せんとする趣意であります。

九州・沖縄のすべての浄土真宗念仏者に、意を熱くして呼びかけ、ここに九州・沖縄同朋運動推進協議会の結成を宣言します。

一九九八年七月二日

九州・沖縄同朋運動推進協議会

結成式参加者一同

【4】同朋運動を続ける会設立宣言

同朋運動は、差別されることからの解放を求める。その歩みは、親鸞聖人と共にあろうとした人びとの歩みであり、さらに差別することからの解放を求め宗祖の前で慚愧した真摯な念仏者の歩みでもあった。しかしその出発は、多くの誹謗と中傷、さらには巨大な無理解の渦中からの出発でもあったことを忘れてはならない。

その中にあって、差別・被差別からの解放を求めて宗祖と共に歩みを続けようとした人びとの輪は、明らかに広がりを見せはじめた。そしてやがて、この歩みこそ教団再生への歩みであり、同朋教団の顕現だとする多くの念仏者の共感を獲得し、確かな自立と連帯のよろこびを生みだしていった。

しかし今日もなお、差別する事の悲しさ・差別される事の悔しさと痛みを、現実のこととして理解しようとしない人びとがいる。御同朋・御同行の願いと営みを、打算的な効果という枠組みでしか理解できない人びとがいる。そうした人々が、差別・被差別からの解放を求め続ける人びとの叫びと願いに背をむけ、運動を権威的に歪曲し、変質させようとしている。

先人は喝破した。「被差別者は二度殺される。一度目は差別者に、二度目は似非解放主義者に。」と。

私たちは、この教団と社会の現実をふまえ、親鸞聖人と共に歩む念仏者たらんとするものである。その願いに心を樹て、部落差別をはじめとするあらゆる人権侵害に断固たる抗議をなし、差別の現実に深く学びつつ、自立と連帯こそ私たちの同朋運動である事を高く掲げる。そして今、差別・被差別からの解放を求めるわれらの熱き思いを一つにして、親鸞聖人と共に歩む同朋運動を一層推進せんとする。

運動の芽は、こうして新たに芽生えた。

私たちはここに、同朋運動を続ける会の設立を宣言する。

二〇〇四年三月一日

同朋運動を続ける会

【5】「東日本同朋運動推進協議会」（東同推）発足にあたって

東日本同朋運動推進協議会

理事長　藤澤 正徳（東京教区）

「罪の有無、老若いずれを問わず、われわれ全員が過去を引き受けねばなりません。……過去に目を閉ざす者は結局のところ現在にも目を閉ざすこととなります。」

（一九八五年五月八日　ヴァイツゼッカー大統領演説）

二〇〇七年に親鸞聖人流罪八〇〇年を経過し、二〇一一年には親鸞聖人七五〇回大法会を迎えようとしています。そこで、これまでの教団の長い歴史を、同朋運動の視点から、今、私たちが歩んできた取り組みを振り返って見たいと思います。

一九九二年には、同朋三者懇の学びから明らかになった三つの課題（①真俗二諦②業・宿業③信心の社会性）に基づく話し合い法座が、全教区同じテキスト同じ内容で取り組むといったこれまでにはない、画期的な僧侶研修会が開催されました。このような研修会が開催されるようになった一方、この間教団がこれまで経験したことのない賤称語を用いた連続差別事件が惹起いたしました。画期的研修会が開催されている最中でのことでした。

このことは、

①基幹運動が宗派中央だけの運動になっていないか。

②教区においても一部の人の運動でおわっていないか。

③教団内の差別事件を教団の差別体質の表れと受け止めているか。

④これらの一連の差別事件を通して今後どのようにその体質を克服していくか。

⑤教区、それぞれがどのよう方途を具体的に実践しようとしているのか。

⑥僧侶一人ひとりがどのように受けとめどのように学んでいくか。

と、ひとりひとりの教団僧侶の姿勢や態度が真摯に問われ、具体的に次なる内容で全教区での点検糾弾会が開催されました。

1　連続差別事件の原因の分析

2　各教区の研修状況の報告を行い、参加状況、研修内容を点検総括し、問題点と課題を明らかにしていく。

3　封建遺制の教団における問題点等について

イ　信心の社会性を明確にする

ロ　反差別の教学とは何かを明らかにする。

ハ　その他として……僧侶の体質について・寺檀（格）制度について・法要儀式と法話について・教区同朋運動の現状と問題点

4　差別法名・過去帳の調査結果の確認報告をすると共にその存在有無等について点検する。

この全教区で提出された回答書では、信心の社会性については、大方次なる点が明示されていることが特徴的であった。

① 差別・被差別をはじめとする社会の現実を直視し、その事実を社会に生きる自らの課題として生涯を生きること。

② 信心と社会を分離していしまい、社会の諸問題に目を向けず、社会の現実や人々の苦悩に立ち向かおうとしない信心の味わい方、受け止め方の見直し。

③ 社会を無批判に肯定していく教学。そして現実に関わらない信心は当然死後の救済のみに限定されてゆく。このような親鸞聖人のみ教えから変質してしまった教学を本願寺の歴史と差別の現実から問い正してゆくことが信心の社会性の意義であり問いかけなのです。

④ 西光万吉さんは水平運動の中から七〇年以上も前からそれを指摘しています。「社会改造の基調を卑しむことは人間生活の半分を卑しむことだ」と信心と社会の一体性を主張……問題は、そのような指摘を受けた教団がその後、長い間、その重要性を認識しえなかったことです。それが今日信心の社会性を問われる結果を招いているといえます。

⑤「信心は個人の心の問題であり、社会の問題とは別である。」といい、信心と社会を分離し、社会の問題には目を向けず、現実の差別を放置してきたことの反省より生まれた課題。

⑥ 歴史や社会の現実を問題にしない教学こそ、教学の純粋性があるとしてきた従来の封建教学は、結果的に差別を温存助長してきました。

⑦ 現実の差別を担いその解放をめざして、人々の痛み・苦しみを共感しながら、教えに問い、聞き学んでいくことが必要であります。

その上で、上記の視座に立ち、教団の責任を果たす上で、過去帳調査が実施され、調査に学ぶ研修会がもたれました。

その後、職制変更並びに運動に対する諸問題が興り、このような対社会に約束した課題が教団全体として全く不十分であり、約束が履行されていません。

私たちは、これらの問われた課題を着々と取り組んでいきたいと考えております。

過去帳調査に学ぶ研修会実施以降、九州沖縄では、「九州・沖縄同朋運動推進協議会」が個人を中心として教区を越えて立ち上げられ、現在活発な活動が展開されています。

私たち東日本区域［北海道・東北・東京・新潟・国府・長野］各教区でも、これまでの近畿同朋運動推進協議会や九州・沖縄同朋運動推進協議会、財団法人同和教育振興会、本願寺同朋センター、同朋運動を続ける会に倣い、個人を中心とした同じ志をもつ者が力を合わせ連帯し、同朋運動推進に邁進したいと「東日本同朋運動推進協議会」を発足することとなりました。

今後、東日本区域（一八都道県）県単位の会員を募り「東同推」の充実を図り、また、ひろく全国の賛同する団体、個人の会員を募集いたします。

【6】北陸同朋運動推進協議会結成の呼びかけ

〝北陸に被差別部落はない〟、北陸に蔓延するこの事実に反する声が、どれだけ部落差別に喘ぐ人々の力を奪い、あきらめを強いてきただろう。

宗祖の教えを標榜する者が、宗祖と教えに集う人々の期待をどれだけ裏切ってきたことか。

宗祖没後七五〇年を迎え、教団の部落差別の歴史に思いをはせると同時に、被差別者の宗祖への期待に学び、願いに応えていくことが真宗再生への道と信ずる。

教団の同朋運動の火をかき消そうという動きが強まる今こそ、さらなる運動の広まりと深まりを願い、差別・被差別からの解放をめざす全ての人々との連帯を、この北陸から呼びかけ、集おう。


（二〇一二年設立）

【7】中四国同朋運動推進協議会呼びかけ文

中四国同推設立　呼びかけ人　一同

私たちは同朋運動を推進させたいと思います。
中四国地区に　同朋運動の学習と実践をする組織をつくりましょう

中四国　同朋運動推進協議会（**略称　中四国同推**）**設立について**（**趣意書**）

謹啓　皆様には慈光照護のもと、お念仏相続のこととお慶び申し上げます。
まず、唐突にご案内を申しあげます非礼をご容赦願いたいと存じます。

実は、二～三年前から同朋運動について『学習と連帯の場』となるような組織を、すでに活動している近畿、九州・沖縄などの地区に引き続いて、中四国地区にもつくろうという意見がございましたが、なかなか話が実現の方向に向かわずじまいの状態が続いておりました。

やっと今年度になりまして有志が集い、仲間を募りました結果、各教区の呼びかけ人を核として、中四国の全ての浄土真宗寺院の皆様（僧侶・門徒）に対して、中四国同推への参加を呼びかけさせていただくところまで、たどり着くことができました。そうした準備段階において、有志の中で話題となりましたのは

■最近の教団状況により「過去帳差別記載問題」を全く知らない住職・坊守の方も現におられる。
■表現者として公的な場で発言することの多い僧侶にとって、ネット社会の到来は、その発言によって思いもよらぬ事態を引き起こすことも充分に考えられる。

などという意見でした。

よって、今日的な状況も念頭に置きながら、中四国

同推の有り方を協議した結果、肝心な設立の目的は、勿論同朋運動推進なのですが、具体的な事業内容の概略でも皆様に早くお示しした方がより深いご理解をいただけ、地道な活動推進になるのではないかということになりました。

そこで、事業内容については多岐にわたってご意見があろうかと存じますが、まずは、お互いに基本的な学びを織り交ぜながら、同朋運動に対する理解を深めていきたい所存です。

つきましては、以下の通り、当面の事業（講演会・研究発表・事例報告・フィールドワークなど）の骨格を、次の五点に集約（正式には設立総会決議必要）したところです。

共通テーマ「御同朋の社会をめざして」

一、教学的な課題について
二、布教上の課題について
三、寺院活動の課題について
四、差別の現実について
五、基礎的知識の習得

それぞれの寺院におかれましては、状況やおかれた環境も様々で、同朋運動につきましても多種多様なご意見があろうかと存じます。

しかし、宗祖の同朋精神の大切さについては共通項でありましょう。

私たち呼びかけ人一同、中四国の浄土真宗の皆様（僧侶・門徒）に対し、〝ゆるやかな連帯〟と〝研鑽の継続〟を図るため、同朋運動推進協議会の設立に、ぜひご参加くださいますますよう呼びかけさせていただくものであります。

ぜひご一緒に学ばせていただきましょう。

（二〇一三年設立）

解題

本書について

本書は、一九八六年から二〇一一年までの基幹運動の期間を基準とし、資料をそれぞれ、「事件報告」、「糾弾会」、「差別法名・過去帳調査」、「基幹運動計画」、「僧研ノート」、「答申・提言」、「記念式典」、「同朋運動をすすめる七者協議会」という分類をして収録した。第八章の六と七の資料については運動の結実として、期間ははずれるが採用した。これらについては、本講座第二巻第Ⅰ部第二章第三節基幹運動本部の活動（九七頁以下）に概観している。

基幹運動は、同朋運動の教団化という言葉で表される場合がある。そのことは、同時代に活動し、基幹運動推進を経験した宗門人には自明のことかと思われる。「教団化」は同朋運動を担ってきた先人たちにとって悲願とされる重い言葉であった。もちろん、「教団化」という言葉は、教団が率先して同朋運動を実践するという意味もあるが、それだけではなかったことも本資料集で明らかとなる。収録された資料によって、同朋運動が教団の行政組織に位置づけられ、同朋運動に取り組んだ人も在野だけでなく教団行政や運営に深く関与し、名実ともに教団化したということがいえるであろう。

もう一つの側面は、教団における同朋運動の課題の共有化である。

基幹運動は、当初、同朋運動―門信徒会運動間の対立がクローズアップされて、いわゆるどちらが教団の中心的な運動になるかというような議論が行われていた。（本講座第1巻第Ⅱ部第4章「戦後同朋運動の動き――同朋会から同朋運動本部設置へ」）しかしながら、どちらが重要であるかということよりも、その議論を通じて、教団の社会性が問われたことが重要であろう。刻々と変化する社会状況の中で同時代の人々に求められる教団のあり方とは何かというテーマが教団人に共有されたのである。

そのなかで、運動の中心となったのが同朋運動である。その要因はさまざまな説明がなされるであろうが、本講座の各巻において貫かれているのは、同朋運動による課題の共有化である。

同朋運動はその歴史からも明らかなように部落差別に喘ぐ僧侶・門信徒の運動から始まったものである。ゆえに「差別・被差別からの解放」を目的として、その実現に向けて取り組むべきものである。そのためにはすべての教団人がこの問題をうけとめ課題を共有化し、実践していかねばならない。「私」が変わっていく運動なのである。

当時、基幹運動とは、その名称から具体的な運動課題が見えないとされたが、見方を変えれば、まさに教団における課題の共有化の手続きを構築していく運動――システムを再構築する運動だったと言える。その具体的課題の一つひとつが同朋運動であり、門信徒会運動であったと言えよう。

問題を見出し、課題を抽出し、教団全体で実践していくという作業と手続きが基幹運動であった。本資料集では、その流れがわかるように分類項目を立てて該当する資料を並べた。基幹運動を経験したことのない僧侶、門信徒が増えてきた状況で、それらの手続きの流れを検証していただければと考える。

第一章　事件報告

教団内で生じた差別事件については、部落差別を中心に、これまで発刊した講座の各巻でも紹介してきた。本巻では、事件の概要紹介に留まることなく、生じた事件の具体的な取り組みを紹介することを目的とした。同時に事件の紹介にあたっては教団の様々な地域から選択した。事件発生が、決して特定の地域に集中しているのではないことは明らかであろう。また掲載した事件は、教区内や教団全体に公にされたものである。

改めて言うまでもなく、同朋運動の昂揚期には多くの事件がとり上げられ、取りくまれていった。事件の発生が少ないというのは、決して差別構造や差別意識が克服されていったことを意味しない。むしろ潜在化していったともいえる。

近時の教団内の差別事件は、部落差別だけでなく社会に存在する様々な差別が教団内でも生じており、教団が親鸞聖人の教えに結ばれていると言いながらも、社会的影響を容易に反映している。

それだけではなく、特に指摘をしておかねばならないのは、本巻では「大阪教区差別はがき投書事件」を紹介したが、最近の教団における差別事件は、差別葉書や落書きが特筆されるということである。いわゆる〝無意識〟や、学びが不十分で行った差別発言のような差別事件ではない。差別葉書や落書きは匿名で行われるのである。それは明らかに差別することの〝確信〟に基づいた差別行為だということである。今日のインターネットを利用した差別とも共通する

さて、差別事件を学ぶにあたって必要不可欠なことは、どのような行為、表現が差別かと言うことであろう。

教団内でも差別の捉え方はこれまでも深められてきた。一九九七（平成九）年、「差別事件 糾明の方途」には差別事件とは「特定の個人や集団の基本的人権としての市民的権利を、不当に侵害し脅かすこと。あるいはそれをそそのかす行為（発言・文書・身ぶりなど、あらゆる表現形態）。（略）それは、人間として、また、仏教を人生の拠りどころとする者として、そして親鸞聖人のお示しくださった『御同朋』社会をめざして生きる私たち念仏者にとって、許すことのできない、人間存在そのものを否定する行為である」と規定され、初めて差別が「親鸞聖人のお示しくださった『御同朋』社会をめざして生きる私たち念仏者にとって、許すことのできない、人間存在そのものを否定する行為である」と親鸞聖人の教えに反するものであることを明文化した。

さらに、二〇一四（平成二六）年、新「差別事件 糾明のための方途」は「差別とは、人間として、仏教を人生のよりどころとする者として許すことのできない、人間存在そのものを否定する行為である。（略）人間の尊厳性を侵す行為全般を指す」とされ、人間の尊厳性を冒す行為も差別と認識することを求めている。

すなわち、差別とは親鸞聖人の教えに反し、人権に関わり、人間の尊厳性を侵すものと定式化されていると言える。ここに紹介した事件や問題を、これらの柱に沿って、今後も一層検証され教訓化していくことが今日的な課題となっている。それが、今後ハラスメントやＬＧＢＴ等々の課題の取り組みをすすめ、同朋運動の内実をより豊かにしていくことであろう。

第二章　糾弾会

差別事件を差別事件として位置付けるための取り組みが、被差別当事者からする異議申し立てとしての糾弾会である。いいかえれば、差別が差別として認識されているのなら、糾弾会は必要ではない。社会における大部分が、差別は当然のこと、あるいは、ある事象が差別として認識されていない状況のなか、それを糾していく取り組みとして糾弾会がある。それは、差別事件を引き起こした当事者にすれば、厳しい学びであり、自己を変えていく取り組みである。そこでは、差別当事者の所属する集団（社会）における共通認識や価値判断も対象となる。

本巻に収録されている糾弾会は、連続差別事件糾弾会とそれに伴う各教区において行われた基幹運動を点検するための点検糾弾会を中心とする。これらについては、講座第二巻第Ⅰ部第二章第六節「連続差別事件」に詳説されている。

収録資料によって、それらの解説の前提として、よりわかりやすく、また当時の緊迫した状況での教団人の取り組みがより鮮明となる。

とくに点検糾弾会は、当該教区が差別事件を起こしたということが直接の前提ではないところに特徴がある。とくに、録音を起こした糾弾会の状況（資料4）については、当時でも問題となったもので、教団における問題の所在が明らかとなる。

一読すればわかるように、あたかも「念仏さえあれば社会のあらゆる問題を克服できる」とでもいうような立場からの意見がだされている。いわゆる、信心第一主義や信仰至上主義と呼ばれるものである。ただし、この発言自体は真宗の「素朴な信仰」から発しており、そのことがより困難な問題であることを我々に提示するのである。

このような信仰に陥ったことが、たとえ僧侶であったとしても、自己責任として問われるのはあまりに酷である。このような信仰を獲得している人々は、教団内に少なからず存在することは事実であり、それが点検糾弾会で明らかにされたとも言えよう。しかし、同時に、このことをどのように克服するのかという道筋が、明示されなければならない。

そのことについては、この点検糾弾会を集約する過程で、「差別法名・過去帳再調査」が不可避となっていくが、その調査は、受け身の「差別の摘発」ではなく、教団の課題を克服するための具体的な道筋の一つとして、当時の教団人が、信心の社会性の実践として主体的に取り組んだものである。（資料7）

第三章　差別法名・過去帳調査

「差別法名・過去帳調査」については、第一巻第Ⅱ部第六章「差別法名・過去帳調査」の成果と課題に概観が、さらに第二巻第Ⅱ部第一章「差別法名・過去帳調査の成果と課題」に詳細に述べられている。

前章に述べたように、調査は信心の社会性の実践として取り組まれた。今回収録した資料をたどれば、その手続きと共有化の道筋が明らかとなる。それらは、指摘されておこなう点検ではなく、指摘を契機として、主体的に自らの問題を対象化し、課題化していく取り組みであった。

事前学習会のなかでは、差別法名以外の調査項目は調査の目的をぼかすものだという意見も出されているが、そのほかの意見を丹念に読めば、これまでの教化のあり方と寺院運営のあり方に差別問題からのアプローチの可能性が見えるものであった。みずからの寺の歴史に差別の現実をみていくということが、初めて具体化されたとりくみであったのであり、そのことが実は門信徒に寄り添うということの実践であった。

それらの詳細は本講座の前掲の該当箇所を読んでもらえればわかるが、当時の現場の臨場感や緊張感、あるいは記事の作られた状況を伝えるには、収録された資料に勝るものはない。

そして、これらの調査は、「御同朋の教学」につながる差別の現実に立つ、念仏者の姿勢を明らかにしていくことになる。

現在、「部落差別の解消の推進に関する法律」が施行され、取り組まれているが、その法律の基本姿勢である三本柱、「相談」「啓発」「調査」から見れば、この調査は、宗派の各寺院において、まさに差別の現実を認識するためのものであり、その克服のための啓発につながるものであったことはおのずと明らかであろう。法の先取りとは言わないまでも、差別克服のための基本的姿勢であるということである。

そして、部落差別という個別・具体的な課題に向き合うことによって、かえってさまざまな社会的矛盾に気づいていくことになるが、それは言うまでもないことである。

第四章　基幹運動計画

一九八六（昭和六一）年に、門信徒会運動と同朋運動が基幹運動として一本化され、その運動推進の方向を示すものとして基幹運動計画が作成された。当初は、その基本的な方向を示す部分を一年ごとに見直し、改訂していた。しかし、その後運動の基本的な部分については、ある程度長期的な展望にたつべきだという意見が多くなり、一九九一（平成三）年度より、計画の見直しについては五年をめどにその作業を進めることとなった。

一九九一（平成三）年度からの五ヵ年度の基幹運動計画では、一九八七年に提起されたハンセン病差別法話問題への取り組みが一九九〇年三月にその取り組みが終結したこと、また六月には同朋運動四〇周年記念大会が開催されるなど、高揚する同朋運動をふまえたものとなった。

一九九一年度からの基幹運動計画では前文に、差別の現実に立つこと、そしてその克服を求め、重点項目③では、私と教団の差別の現実を改め、真の同朋教団を確立しよう。
――寺院・組における研修の徹底を――

と、具体的な課題の提示を行っている。この重点項目に基づいて、一九九二（平成四）年度から、過去帳の差別記載から提起された「真俗二諦」「業・宿業」「信心の社会性」の課題を全教団的に受け止めようと、基幹運動推進僧侶研修会（以下、僧研）が全教区で開催された。この僧研は同一課題・同一カリキュラム・同一テキストでの研修を全教区で開催するという、教団始まって以来の画期的な僧侶研修会となり、最初二ヵ年度は教区単位での開催、その後、組・ブロック開催として拡充していった。

しかし、「私と教団の差別の現実を改め、真の同朋教団を確立しよう」をテーマとして始められた僧研開始の翌一九九三（平成五）年には東海教区住職差別発言問題、つづいて一九九四（平成六）年には本願寺派関係学園協議会における差別発言問題、札幌別院差別落書き事件、一九九五（平成七）年には宗務総合庁舎内差別落書き事件と「本願寺派連続差別事件」が引き起こされ、一九九六（平成八）年度からの基幹運動計画では重点項目でも、

一、現実の問題をみ教えに学び、信心の社会性を明らかにしよう
――浄土真宗聖典による学びを――

と、「信心の社会性」を明らかにすることを基幹運動推進の中心とした計画が作成された。具体的には、一九九二年度よりの僧研の実際や、連続差別事件を通し各教区と部落解放同盟都府県連との間に開かれた「点検糾弾会」の論議を通して、私たち僧侶がいかに部落差別の現実に対して無知であることが明らかとなり、

一九九六年度よりの第Ⅱ期僧研では、従来の三課題に新たに「部落差別の基礎的学習」を加え、テキスト『御同朋のねがい』を発刊し学習を深めた。そして「信心の社会性」の具体的な取り組みとして徹底した事前研修を重ねたうえで、九七年度「差別法名・過去帳調査」が教団をあげて実施されていった。この調査は、僧侶の「信心の社会性」の実践であり、また教団としての社会的責任を果たすという性格のものでもあった。

その調査の結果、過去帳に記されていた差別法名や差別添え書き等の存在、さらに過半数を超える寺院に規定外法名が存在することが新たに明らかになり、部落差別をはじめとするさまざまな差別の責任の一端を、僧侶や寺院が担ってきたことが具体的に見えてくるようになりった。ここにおいて、教団は差別を温存し、門信徒の信頼、そして社会的な信頼を裏切ってきたことも明らかとなった。

それらの運動の総括を踏まえて、運動の課題や展望を示した、二〇〇〇（平成一二）年度からの新たな五ヵ年計画が策定されていった。

二〇〇〇（平成一二）年度からの五ヵ年度の基幹運動計画は、そうした展望に立って、

①門信徒との課題の共有
②御同朋のねがいに応える教学の構築
③同朋教団の再生

の三点をポイントにすえた内容となっている。

その基幹運動計画を受けて、二〇〇一（平成一三）年度から取り組まれた第Ⅲ期基幹運動推進僧侶研修会では課題を、

門信徒との課題の共有に向けて
・信心の社会性について
・部落差別の基礎的学習
・法名の本来化

と設定して、教区・組での僧研が進められていった。しかし、「差別法名・過去帳調査」で明らかとなった差別法名の現実や規定外法名の実態から設定された「法名の本来化」という課題が、いつしか帰敬式受式推奨に舵が切られるなど誤解も生まれていった。

その後、二〇〇五（平成一七）年度は、それまでの五ヵ年計画から単年度計画となり、二〇〇六（平成一八）年度からは「基幹運動総合基本計画」と名称を改め、二〇一一（平成二三）年度までの六ヵ年計画となり、六ヵ年を前期と後期に分け、それまで継承されてきた「念仏の声を 世界に 子や孫に」というスローガンも、「ともにいのち かがやく 世界へ」と大きく改定改訂された。

第五章　僧研ノート

「基幹運動推進僧侶研修会」（以下「僧研」）は、教団内全僧侶を対象として一九九二（平成四）年度より二〇一一（平成二三）年度まで、二〇年間途切れることなく継続された研修会である（第Ⅲ期途中の二〇〇三（平成一五）年より「同朋運動推進僧侶研修会」と名称変更）。僧研は、一九八三（昭和五八）年の差別法名・過去帳調査を契機として明らかにされた教団の差別体質に対する、糾弾学習会や同朋三者懇話会の取り組みの中で集約された課題に取り組むために始められた。その内訳は第Ⅰ期四年、第Ⅱ期五年、第Ⅲ期五年、第Ⅳ期三年、第Ⅴ期三年であった。第Ⅰ期の三年目から第Ⅴ期まで、基本的には組単位で開催されており、第Ⅴ期を除けば、全組同一テーマ・同一テキスト・同一カリキュラムという、教団にとっては画期的な取り組みであった。

各期ともテーマとして「御同朋の社会をめざして」という基幹運動の目標を掲げているが、具体的な課題は各期ごとに異なっている。各期の具体的な課題に対して全組が同一に取り組むためにテキストが作成された。第Ⅰ期は「基幹運動推進僧侶研修会研修資料」と題したものが二冊と「僧侶研修会スタッフノート」。第Ⅱ期は「僧侶研修会スタッフノート」と「御同朋のねがい　基幹運動入門テキスト」。第Ⅲ期は「基幹運動推進僧侶研修会　僧研ノート」。第Ⅳ期は「同朋運動推進僧侶研修会　僧研ノート」。（第Ⅴ期は教区独自のテーマ設定となったためテキストは作成されていない。）毎期タイトルは異なるが、それぞれの課題に全組が向き合い、取り組むためのテキストとして、全寺院に配布されている。

本巻に収録されている資料は、第Ⅰ期の「研修資料」二冊からそれぞれ抜粋されている。「基幹運動推進僧侶研修会の開催にあたって」には、僧研の課題が提起された背景と、問われた僧侶の体質や教学に関する具体的な課題が提起された経緯が示されている。とくに、平等の救いを説きながら一方でさまざまな差別を繰り返してきた教団・僧侶の体質に対する厳しい、しかし当然の問いに対して、「教団が本当の同朋教団に脱皮し、各寺院が人々の悩みや苦しみに応える寺院となっていくため」に、「僧侶が今回提起された課題を自分自身の問題として考え、私と教団の体質を改めて」いくという立場から、教団をあげて僧研をスタートした。本資料に示された開催趣旨は、二〇年の僧研を貫く基本姿勢ともいうべきものであった。

第Ⅰ期で具体的に提起された三つの課題のうち、本巻には「信心の社会性」とは、どういう課題かという説明（「一、問題の提起」）が収録されている。「従来の教学（伝統教学）における信心の観念化、個人化に対する反省と批判」を踏まえて「真実信心に生きる念仏者（信心の行者）が現実の社会にかかわる実践を問う教学の課題として、提示されてきたもの」であった。「真俗二諦」「業・宿業」と合わせて問われた「信心の社会性」は、僧研の中で差別の現実に向き合い、そこから出発した多くの僧侶が念仏者として主体的に歩む契機となっていった。第Ⅱ期僧研中に実施された「差別法名・過去帳調査」では、多くの僧侶・住職が「信心の社会性」の具体的な取り組みとして自ら主体的に行った。

しかし、「信心の社会性」がテーマとなるたびに「信心に社会性はあるのかないのか」という議論に軸足を置き、「信心に社会性はない、信心は個人の問題であり、社会の問題とは別である」と受け止めたり、「信心があれば差別は無くなる」「平等の信心をいただいている私たちが、差別されてかわいそうな人たちに手をさしのべよう」といった信心第一主義、融和主義に逃げ込んだりして、問われている課題に向き合えない僧侶も多くいた。僧研ノートでは、各期とも常にこの問題をポイントとして挙げている。

また、第Ⅰ期僧研実施中に惹起した連続差別事件を契機に実施された全教区対象の点検糾弾会で、「僧侶の部落問題に対する基礎的認識の欠如」が明らかになり、第Ⅱ期では、三課題に加えて「部落問題の基礎的学習」が課題となり、学習テキストとして『御同朋のねがい　基幹運動入門テキスト』が作成された。

第Ⅱ期僧研は、期間中に実施された「差別法名・過去帳調査」の事前学習会等と併催されることも多かったため、三課題や「部落問題の基礎的学習」が充分取り組めたとは言い難い状況にあった。

しかし、『御同朋のねがい』は、第Ⅲ期以降の僧研や一九九六（平成八）年度より開催された「基幹運動推進者養成研修会」をはじめとする各種研修会で活用され、僧研ノートと共に僧侶が課題に向き合う際の基本テキストとして大きな役割を果たした。

なお、僧研各期の詳細な内容や成果と課題等は本講座第一巻第Ⅱ部第七章「同朋運動の教団化と基幹運動推進僧侶研修会」を参照されたい。

第六章　答申・提言

戦後問題検討委員会答申

本巻に収められた「『戦後問題』検討委員会答申」（以下「答申」）は、同朋運動の大きな成果の一つである。同朋運動は、「差別・被差別からの解放」を目指して、差別の問題に積極的に取り組んできたが、同時に、一方で平和の問題にも進んで取り組んできた。平和の問題は、同朋運動の取り組みの内容を構成する、差別と並んだもう一つの大きな柱であるといっても過言ではない。

それは何よりも、差別も戦争も、ともに深刻な人権侵害であるからであり、さらに言えば、同朋運動が取り組んできた問題は、教団と世俗権力との関係の問題という、より普遍的な課題を含むものであったからである。教団は、江戸幕藩体制において、とくに三業惑乱事件以降、「掟にしたがう」という形で幕藩体制における差別的秩序を肯定し、また近代以降は、天皇制国家権力の支配と対外膨張政策を、イデオロギー的にも政策的にも担ってきた。教団近代史を貫く社会的存在形態の必然的帰結として、差別の正当化と戦争への加担があるのであり、差別と戦争の問題は、その意味では、教団近代史の両面ともいえるのである。

「答申」は、一九九六年一月二四日に当時の豊原大成総長に提出された（委員長は赤松徹真龍谷大学教授　委員会発足時は松村了昌総長）。その指摘で最も重要な点は、一九三一年からの「満州事変」に始まり一九四五年に終結した「一五年戦争」が、日本によるアジア諸国への明確な侵略戦争であったという点、そしてその戦争への教団の加担が、積極的かつ全面的な協力であったという点であろう。こういった指摘は、半年にわたる委員による緻密で活発な議論、そして提出された膨大な資料の分析に基づいてたどり着いたものである。

経緯としては、戦後五〇年を前に、まず基幹運動本部が、各教区に、「各教区における全戦没者追悼法要厳修に向けて」として強い呼びかけを行い、一九九三年一〇月に鹿児島教区が最初に法要を行い、さらに全教区で「全戦没者五〇年追悼法要」が厳修された。各教区では、追悼法要だけではなく、平和の集い、講演会、一人芝居など、教区ごとに工夫を凝らした平和を願う営みが展開された。こういった、各教区での運動の高まりを受けて、ついに一九九五年四月一五日、本願寺において「終戦五十周年全戦没者総追悼法要」が厳修されたのである。

「答申」は、そういった教団挙げての平和を願う取り組みを一過性のものにするのではなく、教団の戦争協力の実態とその論理、そして宗教教団としての戦争責任を明確にし、歴史的事実の掘り起こしと確認、そして、戦争への加担をもたらし正当化しかつ責任を無化する教学の在り方、さらに今後の課題を、明確な形で後の世に残すという意義を持っている。

「答申」は、教団の戦争協力の内実を多岐にわたって指摘している。特に消息などの問題に関しては、教団は、「国策としての戦争に協力するものであったことを認め、これらの文書を慚愧の対象とし、全てのいのちを尊ぶ宗門としてこれを依用しないことを広く宗門内外に周知するため法的措置を講じた」(「宗門における「戦後問題」への対応に関する総局見解」)と宣言し、二〇〇四年五月二四日に「宗令第二号」として、「このたび、宗門が一九三一(昭和六)年から一九四五(昭和二〇)年にいたるまでの一五年にわたる先の戦争に関して発布した、消息・直諭・親示・教示・教諭・垂示などは、今後これを依用しない。」という形で、一応の実現を見たのである。

だが、残された課題も多い。「平和センターの設立」などはその例である。赤松委員長は、「浄土真宗を社会的に名のっている私たちの教団が、誠実かつ率直に過去と向かい、継続して非戦・平和の取り組みを重ねることは、アジア・太平洋の遠近の隣人との信頼の関係を築くことでもあります。」(『戦後問題』検討委員会答申」の経緯）と指摘している。

今後もこの「答申」は、戦争という最大の人権侵害を抑止し、仏教徒の大切な願いである平和を実現するために教団が積極的に役割を果たすための、大きな足掛かりとしての役割を果たすものである。資料として、大いに利用されることを願ってやまない。（第二巻第Ⅱ部第二章第三節「教団の戦争責任」）

『提言書～教団の男女共同参画をすすめるために～』

一九九九年四月、「男女共同参画を考える委員会」が設置された。

国連のジェンダー・エンパワメント測定や女性の働きやすさ指標をみても、国際的に日本における女性の社会参画度が低いことが明らかな状況は明白である。こうした現状を打破し、男女が対等な構成員として参画する社会をめざし、「男女共同参画基本法」が一九九九年通常国会に提出された。この問題は「同朋教団」を標榜する我が教団にとっても重大かつ喫緊の課題であることから委員会設置に至った経緯がある。

二年間にわたり、委員会において闊達な議論がなされ、二〇〇一年三月には『提言書～教団の男女共同参画をすすめるために～』がまとめられた。

『提言書』冒頭にも記載されているように、この委員会は、「私たちの教団の現状が性差別を容認、助長するものであることを明らかにすること」にほかならなかった。特に、差別される側・被差別の女性の側から教団の差別の現実が指摘された成果は大きい。

『提言書』には、「性差別の現況報告」がまとめられている。二年間に亘る委員会において、特に女性門徒委員からの厳しい問題提起がなされ、男性（僧侶）主導型の教団の実態が明らかになった。

教団の性差別の歴史、門信徒組織における性差別の現実、一般寺院・宗務機構や本山及び教区・組における性差別の実態等々が明らかにされ、今後に向けてこうした性差別を克服するための具体的な課題が提示された。

その中で一三項目にわたる具体的提言を受け、「浄土真宗本願寺派宗法一部変更」「坊守規定の改正」がなされたことは成果の一つである。

また、各教区においては、「男女共同参画部会」や「男女共同参画委員会」が設置され、全教区にアンケートを取るなど、「男女共同参画」をテーマとしての研修会が連続して開催された。こうした研修・研鑽を重ねることにより、教団内女性門信徒や女性僧侶・寺族の性差別への意識が、以前にも増して高まったことは事実である。

さらに、その後の研修会は、「門信徒と僧侶がともに学ぶ研修協議会」が、全教区全組において開催され今日に至る。男性僧侶や住職からの一方的な上位下達式の研修ではなく、門信徒からの厳しい問題提起や課題を共有しての研修協議会のもつ意義は深い。

しかしながら、その後の教団体制の変遷により、この『提言書』が活用され、課題の克服への取り組みが継続されているとは断言できない現実がある。ましてや、「ＬＧＢＴＱ」に代表される生き方の多様性に関わる法整備が急務である昨今は、「男女共同参画」のみならず、性的志向の多様性における差別撤廃に向けた取り組みが求められている。

二年間にわたる本委員会の成果を踏まえ、『提言書』に基づいて、更なる今日的な取り組みが求められている。（第二巻第Ⅰ部第一章第二節第六項）

第七章　記念式典

一九五〇（昭和二五）年四月一日に浄土真宗本願寺派同朋会が設立されたことをもって、教団の同朋運動はスタートした。「差別・被差別からの解放」を願い、親鸞聖人の同朋精神と共に、常に「差別の現実から出発」する同朋運動は、一九六一（昭和三六）年に財団法人同和教育振興会（以下「振興会」）を設立し、一九六三（昭和三八）年には、活動拠点として京都市右京区太秦安井（山之内）に同和教育センターを開館した。振興会の活動は、『同和教育論究』の発刊や『事務局だより』『同和教育センターだより』の発行を通して同朋運動の現場にいる人々に研究成果や情報の提供を担うなど、徐々に広がりをみせていった。特に一九六八（昭和四三）年に報告された「同和地区における宗教事情調査」は、教団が部落差別問題に向き合うために大きな影響を与えたと言える。さらに、一九八六（昭和六一）年には振興会設立二五周年記念大会が開催された。（資料一）この記念大会のシンポジウムの問題提起を契機として、振興会はハンセン病差別法話問題に取り組んだ。

振興会活動をより充実させるため、同和教育センターを本願寺近辺へ移転させるにあたり、一九八二（昭和五七）年に本願寺門前にある旧総会所会館に分室を設け一三年間にわたって利用された。建物の老朽化に伴いセンター新築が決まり、宗派助成金と多くの関係者による協賛のもと、一九九五（平成七）年、同所に新たなセンターが建設された。（資料二）

なお、新しい建物の名称は公募により「本願寺同朋センター」となった。その後、本願寺同朋センターは、宗祖七五〇回大遠忌法要記念事業である龍谷ミュージアム建設に伴い、本願寺門前から旧あそか診療所跡地へ移転し、新たな時代の同朋運動に取り組む拠点として活用されている。

また、一九九〇（平成二）年には、資料三にあるように同朋運動四〇周年を迎えた。そこには、同朋運動四〇年の歩みと成果、教団化へ向けた取り組み、教団・僧侶が抱える課題がまとめられている。なお、大会宣言は本講座二巻一〇〇頁に掲載されている。

一九九三（平成五）～九四（平成六）年にかけて惹起した連続差別事件の取り組みとして宗派は糾弾を受け、さまざまな課題が明らかとなった。教団・僧侶がそれらの課題に向き合い、主体的に基幹運動に取り組む決意の表れとして「基幹運動推進　御同朋の社会をめざす法要」が厳修された。（資料四）なお、法要に際して発布された御消息全文は、本講座第二巻一〇三頁に掲載されている。

資料五は、二〇〇〇（平成一二）年に迎えた同朋運動五〇周年の趣意書である。ここに示された五〇年の歴史は、同朋運動の教団化の歴史でもある。一部の人の運動が五〇年を経て全教区的な取り組みになりつつなる高揚期でもあった。特に四〇周年からの一〇年間は、それまでの先人の取り組みにより一歩ずつ進められた教団化が一気に広がった期間であった。

教団内に惹起する差別事件に向きあおうとしなかった教団・僧侶が、連続差別事件、差別法名過去帳調査を通して自らの課題として受け止め、同朋運動は全教区の主体的な取り組みとなっていった。しかし、その後一〇年を経た六〇周年の宣言（資料七）では、この高揚に対する危機感を表明している。

その後、同朋運動は新たな展開をみせる。組織としての教団化から、自覚的な念仏者一人ひとりが担う同朋運動へと歩みを進めたのである。そして、自覚的な念仏者が担う同朋運動の拠点となりつづけている振興会の歩みは、設立四〇周年、五〇周年における趣意書（資料六・八）から伺うことができよう。

なお、同朋運動・振興会の歴史や役割については、本講座一巻、二巻を参照されたい。

第八章　同朋運動をすすめる七者協議会

同朋会支部（以下「教区同朋会」）は、すでに本部同朋会設立前年に和歌山同朋会が設立され、その後も近畿地方各教区に設置された教区同朋会が設立された。それらが中心となり、本部同朋会の中にある信心至上主義や一如運動的風潮を批判していた。一九五三～五四（昭和二八～二九）年に惹起した差別事件への取り組みには連帯が必要であり、一九五四年に「同朋会近畿教区連絡協議会（近連）」が結成された。近連は本部同朋会に要望書を出し宗務機関内に同朋運動を浸透させようと取り組むなど、現場からのボトムアップ的手法の運動展開がなされた。

一九七一（昭和四六）年の同朋運動本部設置により本部同朋会が発展的解消したことを受け、近連も一九七三（昭和四八）年に「浄土真宗本願寺派近畿同朋運動推進協議会（近同推）」を結成。一九七七（昭和五二）年には「近畿同朋運動推進協議会」へと改称している。近同推は、一九八〇（昭和五五）年から啓発標語ポスターの作成配布を継続実施するなど、地方の枠を超えた活動を展開しており、二〇〇四（平成一六）年には創立五〇周年を迎えている（資料一）。

また、一九六一（昭和三六）に設立された同和教育振興会は、設立三〇年を前に、活動の長期的展望を協議した。その中で趣意書・寄付行為の見直しが行われ一九九一（平成三）年には、設立趣意書が改訂された（資料二）。

運動の教団化が進む中で、一九九〇年代には運動の全教区的な広がりが見られる一方、教区の現場では、「同朋運動は中央からやらされる運動」だと受け止める意識も根強く、全国に広がる運動推進者の団結と連帯が求められていた。自らの地方・現場を中心とした団体は近同推しかなかった状況下で、まず一九九八（平成一〇）年に「九州・沖縄同朋運動推進連絡協議会（九沖同推）」が結成された（資料三）。九沖同推は、部落差別をはじめとする人権問題、さらに沖縄・長崎・水俣が映し出す差別の現実に立って活動を展開していく。

教団の基幹運動体制が、基幹運動推進本部体制へと移行する渦中の二〇〇三（平成一五）年、同朋運動の方向性に危惧を持つ全国の有志が集まり「同朋運動を続ける会（続ける会）」が設立され（資料四）、冊子「念仏と解放」の発刊、輪袈裟・門徒式章の製作頒布、研修会の実施等の活動が続けられている。教団が進める運動の方向性に対して、運動推進者有志が危機感を募らせ全国的な連帯の輪を広げるのは、同朋運動と門信徒会運動の一本化問題に対する「同朋運動を考える会」設立の前例がある（本講座第一巻第Ⅱ部第八章参照）。

宗祖の流罪八〇〇年から二年、さらに七五〇回大遠忌を二年後に控えた二〇〇九（平成二一）年には、同朋運動の成果と課題を改めて受け止め、近同推、九沖同推にならって東日本六教区による「東日本同朋運動推進協議会（東同推）」が結成される。（資料五）

二〇一二（平成二四）年には、教団の運動名称・体制の大幅な変更に対して「教団から同朋運動を消してはならない」という思いと「北陸に部落差別はない」という事実に反する声に立ち向かいながら、さらなる運動の深まりを願って「北陸同朋運動推進協議会（北陸同推）」が結成された（資料六）。

二〇一三（平成二五）年には、数年間の準備を経て中四国の各教区から呼びかけ人が集まり、「中国・四国同朋運動推進協議会（中四国同推）」が設立された（資料七）。中四国同推は、同朋運動推進を中心に据えながら、教学・布教・寺院活動の課題や、差別の現実、基礎的知識の習得などの具体的な事業骨格を示して活動を展開している。

同朋運動の歴史が、運動の教団化を進め、自覚的な念仏者としての主体的な取り組みへ深まっている中、各地方中心の連帯、全国的な連帯などが広がっていくのは必然のことであった。

なお、本資料として取り上げた活動の詳細については本講座第二巻第Ⅰ部第二章第四節同朋運動のブロック活動（一一二頁以下）を参照されたい。

年表

一九八六年	四月	「総局部門設置基本規程」「基幹運動推進委員会設置基本規程」を施行。（基幹運動本部内に同朋運動事務室・門信徒会運動事務室を設置し、基幹運動推進中央（教区・組）相談員を設ける。）
	八月	西本願寺、「過去帳またはこれに類する帳簿の取り扱い基準」を告示
	一一月	同和教育振興会設立二五周年記念大会開催
一九八七年	五月	同和教育センター運営委員、基幹運動本部長・布教団連合総団長へハンセン病差別法話への対応を提起
一九八八年	七月	本願寺新報、ハンセン病差別法話への取り組み経過を掲載
	一二月	基幹運動本部、同和問題に関する住職意識調査を実施
一九八九年	三月	宗報、「差別事件（差別行為・差別表現）に対してどう取り組むか（指針）」を掲載
	四月	新「総局部門設置基本規程」施行
一九九〇年	二月	基幹運動本部、熊本の差別墓石問題で確認事項を提出
	五月	四州教区過去帳差別法名記載第一回対応委員会開催
一九九二年	四月	基幹運動推進僧侶研修会を開始
一九九三年	五月	東海教区住職差別発言問題
一九九四年	一月	本願寺派関係学園理事長発言問題
	三月	新潟教区組長会における差別発言問題
	三月	『布教現場最前線・布教上の諸問題　差別に学ぶ』発行

	六月	滋賀教区住職差別発言事件
	七月	札幌別院差別落書き事件
	一〇月	連続した差別事件に関する第一回糾弾会
一九九五年	七月	『サットヴァ』（人権情報誌）創刊
	七月	宗務総合庁舎差別落書き事件
	一二月	点検糾弾会、全教区にて順次開催
一九九六年	一月	戦後問題検討委員会答申
	三月	本願寺同朋センター竣工記念法要
一九九七年	三月	基幹運動推進　御同朋の社会をめざす法要
	一〇月	第五ブロック布教使研修会における差別発言問題
	一一月	差別法名・過去帳調査を開始
	一二月	『差別事件　糾明のための方途』発行
一九九八年	七月	九州・沖縄同朋運動推進協議会（九・沖同推）結成
一九九九年	二月	熊本教区布教団研修会における差別発言問題
	六月	奈良教区住職差別発言事件
	六月	北海道教区組長差別発言問題
	六月	大阪教区民族差別発言問題

	一二月	備後教区差別葉書事件
二〇〇〇年	五月	福井教区組巡教B法座差別発言問題
	一一月	同朋運動五〇周年記念大会
	一一月	神社管理費問題に関する差別文書事件の第一回確認会
二〇〇一年	二月	男女共同参画を考える会提言書
	三月	『（改訂版）差別事件　糾明のための方途』発行
	五月	ハンセン病国家賠償訴訟地裁判決に関する宗派見解を発表
	一二月	同和教育振興会設立四〇周年記念法要
二〇〇二年	一〇月	近畿同朋運動推進協議会（近同推）が新たな国立墓苑問題で問題提起
二〇〇三年	三月	同朋運動を続ける会発足
	四月	基幹運動本部が基幹運動推進本部に改編
	四月	北海道教区教務所長・教区内住職宛差別はがき事件
	五月	北海道教区寺院差別落書き事件
	七月	本願寺境内地施設差別落書き事件
二〇〇四年	四月	兵庫教区の宗会議員ら宛の差別投書事件
	四月	鹿児島教区ハンセン病問題学習会における差別発言問題
	五月	神戸別院宛差別投書事件

	七月	宗務所へ差別投書（以降、二〇〇五年九月まで宗務所、東京教務所、岐阜教務所、大阪教務所へ継続して差別投書があり〝広域差別投書事件〟として対応）
	一二月	近同推創立五〇周年記念大会
二〇〇五年	五月	帰敬式奨励冊子「あなたの名前はなんですか」問題
二〇〇六年	八月	長野教区A組「若婦人の集い」における差別発言問題
二〇〇七年	七月	九・沖同推発足一〇周年記念第一〇回総会
二〇〇八年	二月	宗務所宛差別投書
	四月	北海道教区教務所宛差別はがき事件（後九月まで、教区内複数寺院差別投書）
二〇〇九年	一月	兵庫教区同朋講座における差別発言事件
	一一月	東日本同朋運動推進協議会（東同推）設立総会
	一二月	兵庫教区差別投書事件（二〇一〇年一月まで継続して差別投書が続く）
二〇一〇年	一月	大阪教区教務所宛差別投書事件
	三月	本願寺同朋センター新築移転
	一二月	同朋運動六〇周年記念大会
二〇一一年	一二月	同和教育振興会設立五〇周年記念法要
二〇一二年	四月	北陸同朋運動推進協議会（北陸同推）結成総会
	一〇月	財団法人同和教育振興会が一般財団法人同和教育振興会への移行に伴う奉告法要
二〇一三年	三月	中国四国同朋運動推進協議会（中四国同推）結成

あとがき

このたび、『講座　同朋運動―西本願寺教団と部落差別問題―』第五巻を発刊することができました。本巻は、同朋運動の教団化に伴い、教団が推進してきた「基幹運動」の二五年を明らかにする資料を中心とした資料編となっています。

基幹運動（同朋運動・門信徒会運動）は、様々な差別事件に向きあう中で明らかにされた多くの課題に取り組んできました。運動を推進していく為には、取り組んできた成果と浮き彫りになった課題を継承していくことが不可欠です。そして、成果と課題を明らかにするために、取り組みを記録した資料を詳らかにすることは大きな意味を持ちます。本巻には、一九八六（昭和六一）年から二〇一一（平成二三）年まで展開された基幹運動に関わる貴重な資料が収録されています。その成果と課題が過去の歴史に封じ込められることなく、一人ひとりの主体的な取り組みとする一助となれば幸いです。

さらには、差別の現場で展開された多くの取り組みを示す資料も、本巻の重要な構成要素となっています。

教団の同朋運動は、基幹運動を経て「御同朋の社会をめざす運動（実践運動）」に継承されていますが、「差別・被差別からの解放」へ向けて今後一層の運動を推進していくためにも、本書をご活用いただくことを願っております。

二〇一八（平成三〇年）三月三〇日

一般財団法人同和教育振興会常務理事　山階　昭雄

て

点検糾弾会　23, 41, 48, 82, 85, 86, 88, 91, 105, 106, 108, 109, 119-121, 124, 126, 131-136, 138, 141, 152, 155, 159, 164, 181, 291, 293, 307

と

同朋運動　23, 24, 26, 31, 32, 34, 35, 36, 41, 47, 49-56, 61, 63, 64, 68, 74, 75, 77, 81-83, 85, 89, 106, 107, 109, 112, 113, 120, 122, 125, 129-131, 137, 142, 146, 153, 154, 158, 161, 186, 236, 243, 244, 278, 281, 282, 284-287, 292, 293, 294-299, 301, 302, 304, 305, 306, 307, 309-311

は

反差別の教学　88, 89, 101-123, 146, 212, 228, 231, 307

ハンセン病差別　13, 14, 16, 18, 69, 282, 299

ふ

布教　13-18, 38, 39, 44, 90, 111, 113, 250, 265, 275, 311

布教使　13,-18, 34-47, 83, 127, 129, 138, 139, 243, 265

布教団　13-15, 17, 18, 34, 35, 37-47, 112, 118, 140, 244, 290

ほ

封建教学　164, 238, 308

み

民族差別　69, 76, 79, 162, 252, 303

め

免責条項　160, 162, 184, 193, 195, 207

も

門信徒会運動　24, 63, 120, 122, 130, 236

門徒推進員　141, 256, 290, 294

や

ヤスクニ（靖国）38, 135, 236

る

類聚制度　87, 89, 90, 102, 141

索　引

あ

悪人正機　146, 229, 277

い

院号　96, 97, 99, 173, 177-183, 186, 187, 191-196, 198, 202,-205, 207, 209, 212, 227, 232

お

御同朋の教学　83, 274, 276

き

規定外法名　70, 198, 212, 213, 218, 224, 225, 227, 231, 321, 322

糾弾（糾弾会）　23, 27, 31, 32, 36, 85, 86, 88, 90, 96, 97, 102-106, 116-121, 124-126, 128, 129, 131, 138, 139, 141, 146, 148, 151, 152, 159, 164, 186, 190, 191, 194, 214, 228, 229, 270, 291, 304

教区相談員　35, 119, 131, 132, 175

教書　123, 143

け

ケガレ（穢れ）　141, 148, 149, 276

こ

業（業論）75, 82, 83, 85, 89, 92, 103, 106, 117, 122, 124, 129, 134, 136, 142-144, 146, 151, 164, 210, 219, 239, 243-245, 275, 277, 286, 299, 306

さ

差別投書　74, 76-81, 83

差別法名　67, 69, 70, 82, 86, 87, 88, 90, 91, 95, 98, 103, 117, 118, 123, 125, 132, 149, 151, 155, 157-165, 167, 168, 171, 172, 174-177, 179, 186, 193, 198-202, 206, 208-213, 215, 216, 219, 223, 227, 231, 232, 294, 307

差別落書き　23, 74, 85, 96, 105, 117, 120, 125, 127, 128, 132, 140, 158, 291, 293

し

寺格　89, 90

習俗　85, 119, 125, 148, 242

障害者差別　20, 22, 76, 79, 141, 303

女性差別　303

信心の社会性　24, 39, 41, 44, 45, 75, 83, 85, 87, 88, 89, 92, 94, 101, 106, 117, 120-122, 125, 134, 136, 137, 145, 146, 151, 152, 159, 164, 165, 173, 175, 176, 202, 209, 211-215, 220, 221, 224, 232, 239,-242, 244, 269, 294, 306, 307, 308

真俗二諦　75, 82, 83, 85, 89, 90, 103, 106, 122, 125, 134, 136, 142, 144, 145, 146, 151, 164, 192, 239, 241, 249-251, 269, 275, 277, 306

せ

戦争責任　248, 249, 250

そ

族籍記載　217, 219

た

檀家制度　89, 268

ち

中央相談員　28-31, 33, 67-69, 119

【刊行委員会】

出版委員会

委員長　井上慶永

委　員　岩本孝樹

小笠原正仁

神戸　修

藤満智徳

【執筆者一覧】

麻田　秀潤（新潟教区・評議員／一九五二年生）
井上　慶永（新潟教区・理事／一九六四年生）
岩本　孝樹（奈良教区・評議員／一九四八年生）
小笠原正仁（大阪教区・理事／一九五六年生）
小川真理子（岐阜教区・評議員／一九五五年生）

（五十音順）

講座　同朋運動—西本願寺教団と部落差別問題—　第五巻

2018年3月31日　初版第1刷発行

編　者　一般財団法人 同和教育振興会

発行者　大　江　道　雅

発行所　株式会社 明石書店

〒101-0021 東京都千代田区外神田 6-9-5
電話　03（5818）1171
FAX　03（5818）1174
振替　00100-7-24505
http://www.akashi.co.jp

装　丁　明石書店デザイン室
DTP　レウム・ノビレ
印刷・製本　モリモト印刷株式会社

（定価はカバーに表示してあります）　ISBN978-4-7503-4657-1